中国（昆明）南亚东南亚研究院书系
李涛 任佳 主编

# 南亚国情研究 第二辑

## NANYA GUOQING YANJIU

任 佳 主 编
张晓东 副主编

中国社会科学出版社

**图书在版编目（CIP）数据**

南亚国情研究.第2辑／任佳主编.—北京：中国社会科学出版社，
2015.10

ISBN 978 – 7 – 5161 – 6578 – 2

Ⅰ.①南… Ⅱ.①任… Ⅲ.①国情 – 研究 – 南亚 Ⅳ.①D735

中国版本图书馆 CIP 数据核字（2015）第 160092 号

| | |
|---|---|
| 出 版 人 | 赵剑英 |
| 责任编辑 | 任 明 |
| 责任校对 | 王 斐 |
| 责任印制 | 何 艳 |

| | |
|---|---|
| 出　　版 | 中国社会科学出版社 |
| 社　　址 | 北京鼓楼西大街甲 158 号 |
| 邮　　编 | 100720 |
| 网　　址 | http：//www. csspw. cn |
| 发 行 部 | 010 – 84083685 |
| 门 市 部 | 010 – 84029450 |
| 经　　销 | 新华书店及其他书店 |

| | |
|---|---|
| 印刷装订 | 北京市兴怀印刷厂 |
| 版　　次 | 2015 年 10 月第 1 版 |
| 印　　次 | 2015 年 10 月第 1 次印刷 |

| | |
|---|---|
| 开　　本 | 710 × 1000　1/16 |
| 印　　张 | 15. 75 |
| 插　　页 | 2 |
| 字　　数 | 267 千字 |
| 定　　价 | 68. 00 元 |

凡购买中国社会科学出版社图书，如有质量问题请与本社营销中心联系调换
电话：010 – 84083683

# 序　言

南亚、东南亚地处亚洲大陆南部和东南部，南亚包括印度、巴基斯坦、孟加拉国、斯里兰卡、尼泊尔、不丹、马尔代夫和阿富汗八个国家，总面积约 500 万平方公里，人口约 17 亿。南亚次大陆作为一个相对独立的地理单元，东濒孟加拉湾，西濒阿拉伯海，囊括了喜马拉雅山脉中、西段以南至印度洋之间的广大地域，是亚洲大陆除东亚地区以外的第二大区域。东南亚包括新加坡、马来西亚、泰国、印度尼西亚、缅甸、老挝、越南、柬埔寨、菲律宾、文莱、东帝汶 11 个国家，面积约 457 万平方公里，人口约 6.2 亿。东南亚地区连接亚洲和大洋洲，沟通太平洋与印度洋，马六甲海峡是东南亚的咽喉，地理位置极其重要。著名的湄公河，源自中国云南境内澜沧江，流入中南半岛，经缅甸—老挝—泰国—柬埔寨—越南，注入南海，大致由西北流向东南。总长 4900 公里左右，流域总面积 81.1 万平方公里。

习近平主席在 2013 年访问哈萨克斯坦和印度尼西亚时分别提出丝绸之路经济带和"21 世纪海上丝绸之路"的倡议。这是中国西向开放和周边外交战略的新布局，其战略指向是解决国内区域发展不平衡问题，推动西部大开发与大开放相结合，与沿线国家构建利益共同体、命运共同体和责任共同体。南亚、东南亚及环印度洋地区位于亚欧陆上、海上交通通道的枢纽位置，是"丝绸之路经济带"和"21 世纪海上丝绸之路"（"一带一路"）的必经之地，是对我国西向方向开放具有重大战略意义的周边地区，也是中国落实与邻为善、以邻为伴，睦邻、安邻、富邻的周边外交方针，以及"亲、诚、惠、容"外交理念的重要地区之一。

从历史交往和相互关系来看，中国与南亚、东南亚山水相依、人文相亲、守望相助，双方平等交往、相互反哺、互通有无的友好关系史绵延至今最少也有两千余年。在漫长的古代，依托南方丝绸之路和茶马古道等连通中缅印且贯通亚欧大陆的古老国际通道，中国与南亚东南亚的经贸交往频繁、人员往来不断，在人类文明交流史上写下了一部互学互鉴，交相辉映的精彩华章。一方面，古蜀丝绸最早让南亚知道了中国，公元前4世纪成书的梵文经典《摩诃婆罗多》及公元前2世纪的《摩奴法典》中都有"支那"产"丝"的记载。此外，考古学者还在四川三星堆遗址发现大量象牙，又在云南江川、晋宁等地春秋晚期至西汉中期墓葬中挖掘出大量海贝和金属制品。经考证，上述出土文物很可能是从古代印度输入的。这表明，古代中国与南亚之间的经贸交往不仅内容丰富，而且互动频繁。另一方面，在中国东晋高僧法显、唐代高僧玄奘的西行求经，天竺鸠摩罗什、达摩祖师的东来送法，以及南传上座部佛教从古印度经斯里兰卡传入缅甸，此后再传播至泰国、柬埔寨、老挝、越南、马来西亚和印度尼西亚等地的过程中，佛教文化也随之传入中国和东南亚，并落地生根、开枝散叶。据统计，从公元2世纪到12世纪的一千年间，中国翻译的南亚佛教经典著作多达1600种、共5700余卷。可以说，以"丝绸东去"和"佛陀西来"为典型，中华文明与南亚东南亚文明的交流互动，无论其内容还是规模，在世界文化交流史上均属罕见。

这些多条多向的古代国际通道，不仅是古代中国云南通往南亚、东南亚的交通通道，也是操藏缅语族、孟高棉语族等语言的古代诸民族的迁徙走廊。可以说，至迟自蜀身毒道的开通以来，途经云南或以云南为起点的多条多向通道，使今天我们所说的中南半岛地区和孟中印缅毗邻地区较早产生了互联互通的历史萌芽，促进了中华文明、南亚文明与东南亚文明在漫长古代的整体互动。到了近现代，无论是滇越铁路，还是史迪威公路、滇缅公路、驼峰航线，这些在近现代交通史上曾留下浓墨重彩的交通线路，无一不以云南为起点，而云南也正是凭借这些线路，在大湄公河地区和孟中印缅毗邻地区互联互通史上发挥了特殊作用并占据着重要地位。

改革开放以来，云南省在我国西南边疆省区中率先提出了面向东南亚南亚的对外开放战略。90年代，在国家加强西部大开发期间，又提出把云南建设成为我国通往东南亚南亚的国际大通道的建议。进入新世纪，云南着力推进绿色经济强省和民族文化大省建设，努力打造中国连接东南亚南亚国际大通道。经过多年的努力，以大湄公河次区域经济合作（GMS合作）、孟中印缅地区经济合作（BCIM合作）为代表，云南省在推动面向东南亚和南亚这两个战略方向的对外开放和区域合作中，走在了全国的前列，并且取得了明显的成效。目前，云南是我国与南亚东南亚等国家和地区开辟航线最多、国家级口岸最多、与周边国家连接的陆路通道最多、民间交流最频繁的省之一；也是泛亚铁路、亚洲公路网的覆盖地区，多条连接东南亚南亚国家的规划路线通过云南走出中国。2013年，中国—南亚博览会永久落户云南省会昆明，云南获得了加强与南亚、东南亚、西亚及其他国家和地区全面交流合作的新平台。2014年5月李克强总理访印期间，中印两国共同倡议建设孟中印缅经济走廊，加强地区互联互通。云南学者最先提出的孟中印缅地区经济合作构想最终上升成为国家战略。

2015年1月，习近平总书记考察云南时指出：随着我国实施"一带一路"战略，云南将从边缘地区和"末梢"变为开放前沿和辐射中心，发展潜力大，发展空间广。希望云南主动服务和融入国家战略，闯出一条跨越式发展的路子来，努力成为我国民族团结进步示范区、生态文明建设排头兵、面向南亚东南亚辐射中心。这是对云南发展明确的新定位、赋予的新使命、提出的新要求。由于云南是中国西南方向与周边东南亚和南亚接壤和邻近国家最多的省，也是中国与印度洋沿岸地区开展经济合作最具区位优势的省，因此，云南理所当然担负着落实国家"一带一路"战略和周边外交的重任。

云南省委省政府为贯彻落实中央的决策部署，加强顶层设计，九届十次全会作出了《中共云南省委关于深入贯彻落实习近平总书记考察云南重要讲话精神闯出跨越式发展路子的决定》，主动融入和服务国家发展战略，全面推进跨越式发展。习近平总书记指出，"云南的优势在区位、出路在开放"。云南的优势在"边"，困难也在"边"。如何在沿边开放中倒逼改革，在改革创新中推动孟中印缅经济走廊和中国—中南半岛国际经济合作走廊建设；处理好与邻国的关系，对接各国的发展战略和规划，共商、共建、共享经济走廊；准确研判国际形势和周边情势，都需要云南智库深入调研、长期跟踪地进行国别研究、国际关系和国际区域合作问题研究，提出科学及有价值的决策咨询研究成果。为此，在省委、省政府的关心和支持下，依托云南省社会科学院，正式成立了中国（昆明）南亚东南亚研究院。这是云南省学习贯彻落实习近平总书记考察云南重要讲话精神和党中央、国务院《关于加强中国特色新型智库建设意见》的重要举措。

云南省社会科学院的南亚东南亚研究历史悠久、基础扎实、底蕴深厚、人才辈出。早在上世纪 60 年代，外交部落实毛主席、周总理《关于加强国际问题研究报告》批示精神，在全国布局成立国际问题研究机构，就在我院成立了印巴研究室和东南亚研究室，经一代又一代社科专家的积淀和传承，发展成了现在的南亚研究所和东南亚研究所。南亚东南亚研究是我院优势特色学科之一，在国内外享有较好的声誉和影响力，该领域的研究在国内居领先地位。进入 90 年代以来，我院高度重视对我国和我省面向东南亚南亚对外开放、东南亚南亚国别问题和地区形势的研究。在大湄公河次区域合作、中国与东南亚南亚区域合作战略、中国和印度经贸合作新战略、中国与南亚经贸合作战略、孟中印缅地区经济合作、东南亚南亚的历史与现状、中国与东南亚南亚的人文交流合作、印度洋地区研究等领域，推出了一批重要学术成果，培养了一支专业从事东南亚南亚研究的学者队伍。

当前，云南省充分利用边疆省份的区位优势，加快融入"一带一路"国家战略，推进孟中印缅经济走廊和中南半岛国际经济合作走廊建设。在这一背景下，中国（昆明）南亚东南亚研究院推出南亚、东南亚国情研究、"一带一路"和孟中印缅经济走廊等专题研究、中国与周边国家关系研究、环印度洋地区研究等组成的书系，深入对"一带一路"沿线国家的政治经济、历史文化、对外关系、地理生态环境，以及中国与南亚东南亚、环印度洋地区的经贸合作、互联互通、人文交流、非传统安全合作等问题的研究，推出一批成果，使广大读者对"一带一路"沿线国家和我国与周边国家关系有更深入的了解，以期对政府、学界、商界等推动我国与沿线国家设施联通、贸易畅通、政策沟通、资金融通、民心相通，共商、共建、共享丝绸之路经济带和 21 世纪海上丝绸之路有所裨益。

任　佳

2015 年 10 月 25 日

# 前　言

南亚地区紧邻中国，是一个经济快速发展的、潜在的大市场。同时，南亚也是一个局势纷繁复杂，政治、经济、社会各种问题频发的地区。对南亚的关注和研究对发展中国与南亚地区的友好关系，处理好我国与南亚国家的关系和稳定周边局势，及促进我国对外经济发展具有十分重要的意义。习近平主席于 2014 年 9 月 18 日在印度世界事务委员会发表题为《携手追寻民族复兴之梦》的重要演讲时提出，一个和平稳定、发展繁荣的南亚，符合本地区国家和人民利益，也符合中国利益。中国愿同南亚各国和睦相处，愿为南亚发展添砖加瓦。中国和南亚各国是重要的合作伙伴。中国希望以"一带一路"为双翼，同南亚国家一道实现腾飞。了解南亚、研究南亚国情是为了更好地与南亚国家合作和友好相处。2012 年我们组织国内的南亚问题专家共同努力完成了《南亚国情研究》一书，并由中国社会科学出版社出版。2014 年我们再次组织专家学者完成了第二本《南亚国情研究》，以期为国家相关部门和学术机构提供近年来的分析和研究成果。我们希望通过搭建这一研究平台，让有志于研究南亚的学者尤其是青年学者参与到这项研究工作中来，持续做好对南亚各国国情的跟踪分析和研究。

2014 年完成的《南亚国情研究》主要对南亚国家政治、经济、对外关系和社会等方面发生的重大事件、重大问题和政策变动进行分析和研究。通过突出重点与掌握全局相结合，学术研究与现实服务相结合，力求在 2012 年出版的《南亚国情研究》基础上把南亚主要国家最新的发展动态做出比较全面的论述。

与前书相似，在体系方面《南亚国情研究》不追求完整和面面俱到，而是就问题来展开研究。由学者在研究大纲框架下选择自己关注的领域，结合近些年南亚局势发展中较为突出的变化进行分析和研究。尽量将南亚地区纷繁复杂的情势在成果中得到比较充分的反映。在研究方法上，本报告打破了传统国情研究的年度记录陈述式的常规方法，对南亚地区现有的一些情况和现象进行追根溯源的探讨和研究，尽量使一些事件产生的来龙去脉在我们的成果中能够得到体现，同时也及时反映相关作者的观点、评论和一些有价值的建议。

　　参与本书写作的研究人员既有常年从事南亚问题研究的专家，也包括不少近年来进入南亚研究领域的青年学者。他们对某一自己感兴趣的领域或问题进行跟踪研究，以独特的眼光和视角分析问题，以独立的观点判断情势，并尽力对南亚地区复杂局势做一个较为全面的梳理，以求反映近年来南亚局势的总体发展趋势。

任　佳

2014 年 9 月

# 目　录

## 一　南亚国家的政治状况

## 二　南亚国家的经济发展

## 三　南亚地区的国际关系

# 四　南亚地区的社会问题

# 一　南亚国家的政治状况

# 2014 年印度国大党败选原因分析

许　娟

2014 年 4 月 7 日至 5 月 12 日印度进行了第十六次人民院选举，这是印度独立后耗时最长、规模最大的一次大选。根据 2014 年 5 月 16 日公布的选举结果显示，印度人民党领导的全国民主联盟获得了 543 个席位中的 334 席，取得压倒性胜利。国大党领导的团结进步联盟仅获 63 席，国大党发言人承认选举失败。印度人民党总理候选人莫迪成为印度新一任总理。印度人民党的胜利结束了印度自 1984 年以来一党在人民院难以获得过半席位的历史。

印度国大党是当今世界上最为古老以及规模最大的政党之一，它的诞生、发展堪称一个传奇。1947 年印度独立后，国大党就一直是印度政治舞台上的常青树。但是随着印度政治局势的变化，国大党从一党独大走向了联合执政。与此同时，以国大党为首的印度全国性政党的势力也在减弱，相反，地方政党呈现上升态势。据统计，1947—1991 年，国大党等全国性政党在人民院的席位比例约为 90%。但 20 世纪 90 年代以后，地方性政党在人民院中席位比例不断上升。实际上，国大党在 1984 年的大选中获得绝对多数票后，就没有任何全国性政党能获得超过半数的席位。在近 20 年的时间里，多党联合执政成为印度政坛的一个常态。在 2009 年的大选中，国大党也未能获得过半席位，不得不与其他政党组成联盟。由于团结进步联盟内各政党的政治目标以及政治思想不尽相同，这在很大程度上钳制了国大党在政府中的领导地位，致使国大党被迫对盟党做出让步。在党团外部，国大党面临来自地方性政党以及人民党的挑战。

## 一　团结进步联盟内部分裂严重

由于国大党所领导的团结进步联盟遭受了自 2009 年执政以来最为严

重的政治危机，其内部的不稳定性严重影响了联合政府的内部团结。2009年大选中国大党在议会中并没有获得绝对多数席位，为了确保领导地位，国大党对其盟党的依赖性增强。尽管联合政府能在一定程度上代表绝大多数派别及阶层的利益，但是利益的多元化也将会导致联合政府内部矛盾剧增。由于在一系列经济、外交政策上国大党与其盟党立场相反，使国大党接连遭到了其第一大及第二大盟党要求分裂的打击。2012年9月国大党最大盟友草根国大党（也称崔纳木党）党首、西孟加拉邦首席部长宣布该党将退出执政的团结进步联盟。来自草根国大党的6名部长及19名议员随后提交辞职信，退出联合政府。草根国大党还威胁在议会对国大党提出不信任案，以试图推翻现政府。草根国大党的退出意味着国大党领导的团结进步联盟在人民院（下院）中的席位由现在的273席减少至254席，从而失去半数多数派地位。幸而国大党立刻拉拢了社会民主党（Bahujan Samaj Party）和社会党（印度）（Samajwadi Party）这两个地方性政党，这两个政党在议会共有43个席位，从而走出危机。之后，国大党另一盟党马哈拉施特拉邦的民族国大党也威胁要退出团结进步联盟，其党首印度农业部长沙尔德·帕瓦尔表示将辞去部长一职，以表达对国大党轻视该党的不满。2011年12月帕瓦尔曾反对通过《食品安全法案》，理由是这将引起食品价格上涨。

　　国大党的第二大盟友泰米尔纳德邦德拉维达进步联盟党（DMK）也与国大党渐行渐远。德拉维达进步联盟党是泰米尔纳德邦的地方性政党。在国际事务上，它一直向印度联邦政府施加压力，以迫使印度联邦政府谴责斯里兰卡政府在内战时期针对泰米尔族的暴行。因为该党的支持者大多数为泰米尔族，他们与邻国斯里兰卡的泰米尔族联系紧密。在国内事务上，它反对外国直接投资进入印度的多品牌零售业，并对保险业和养老基金改革心存疑虑。2013年3月德拉维达进步联盟党宣称将退出团结进步联盟。德拉维达进步联盟党在议会共有18个席位，印度内阁中也有不少来自该党的官员。对于德拉维达进步联盟党的退出行径，一位专栏作家这样写道："这反映出印度政府陷入了一种无序的状态，面临一个又一个的危机。"①

---

① DMK party withdraws from India coalition，http：//www. aljazeera. com/news/asia/2013/03/201331910374510398. html.

## 二　地方党及邦级政府权力扩大

一般情况下，一国宪法对联邦政府和地方政府的权责进行了明确的划分，通常分为三个层次：联邦政府专属权责；地方政府权责（地方政府具有一定的自治权，但若与联邦政府权力发生冲突时则必须服从于联邦政府）；共享权责。近年来印度较为复杂的政治架构催生了邦级政府权责范围的不断扩大。印度政党格局呈现出两大全国性政党（国大党、人民党）与地方性政党相互较量、分权的态势。不论在中央政府层面还是邦级政府层面印度地方党表现越来越突出，而诸如国大党以及人民党等全国性政党则处于下降态势。在联邦层面，地方性政党在人民院中已经占得了约1/3的席位。在邦级层面，全国性政党的影响力同样在下降。在印度的28个邦和7个中央直辖区中，国大党只在8个邦中占有绝大多数席位，人民党也只控制了6个邦。另外，国大党还与盟党在3个邦组建了联合政府，人民党领导的联合政府则掌控了2个邦。具体说来，地方性政党对国大党权威的挑战主要体现在以下三个方面。

首先，团结进步联盟内地方盟党与国大党政策相左。近期由于受到地方盟党的反对，国大党不得不背离其初衷，出台了与其意图截然相反的政策。由此导致了地方政党领导的邦级政府自治权增加，形成了地方"绑架"中央的尴尬局面。印度联邦政府一直致力于推进经济改革，但是地方政府对此并不给予配合，使进一步开放外国投资多品牌零售业的提案受阻。2012年3月原印度铁道部长维迪将铁路系统财政预算提交国会讨论，计划上调火车票价以增加收入。这是近10年来印度铁道部第一次上调火车票价。但这一提议很快遭遇草根国大党激烈反对，最终迫使这位同样来自于草根国大党的铁道部长下台。此外，地方政党已经介入有关联邦预算及财政支出决策，但是却不想对国家财政赤字负责，因为他们认为所有的责任都应该由国大党承担。

其次，邦级政府在印度对外政策制定过程中也发挥了越来越显著的影响力。例如，克拉拉邦、泰米尔纳德邦等邦级政府积极促成印度—东盟自由贸易协定的签订。因为协定签订后，他们可以获得大量廉价的从马来西亚、印度尼西亚等国进口的棕榈油。印度外交部与孟加拉国外交部原本计划在提斯塔河流域进行水资源合作，但遭到来自草根国大党党首、西孟加拉邦首席部长班纳吉反对，因为这会减少西孟加拉邦北部的河水储量。印度的许多经济伙伴也把注意力转向了邦级政府，而不仅仅是和联邦政府接触。2012 年 7 月古吉拉特邦首席部长莫迪第二次访问了日本，与日本副首相进行了会晤。莫迪在吸引外国直接投资方面功不可没，由此提升了自身政治形象。2012 年年中，下属于日本铃木汽车的印度最大的汽车制造商玛鲁蒂铃木公司宣布将在古吉拉特邦建立第三个工厂（目前该公司在印度的工厂都设在哈里亚纳邦）。莫迪也积极促成由印度和日本政府共同推进的德里—孟买工业走廊的建设，该工业走廊将会穿越古吉拉特邦地区，带动该邦经济的发展。同样，中国台湾也在印度进行了投资，特别是在泰米尔纳德邦地区开设了数家子公司。此外，虽然 1991 年以色列与印度才正式建立外交关系，但印以关系不仅在中央政府层面发展迅速，地方合作也成果显著，印度多个邦的首席部长访问过以色列。以色列与印度的哈里亚纳邦、马哈拉施特拉邦、古吉拉特邦以及旁遮普邦等，均开展了农业技术合作。2012 年美国国务卿希拉里访问印度时也到访了西孟加拉邦首府加尔各答，与邦首席部长穆克吉进行了会谈。希拉里希望说服穆克吉接受有关放宽外国直接投资印度零售业的提议。美国也希望与西孟加拉邦建立更为紧密的合作关系。

最后，国大党在邦级选举中表现不佳，影响力减弱。2012 年印度共有 7 个邦进行了邦级立法院选举，分别是果阿邦、曼尼普尔邦、旁遮普邦、北阿肯德邦、北方邦、古吉拉特邦和喜马偕尔邦。但是国大党仅在果阿邦、北阿肯德邦以及喜马偕尔邦中胜出，失去了包括最为关键的北方邦在内的其余四个邦的地方立法选举。在截至 2013 年 9 月公布的四个邦选举中，国大党失去了特里普拉邦和那加兰邦的立法选举。与国大党的唱衰相比，阿卡利党、那加兰人民阵线等地方性政党更能赢得当地选民的选票。国大党成立初期，由于融合了印度各个阶层、民族的利益，表现出很大的包容性，但是随着印度现代化的发展，国大党难以迎合印度多元化的社会发展趋势，丧失了一部分群众基础，并且在一些邦的选举中，国大党也需要联合其他地方性政党组成联合选举团。因为不少选民认为，地方性政党更能体察民情，更能代表该邦选民的实际利益。

## 三　来自人民党的挑战

成立于 1980 年的印度人民党目前是在印度政坛上唯一可以与国大党

进行一对一较量的全国性大党。人民党成立之初也是作为一个地方性政党存在。由于人民党主张把底层人民的利益放在首位，实行民族主义，宣传印度教意识，相比较于由精英组成的国大党更富有亲民色彩，加之印度的印度教徒众多，人民党从国大党手中抢走了一大批追随者。1996—2004年期间人民党一直是议会第一大党。特别是1998年印度不顾国际社会反对毅然进行核试爆，人民党在印度人民中的威望空前提升。

近年来，尽管人民党也饱受腐败、内部分裂困扰，但是在目前印度通货膨胀严重、经济增长率放缓、国大党影响力减弱的情况下，也有不少人开始怀念人民党执政时期的印度。在最近一次民意调查中，来自印度人民党阵营的前总理瓦杰帕伊击败了尼赫鲁—甘地家族获得了"印度最杰出总理"的称号（部分原因是大部分投票者太年轻没有经历过尼赫鲁总理时代）。① 自国大党进入本届任期以来，由人民党发起的反政府抗议游行活动不断，有的甚至演变为暴力事件。2012年6月22日印度最大反对党——印度人民党在全国范围内发动了一日的示威游行，目标指向印度执政党团结进步联盟，抗议其政府上调成品油价格。2012年8月29日，印度主要反对党人民党的青年支持者在首都新德里抗议政府的煤矿分配丑闻。报告披露，印度地方政府自2004年7月至2011年3月不经招标竞争，低价向一些私人企业出售国有煤矿资源，给国库造成1.85万亿卢比（1美元约合55.5卢比）的损失。人民党，因此要求辛格辞职，理由是当时正处于他的第一届总理任期内，但辛格坚决否认自己有任何不当行为。②

为了赢得2014年大选重掌大权，2013年6月人民党决定推举自身党员、现任古吉拉特邦首席部长纳伦德拉·莫迪出任该党2014年大选的中央选举委员会主席，成为人民党总理候选人。比较于出身显赫但经历尚浅的国大党总理候选人拉胡尔，莫迪出生于低种姓的中产阶级家庭，凭借自身实力获得了较为雄厚的政治资本。在莫迪担任首席部长的13年中，古吉拉特邦GDP增加了近两倍，每年11%的发展速度远超印度平均水平，受教育率等大多数社会指标也有所改善。古吉拉特邦人口数量仅占印度总人口的5%，却创造了占全印度近25%的出口额。此外，莫迪重视基础设

---

① Economist Intelligence Unit, *Country Report: India*, August 2012, p. 21.

② 《印度煤矿丑闻导致议会瘫痪，政府被指官商勾结》，http://news.cntv.cn/world/20120825/101094.shtml。

施建设，如今古吉拉特邦的道路、港口、电力供应系统受到投资者的称赞。在经济发展上的出色表现以及擅长与西方国家及媒体打交道的亲和形象，使莫迪在获得了较高的支持率。

## 四　国大党党内自身问题严重

作为百年老党的国大党，在面临外部挑战的同时，其党内也存在一定的问题。家族政治色彩浓厚、政府腐败低效以及缺乏能力较强且威信较高的党后继领导人等均成为国大党复兴之路上的绊脚石。

首先，依旧延续家族政治传统不利于政治民主化的发展。家族政治在印度由来已久，加之印度社会深受种姓制度的影响，家族背景至今仍是一个人走上仕途的关键。根据英国历史学家帕特里克·弗兰奇对印度本届议会的545名议员进行调查后发现，年龄在30岁以下的议员全部都有政治家族背景，40岁以下的议员这种情况达2/3以上，而50岁以下则为47%，10名女议员中有7名是靠家族关系才被选上的。① 国大党内更是如此，尼赫鲁—甘地家族的姓氏成为国大党政治合法性以及权威性的保障，尼赫鲁—甘地家族的兴衰也与国大党的发展共沉浮。国大党需要尼赫鲁—甘地姓氏，尼赫鲁—甘地家族也需要依托国大党实现其政治抱负。从尼赫鲁—甘地家族的第一代领导人贾瓦哈拉尔·尼赫鲁开始，尼赫鲁家族就牢牢掌控了印度政坛，英迪拉·甘地、拉吉夫·甘地相继登上政治舞台。比如尽管曼莫汉·辛格是印度总理，但在外界看来索尼娅·甘地才是真正掌权者。家族政治在一定程度上有利于政策实施的延续性，但这也很可能演变为一个家族对政治的垄断，从而引发政治民主的缺失。短期内，国大党难以摆脱家族政治的束缚，某些时候国大党也乐于借助甘地家族的显赫姓氏获得民众的支持。但是国大党内部高层集权非常严重，而基层组织涣散，难以深入广大的民众，其政治动员能力已大不如前。国大党在具有大选风向标的北方邦选举中败北，就证明了这一点。

其次，党内腐败问题严重。素以廉洁清正著称的曼莫汉·辛格再次当选印度总理后，一直力图把印度政府塑造成为一个公正、清廉、高效、善

---

① 陈金英：《印度国大党：支持者、意识形态与组织建设》，《复旦大学学报》（社会科学版）2013年第4期。

治的政府。但事与愿违，以国大党为首的团结进步联盟陷入了腐败旋涡当中。电信腐败案、英联邦运动会腐败案、国有金融企业高管受贿、竞选受贿、军队腐败案等丑闻的揭发，不断的触碰印度民众的心理底线。有评论写道："腐败已达到如此无法忍受的比例，以致几乎没有人相信他们能就此做任何事情。腐败将依赖这种被动性继续发展，直到我们听说印度的公共系统崩溃为止。"① 腐败不仅涉及当权者，更为严重的是尼赫鲁—甘地家族也卷入其中。2012 年 10 月中旬，社会活动家科利瓦尔领导了一系列反腐活动，矛头直接指向这个主宰印度政坛的家族。科利瓦尔称国大党主席索尼娅·甘地的女婿罗伯特·瓦德拉与印度最大的房地产开发商 DLF 公司之间关系密切。虽然没有充足的证据表明罗伯特·瓦德拉接受了贿赂。② 印度外长库尔希德也卷入了腐败案件。库尔希德是国大党的忠实追随者，但有消息称库尔希德的妻子利用非政府组织非法敛财。2012 年 11 月为了表示对库尔希德及其妻子行为的不满，印度民间反腐人士和执政的国大党工作人员发生了暴力冲突，这让国大党再度成为众矢之的。2013 年 5 月就在最大反对党鼓动民众呼吁国大党下台之际，又有两名政府部长因卷入腐败丑闻而被迫辞职。与腐败问题相伴的便是印度公共政府部门的低效，不少部门还存在收取佣金的现象。为了改变现状，2012 年 2 月印度政府公布了一项新规。其内容是包括公务员，印度安全警察部队人员在内的政府工作人员在任满 15 年后，如被评为办事低效或不作为将被强制退休（政府宣称其目的是维护"公共利益"）。③ 但是腐败毒瘤在印度滋生已久，短时期内不可能彻底铲除。

再次，党内后继领导人问题。2013 年年初，在印度国大党斋普尔年会上，现任国大党主席索尼娅·甘地之子拉胡尔·甘地被认命为国大党副主席，由此尼赫鲁—甘地家族的第四代正式走上印度的政治舞台。也许是幼年时期亲历了政治的无情与残酷，拉胡尔·甘地并不热衷于政治，但是尼赫鲁—甘地的姓氏不得不让他承担起家族的使命。拉胡尔·甘地早在 2004 年就成为人民院议员，但他很少在议会露面，也几乎不接受记者的采访。他的政绩也并不突出，国大党原本寄希望于他能在 2012 年的北方

① Edward Luce, The Corruption of India, *The Financial Times*, 10, 12, 2012.

② Economist Intelligence Unit, *Country Report：India*, November 2012, p. 21.

③ 国际在线：《印度公务员工作 15 年后若被评"办事低效"将被强退》，http：//gb. cri. cn/27824/2012/02/08/6071s3549482. htm。

邦选举中大显身手为国大党赢得 2014 年的选举奠定基础，但出乎意料的是国大党在拥有 400 多个议席的北方邦议会中只获得 35 个席位。北方邦的惨败也引发了人们对这位年轻政治家能力的质疑。在 2012 年 12 月因黑公交轮奸案引起印度乃至国际社会一片哗然之际，作为下一任总理热门候选人的拉胡尔·甘地并未就此发表公开言论，引起了部分民众的不满。

最后，领导决策能力不断下降。2009 年国大党上台之初，印度经济实现了高速增长，但是很快回落到了 5%—6% 的水平。特别是 2013 年 3 月印度政府公布的报告显示，印度经济增长已跌至 10 年来最低水平。当然印度经济下滑与当前全球经济不景气有关，但国大党也对此负有不可推卸的责任。印度总理曼莫汉·辛格于 1991—1996 年间担任过印度财政部长，并以经济学家的身份带领印度成为耀眼的新兴经济体。2009 年辛格再次出任总理后，也致力于延续以往的经济政策，放宽外国投资限制，对国内物价进行合理调控。但是由于国大党权威性以及领导能力的下降，许多提案难以获得通过。

## 五　大选后国大党发展趋势

2014 年大选的失败对国大党是一个沉重的打击，甚至有印度分析家认为"国大党不会再返回印度政坛了"，但是该断言为时尚早，原因如下。

第一，国大党执政历史较长。自 1947 年印度独立以来，国大党只有 13 年没有成为执政党。在印度国父尼赫鲁的领导下，国大党一直是印度的第一大党，尽管尼赫鲁去世后失去了不少支持者，但是英·甘地和拉·甘地的成功当选都稳固了国大党的地位。在拉·甘地去世后，继任总理拉奥在曼莫汉·辛格的支持下进行了大刀阔斧的经济改革。在曼莫汉·辛格总理的第一届任期内，印度经济发展迅速，获得了印度民众和国际社会的大力肯定。印度人民党虽然在 1996 年和 1998 年执掌印度政权，但总的执政时间无法与国大党相匹敌。第二，相比较于人民党，国大党更能代表印度各阶层和教派的利益。有人批评到人民党具有印度教沙文主义倾向。评论家们也注意到在人民党所获席位中基本没有穆斯林成员，而穆斯林占印度总人口的 14% 左右。莫迪总理本人曾被指控未能阻止 2002 年古吉拉特屠杀，致使近 2000 名穆斯林和数百名印度教徒被杀害。莫迪也被视为是反穆斯林的印度教民族主义者。第三，国大党在联邦院中席位多于人民党。印度是一个两院制的国家，人民院为下院，联邦院为上院。虽然人民党在人民院获得了压倒性的胜利，但是在联邦院人民党仅有 46 个席位，而国大党拥有 68 个席位。第四，国大党邦级势力在增强。目前印度地方政府正在做大，权力争夺不仅体现在新德里，也反映在各个邦。国大党控制了印度 29 个邦中的 11 个，还是另外 2 个邦联合政府中的一员。尽管有些邦比较小而且政治地位不高，但是它们聚合起来也能对联邦政府产生影响。在印度 27% 的邦议员隶属于国大党，而人民党比重只占到 21%。因此在邦级层面，国大党仍然是第一大党。第五，现任印度总统来自国大党。2012 年 7 月 22 日印度选举委员会宣布，印度国大党领导的团结进步联盟候选人、前财政部长普拉纳布·穆克吉当选印度新总统。7 月 25 日穆克吉在印度首都新德里的印度议会大厦宣誓就职，正式接替印度首位女总统普拉蒂巴·帕蒂尔。根据印度选举委员会公布的数据，在此次总统选举中，穆克吉得票率接近 70%，远超其最有力的竞争对手——印度前任议会人民院（下院）议长、在野党候选人桑格马。在印度，总统任期 5 年，是名义上的国家元首，并不具有多少实权。不过，在某些时刻，总统仍能发挥关键作用。例如，在印度大选中，如果没有一个政党取得多数优势，总统便有权指定某一个或几个政党组阁。此外，总统具有的号召力也不容忽视。这也是各政党积极争取该职位的原因所在。①

确切地说，国大党的此次失利并不是由人民党过于强大造成的，而是由国大党自身党内建设问题导致的。对国大党来说，当前最为重要的就是确认国大党的领袖，也就是拉胡尔·甘地作为国大党副主席的去留问题。其次，国大党应该向人民党学习，继续巩固地方政权获得草根势力支持。再次，国大党在坚持世俗民族主义以及关注民生福利的同时，还应该针对莫迪的经济政策制定一套自己的经济发展理念。最后，加强党政廉洁建设，重塑国大党形象。

基于历史经验和现状，由此可以判断国大党颓势明显，但绝不会退出历史舞台。

（作者：云南省社会科学院南亚研究所　助理研究员

中国政法大学　在读博士）

---

① 《印度 76 岁新总统曾是记者　从政经历丰富堪称"全能"部长》，人民网，2012 年 7 月 24 日。

# 阿富汗政治和解进程的发展及前景

## 郑启芬

自 2005 年以来，在阿富汗政府的积极努力和国际社会的推动下，阿富汗政治和解进程取得一定进展。随着美军及其北约盟友从阿富汗撤出战斗部队和阿富汗第三次总统选举将近，阿富汗政府和美国都希望塔利班切实参与到阿富汗政治和解进程中，为阿富汗"后 2014 时代"的政治安全形势布局。但从美国及阿富汗政府与塔利班和谈的现状来看，阿富汗政治和解的形势极为复杂。

## 一　阿富汗政治和解进程缓慢

塔利班、"伊斯兰党"和哈卡尼组织是阿富汗境内三支主要的反政府武装，其中，穆罕默德·奥马尔领导的塔利班是阿富汗政府政治和解计划的主要对象。2005 年，卡尔扎伊政府完成首次政府选举后建立了"和平与和解委员会"（Peace and Reconciliation Commission），专门负责与塔利班武装分子进行接触，劝说并促使其脱离塔利班组织。成立以后，该委员会劝服了数千塔利班士兵。同时，阿富汗政府还大力支持美国资助的阿富汗社会延展计划（Afghan Social Outreach Program）。这两个项目都是向塔利班武装分子提供现金、承诺给予工作与土地，以赢得他们的支持。[①] 除了分化瓦解塔利班中下层成员外，卡尔扎伊政府还提议与塔利班高层领导人谈判。为营造和谈氛围，阿富汗政府于 2005 年 5 月宣布包括穆罕默德·奥马尔在内的特赦。此后，卡尔扎伊多次呼吁塔利班领导人与政府进

---

① Anand Gopal, "In remote Afghan valley, a rare peace sprouts with insurgents", *The Christian Science Monitor*, April 27, 2009, http: //www. csmonitor. com/World/2009/0427/p06s01 – wogn. html.

行接触并展开和谈。由于塔利班对阿政府的和解倡议反应冷淡，加之美国及其北约盟友对阿政治和解一直持保留态度，因此阿政府提出的政治和解计划收效甚微。

2009 年 11 月卡尔扎伊连任阿富汗总统。随后其政府推出了"和解与再融合计划"，希望与塔利班高层展开对话及和解，为塔利班中下层成员提供就业机会和各种便利，促使其放下武器，重新融入阿富汗社会。2010 年 1 月的伦敦会议上，卡尔扎伊政府的政治和解计划得到美英等与会国家和国际组织代表的普遍肯定，为阿富汗政治和解进程带来新动力。1 月 31 日，阿富汗政府宣布成立"高级和平与和解委员会"，其成员由政府官员和部族长老组成，旨在推动政府与塔利班的政治和解。6 月 2—4 日，阿富汗政府在喀布尔召开了由约 1600 名政府官员、各级议会成员和部族长老参加的阿富汗和平支尔格大会。会议呼吁，阿富汗冲突各方停止使用武力，为实现持久和平展开对话。虽然塔利班没有派代表参加会议，但与会代表最终通过 16 点声明，公开拥护政治和解倡议，确立了阿政府与塔利班和解的基调。① 6 月 29 日，卡尔扎伊总统签署法令，正式启动"阿富汗和平与重返社会计划"（Afghan Peace and Reintegration Program，APRP）。该项目主要内容有两点：一是鼓励塔利班中下层人员放弃暴力活动，重返社会；二是创造条件与塔利班领导层和谈。② 10 月 7 日，阿富汗政府正式成立"高级和平委员会"（High Peace Council，HPC）。该委员会的任务是通过建立信任促进和平与国家团结，在政治上和战略上领导阿富汗和平与重返社会计划的实施。委员会的 70 名成员是来自阿富汗主要地区、族裔、宗教和政治团体的代表，其中包括 10 名女性成员和民间社会组织代表，12 名前塔利班官员。③ 成立以后，委员会积极寻求与塔利班开展和谈，走访全国各地，与利益相关各方讨论政治和解问题。

① "Report of the Secretary-General pursuant to paragraph 40 of resolution 1917 (2010)"，16 June，2010，pp. 1－2，http：//unama. unmissions. org/Portals/UNAMA/SG% 20Reports/June182010 _ SG _ Report. pdf.

② "The situation in Afghanistan and its implications for international peace and security"，Report of the Secretary-General，10 March，2010，p. 4，http：//daccess-dds-ny. un. org/doc/UNDOC/GEN/N10/260/86/PDF/N1026086. pdf？OpenElement.

③ "The situation in Afghanistan and its implications for international peace and security"，Report of the Secretary-General，10 December 2010，p. 5，http：//www. un. org/en/ga/search/view _ doc. asp？symbol = S/2010/630.

　　在阿政府的积极推动下，阿富汗"和平与重返社会计划"取得一定成效。据统计，截至 2010 年底，共有 626 名前武装人员向政府投诚。[①] 到 2011 年底，来自 20 个省的 3194 名前武装组织人员登记加入"和平与重返社会计划"，其中 2689 名前武装人员接受过渡性救济，共收缴 1803 件武器。[②] 2012 年第 3 季度，538 名前武装人员放下武器，加入"和平与重返社会计划"，760 名前武装人员接受过渡性救济。截至 2012 年 9 月，来自 31 个省的 5513 名前武装人员加入"和平与重返社会计划"，其中 461 名是前主要指挥官或领导人；5203 名前武装人员接受现金或其他项目资助，重返正常生活；其间阿富汗政府共收缴 4735 件武器。[③] 2013 年第二季度，522 名前武装人员放下武器，加入和平项目。截至 2013 年 6 月，共有 7057 名前武装人员加入"和平与重返社会计划"，其中 6799 名接受过渡性救济。[④]

　　在"和平与重返社会计划"取得一定成效的同时，阿政府当局与塔利班高层的和谈却进展缓慢。2012 年 1 月 3 日，阿富汗塔利班表示同意在卡塔尔设立办公室，以便同美国举行和平谈判。这是塔利班首次确认在海外设立和谈办公室，这被舆论认为是阿富汗和平进程的重要一步。[⑤] 同一天，阿富汗塔利班发表声明，要求美国释放关押在关塔那摩监狱的塔利班囚犯。声明还指出，这个联络办公室将用于与国际社会和谈，而不是与阿富汗政府谈判。塔利班认为，阿富汗现任政府只是美国的"傀儡"，因

---

① "Afghanistan Peace and Re-integration Programme（APRP）UNDP Support：2011 First Quarter Progress Report"，p. 9，http：//www. undp. org. af/Projects/Report2011/APRP/1stQ/APRP ＿ 00076674＿ QPR＿ Q1＿ 2011. pdf.

② "Afghanistan Peace and Reintegration Programme（APRP）-UNDP Support：2011 Annual Progress Report"，p. 14，http：//www. undp. org. af/Projects/Report2011/APRP/APRP＿ ％ 20APR＿ ％ 202011. pdf.

③ "Afghanistan Peace and Reintegration Programme（UNDP Support）：Third Quarter Project Progress Report 2012"，p. 1，http：//www. af. undp. org/content/dam/afghanistan/docs/crisisprev/00060777＿ Final％20APRP％202012％20Q3％20QPR. pdf.

④ "UNDP Support to Afghanistan Peace and Reintegration Programme：2013 Second Quarterly Project Progress Report"，p. 1，http：//www. af. undp. org/content/dam/afghanistan/docs/crisisprev/APRP/APRP-2QPR-2013. pdf.

⑤ "Talking about Talks：Toward a Political Settlement in Afghanistan"，Crisis Group Asia Report N°221，26 March 2012，p. 24，http：//www. crisisgroup. org/—/media/Files/asia/south-asia/afghanistan/221-talking-about-talks-toward-a-political-settlement-in-afghanistan. pdf.

此他们将直接与美国举行谈判。塔利班此前曾屡次拒绝阿富汗政府提出的和谈提议，并表示，外国军队撤出阿富汗是和谈的先决条件。

对于塔利班设立境外办公室一事，阿富汗当局的态度较为复杂，卡尔扎伊政府希望和谈取得进展，但又不愿意和谈由别的国家主导。2011年9月20日，阿富汗高级和平委员会主席、前总统布尔汉努丁·拉巴尼（Burhanuddin Rabbani）遇刺身亡，卡尔扎伊随即表示，只有当塔利班建立办公室来推动与政府的和谈时，阿富汗和平进程才有可能推进。当年12月，卡塔尔方面绕过阿富汗政府允许塔利班在多哈设立办公室。为表达对卡塔尔政府的不满和抗议，阿富汗于12月14日宣布召回驻卡塔尔大使。① 阿富汗方面当时一再表示，阿富汗国内的和平进程，必须要有阿富汗政府的直接参与，任何外部强加给阿富汗的方案都是不能接受的。为了平息阿富汗政府的怒气，美国出面强调任何与塔利班的和平谈判，都肯定由阿富汗主导。12月18日，阿富汗外交部部长扎勒迈·拉苏尔（Zalmai Rassoul）表示，阿富汗政府将不会反对塔利班在阿富汗或境外设立办公室与政府进行和谈。不过，拉苏尔也说，塔利班和谈办公室的设立，只应专门用于同阿富汗政府和谈，而并非是代表塔利班的一个政治机构。

2012年2—3月相继传出美军"尿尸""焚经"等行动，恶化了美国及阿富汗政府与塔利班和谈的环境。3月15日，塔利班发表声明，自当日起中断与美国进行的谈判，直到美国明确在释放塔利班囚犯等问题上的立场为止。塔利班还指责美国和阿富汗政府利用塔利班在卡塔尔设立办公室的决定，在关键问题上采取拖延手段，以实现他们"不可告人"的目的。塔利班在声明中要求美国尽快释放关押在关塔那摩监狱的塔利班囚犯，并否认阿富汗政府参与了此前在卡塔尔进行的谈判。声明强调，除非外国军队全部撤出阿富汗，否则塔利班不会与阿富汗政府进行任何形式的谈判。②

2013年6月18日，阿富汗安全部队从北约部队手中正式接管安全防务职能（按计划2014年底所有北约作战部队都将从阿富汗撤离）。同日，

---

① Rod Norland, "Afghan rebuke of Qatar sets back peace talks", *The New York Times*, 15 December 2011, http：//www. nytimes. com/2011/12/16/world/asia/new-setback-for-afghan-peace-talks. html.

② "Afghanistan's Taliban suspend peace talks with US", 15 March 2012, http：//www. bbc. com/news/world-asia – 17379163.

阿富汗塔利班宣布在多哈设立"和谈办公室"，阿富汗总统卡尔扎伊随即表示将派遣"和平高级委员会"代表团与塔利班接触。对此，美国总统奥巴马表示欢迎，称"阿富汗人之间展开直接谈判非常重要，这将有利于阿富汗结束血腥的暴力循环，进而展开国家重建进程"。美国国务院当天还宣布将派遣代表团前往卡塔尔与塔利班接触，而国务卿克里也于6月21日亲赴多哈与卡塔尔高级官员讨论和谈相关事宜。然而，阿富汗政府的态度在19日发生逆转，不仅表示"除非和谈完全由阿富汗人主导，否则'和平高级委员会'不会参加和谈"，而且阿富汗政府为表示抗议而中断与美国的安全协议谈判。阿富汗政府对和谈态度逆变的直接原因在于不满和谈塔利班办公室的名称——"阿富汗伊斯兰酋长国政治办公室"。"阿富汗伊斯兰酋长国"（Islamic Emirate of Afghanistan）系1996—2001年期间塔利班执掌喀布尔政权时期的名称。阿富汗政府认为，允许塔利班设立这种办公室并与之接触，无异于给塔利班某种程度的国际承认，威胁到自身的政权合法性。①

## 二　阿富汗政治和解进程中各主要政治力量间的分歧

自卡尔扎伊政府推动政治和解以来，阿"和平与重返社会计划"取得积极进展。但由于阿各主要政治力量对与塔利班政治和解存在不同的考虑，和谈的开启却困难重重，有限的谈判也没有取得实质性成果。

### （一）阿富汗国内各派

1. 卡尔扎伊一派

在阿富汗政治和解进程问题的攸关各方中，阿富汗现任政府力量相对弱小。塔利班政权被推翻后，卡尔扎伊政府在西方的帮助下建立了统治体系，组建了阿富汗国民军和警察部队。但阿富汗中央政府至今无法实现全国范围内的有效治理，更无法通过武力打垮或解散塔利班等反政府武装组织。目前，卡尔扎伊政府旨在通过拉拢塔利班分享政治权力以扩大执政基

---

① Hamid Shalizi and Lesley Wroughton, "Afghan government to shun U. S. talks with Taliban", 19 June, 2013, http: //uk. reuters. com/article/2013/06/19/uk-usa-afghanistan-taliban-idUKBRE95H0MT20130619；王世达：《鲜花还是荆棘：阿富汗和谈之困》，《世界知识》2013年第14期。

础，确保 2014 年后现行政治体制的存续，并避免阿富汗局势在北约驻阿联军撤离后彻底失控。① 2011 年美国总统奥巴马明确宣布撤军计划后，卡尔扎伊政府加大了与塔利班等反政府武装组织的政治和解。从阿富汗政治现实来看，与塔利班和解有利于扩大卡尔扎伊政府的权力基础。② 其一，卡尔扎伊家族属于普什图族当中的阿布达里部族（杜兰尼部族）的波波尔扎伊分支，其本人被认为是一位温和的普什图族领导人；而塔利班成员则主要由信奉伊斯兰教逊尼派的普什图人组成，其支持者也多为普什图人。其二，据民意调查资料显示，阿富汗社会的大部分人赞成政府与塔利班进行和谈。北方有 53% 的应答者表示支持政府与塔利班和谈，南方则有 61% 的应答者持积极态度。③ 因而，从族源和民意角度来看，实现政府与塔利班的和解均有利于扩大卡尔扎伊一派的权力基础。

2. 北方联盟

北方联盟主要由阿富汗北部塔吉克、哈扎拉和乌兹别克等少数民族联合而成，自 1996 年成立以来，其一直与塔利班进行较量。拥有大部分政治资源的北方联盟不愿与塔利班进行"政治和解"，担心塔利班进入政府后会降低北方联盟领导人的政治地位、削弱少数民族在阿富汗政治社会中的作用。首先，北方联盟领导人担心，塔利班进入政府可能会促使未来阿富汗国家管理体系的普什图化进程的加快，进而引起社会动荡。普什图化过程中筹集的资金会使阿富汗回到普什图人实质性掌控国家政治生活的时期。阿富汗塔吉克人首领艾哈迈德·齐亚·马苏德（Ahmad Zia Massoud，即 2001 年"9·11"事件前两天被"基地"组织枪杀的前北方联盟司令艾哈迈德·沙·马苏德的弟弟）就曾公开表达过这一忧虑：卡尔扎伊的领导会使阿富汗回到过去。④ 其次，北方联盟与塔利班成员在意识形态方面也存在冲突。阿富汗塔吉克、乌兹别克和土库曼等民族大多信仰伊斯兰教逊尼派哈乃斐教派，其中少部分塔吉克人属什叶派的十二伊玛目派或伊斯玛仪派。哈扎拉人则多属什叶派的十二伊玛目派，少数属逊尼派。而塔

---

① 王世达：《鲜花还是荆棘：阿富汗和谈之困》，《世界知识》2013 年第 14 期。

② 邓红英：《阿富汗政治和解：问题与前景》，《社会主义研究》2010 年第 5 期。

③ "Afghanistan Transition: The Death of Bin Laden and Local Dynamics", May 2011, p. 13, http://www.icosgroup.net/static/reports/bin-laden-local-dynamics.pdf.

④ ［乌］鲁斯塔姆·马赫穆多夫：《美国撤军背景下的阿富汗政治进程》，《俄罗斯东欧中亚研究》2013 年第 3 期。

利班成员则主要信奉萨拉菲派，是瓦哈比教派的忠实追随者，他们信奉没有删减或更改的伊斯兰教原初教义，坚持建立政教合一的伊斯兰国家，坚决反对什叶派和伊斯玛仪派，同时也反对苏菲派及那些以萨拉菲派的观点来看不十分纯洁的东西。① 由于上述部族、宗教思想等方面的矛盾，北方联盟对阿政府与塔利班和谈的态度较为消极。2011 年 6 月，阿富汗塔吉克族领导人艾哈迈德·齐亚·马苏德、哈扎拉族领导人哈吉·默罕穆德·马哈齐亚（Haji Mohammad Mohaqia）和乌兹别克强人拉希德·杜斯塔姆（Rashid Dostum）组成一支新的政治联盟，公开反对美国人和卡尔扎伊政权与阿塔进行和谈。②

3. 妇女界

阿富汗妇女界对政府与塔利班和谈尤为警惕。塔利班执政初期出台了一项不允许女性离开家门的命令。根据这条法令，阿富汗女学生被驱逐出校门，政府中的女性职员失去工作。后这条法令改为允许女性在其男性亲属的陪伴下才可出门，那些已经没有男性亲属的女性还是无法出门，即使她们需要看病也不行。近十年来，阿富汗女性权益有所改善。2004 年宪法不仅重申了男女平等的基本原则，还规定女性议员席位至少要占议员总数的 25%。2009 年，阿富汗下议院中女性议员所占比例达到 27.7%。③一些妇女开始脱下塔利班时期强制女性穿着的"布尔卡"（Burqa）④，投身于各种社会活动当中。女性在媒体行业也开始起到更为重要的作用，她们经常出现在广播和电视新闻节目中，甚至在一些保守的省份也是如此。有分析认为，从一开始，卡尔扎伊政府与塔利班政治和谈就存在内容和框架性的问题。双方和谈内容中不涉及人权、妇女权利、过渡司法（transitional justice）、对塔利班和其他组织过去所犯罪行的公正调查、民主以及

---

　　① ［乌］鲁斯塔姆·马赫穆多夫：《美国撤军背景下的阿富汗政治进程》；曹伊、赵小华：《阿富汗与俄罗斯非传统安全问题》，《俄罗斯学刊》2013 年第 5 期。

　　② Maria Abi-Habib, "Ethnic Leaders Set Oppsition Alliance: Ex-Warlords Fought Taliban Regime, Launch Afghan Political Opposition", *The Wall Street Journal*, June 30, 2011.

　　③ United Nations Economic and Social Commission, "Statistical Yearbook for Asia and the Pacific", 2009, Bangkok, p. 41.

　　④ "布尔卡"，是一种用多褶的材料制成的从头到脚的外衣。穿戴"布尔卡"的女性只能通过 2×4 英寸大的网眼看外面的世界。视力较差的女性在穿戴"布尔卡"时无法戴上眼镜；身体较虚弱的女性在穿戴时会感到呼吸困难。

对弱势群体的保护等重要问题。① 这些重要问题的缺失严重影响阿富汗妇女界对和谈的信心。妇女界担心和谈可能危害人权状况，使阿富汗妇女近年有所改善的政治和受教育等权利再次被剥夺。

4. 塔利班

从阿富汗政府推动政治和谈以来，塔利班多次表示不愿与卡尔扎伊政权接触，并一再否认其与卡尔扎伊政府的接触。2010 年 2 月 21 日，塔利班发言人优素福·艾哈迈迪（Qari Yousef Ahmadi）在回应卡尔扎伊在支尔格大会开幕会上呼吁塔利班接受他的和解提议时说："卡尔扎伊只是一个傀儡，他无权代表阿富汗国家与政府。"也就是说，塔利班根本不承认卡尔扎伊政府的合法性。该发言人还指责"卡尔扎伊已陷入贪污腐败的泥淖，身边充斥着横征暴敛的军阀"。塔利班对卡尔扎伊政府政治和解倡议的回应一直较为冷淡。2011 年以来，阿富汗政府与塔利班建立联系渠道并直接进行会谈，但这些接触和谈判至今没有取得实质性成果。

塔利班之所以不愿与阿政府和谈，主要原因有三点。第一，自 2005 年以来，塔利班在阿富汗的广大地区建立了三级管理机构：第一级是 18 人组成的最高决策机构"领导委员会"，在其之下，设有军事、政治、财政和文化事务等专门委员会。第二级是省级地方"影子政府"，"领导委员会"向各省派遣"影子省长"和军事指挥官。在阿富汗的 34 个省中，33 个省都建立了塔利班的"影子政府"。第三级是战地司令或前线司令。这些人行政上属于区长，直接听命于各省"省长"。塔利班的各级领导都持有"领导委员会"的"委任状"。② 第二，在美国和北约军队加大打击力度的同时，塔利班也改变了战术，不再使用过去大规模作战的方法，而改为颠覆活动、爆炸性的袭击事件及恐怖战争。塔利班在阿富汗没有统一的作战指挥中心，而是由其在巴基斯坦的指挥中心所任命的战地指挥官及"影子政府"指挥作战。塔利班组织的特殊性、战术的灵活性使驻阿联军和阿富汗武装部队难以摧毁其作战指挥中心。此外，塔利班在阿富汗和巴基斯坦的普什图地区内拥有大量招募资金，一些地方官和部落首领都服从

---

① Hasrat Hussain, "The Prospect of Peace Talks with the Taliban", p. 8, http://www.centre-peaceconflictstudies.org/wp-content/uploads/The_ Prospect_ of_ Peace-Talks_ with_ the_ Taliban-_ 20130701. pdf.

② 刘青建：《美国撤军后的阿富汗》，《中国报道》2012 年第 1 期。

塔利班的调遣。① 第三，在 2010 年，驻阿联军相继发动"马尔贾之战"和"坎大哈攻势"两次大规模军事行动，清剿塔利班"老巢"。2010 年度共有 1 万多名塔利班武装人员被打死或被捕，其中包括多名战地指挥官。② 2013 年共有 1.2 万名塔利班武装人员被打死或被捕。③ 有分析认为，塔利班组织之所以答应和谈是缓兵之计，是为恢复和重组力量争取时间，并以此消磨美国及北约军队的作战积极性。在 2014 年美国及北约撤军的背景下，塔利班似乎越来越相信，时间是站在他们这一边的，他们更倾向于战斗到底而不是进行谈判。

### （二）美国和巴基斯坦的影响

除阿富汗国内各派力量外，美国和巴基斯坦也是阿富汗政治和解问题涉及的关键两方。美巴出于各自利益诉求，对阿政治和解均有期待，对阿政治和解亦各有影响。

#### 1. 美国

美国对阿富汗政治和解进程的影响极其重要。2009 年初，奥巴马总统提出"阿富汗—巴基斯坦新战略"，美国在阿富汗开始采取军事打击和谈判拉拢的两手策略。一方面通过特种部队作战和大规模军事行动加大对塔利班的打击力度；另一方面支持阿政府与塔利班不同派别进行接触。2010 年 9 月 28 日，驻阿美军最高指挥官彼得雷乌斯首次承认与阿塔存在秘密接触，并称"美国支持阿富汗政府与阿塔和谈，这是解决阿叛乱的最有效途径"。2011 年 2 月 18 日，美国国务卿希拉里·克林顿在亚洲协会总部的演讲中明确表示，美方放弃先前一再坚持的美—塔对话"三前提"（即塔利班须放弃暴力、遵守阿富汗现行宪法及彻底与"基地"组织断绝联系），将之转化为"对话须追求的三结果"。④ 美国转变对阿政治和

---

① Siegfried O. Wolf, "Taliban Talks: The Completion of a Defeat?" July 2013, p. 17, http://archiv. ub. uni-heidelberg. de/savifadok/2872/1/SOW. TalibanTalks. 201307. pdf; ［乌］鲁斯塔姆·马赫穆多夫：《美国撤军背景下的阿富汗政治进程》，第 94 页。

② ［乌］鲁斯塔姆·马赫穆多夫：《美国撤军背景下的阿富汗政治进程》，第 93 页。

③ "Up to 12, 000 Afghan Taliban eliminated in 2013: UN report", http://www. dawn. com/news/1056967/up-to-12000-afghan-taliban-eliminated-in-2013-un-report.

④ "2012 年现代院论坛"课题组：《阿富汗重建：地区性挑战与责任》，《现代国际关系》2012 年第 6 期。

解的态度，意在希望塔利班加入和解进程，降低阿富汗境内恐怖袭击发生的频率，以实现其顺利从阿富汗撤军和达到减轻自身财政和军事负担的目的。但同时，美国也有意借与塔利班直接接触在阿富汗现政权和塔利班等反叛组织之间保持某种平衡，确保自身在2014年撤军之后还能掌控阿富汗局势。然而，美国政府的后一重考虑引起了阿富汗现政府的不满，并已经影响到美阿《双边安全协议》的谈判。目前，阿现任政府对美国和阿塔利班单独接触较为敏感，要求所有和谈都必须由"和平高级委员会"主导。显然，美国与阿政府间策略的歧异将直接影响美国及阿政府与塔利班的谈判前景。

2. 巴基斯坦

由于地缘和历史的联系，巴基斯坦也极为关注阿富汗政治和解进程问题。其一，巴基斯坦一直将阿富汗视为对抗印度的西部"战略纵深地带"，希望阿富汗建立对巴友好政权。因而，巴基斯坦在推动阿富汗和平进程方面积极发挥影响，斡旋阿塔领导层加入和谈，以提升其在阿富汗的影响力，并拓展其战略空间。其二，在北约的军事打击下，阿富汗境内的塔利班越过边境进入巴基斯坦，使巴基斯坦部落地区武装组织在意识形态上出现"塔利班化"。自2004年以来，巴基斯坦开始出现了所谓"巴基斯坦塔利班运动"（简称巴塔）以及基地组织的"巴基斯坦化"。巴塔的力量也由最初的北、南瓦济里斯坦地区扩散到巴贾乌尔地区。[①] 近年来，巴塔的势力进一步扩展到了旁遮普省南部等人口密集的地区。部落地区的塔利班化给巴基斯坦的内部安全造成了严重影响，使得巴安全局势呈连年持续恶化的状态。因此，巴斡旋阿富汗塔利班参与和谈显然是希望阿富汗恢复和平与稳定，并以此在一定程度上减轻巴国内的安全压力。

然而，在巴基斯坦斡旋阿富汗政治和解的过程中，阿巴之间也存在矛盾。在和谈对象的选择上，卡尔扎伊政府内部的前"北方联盟"势力对和谈持谨慎态度，趋向于制定严格的和谈标准。巴基斯坦则不仅支持阿塔利班参加和谈，还主张将更加激进的"哈卡尼网络"等其他反叛组织也纳入阿和平进程。此外，阿富汗政府在处理其与印巴两国的关系时的"重印轻巴"倾向也引起巴基斯坦的战略疑虑。2012年5月，阿富汗和印度决定建立战略伙伴关系，在政治、经济和安全等领域展开全方位合作。

---

① 王联：《论巴基斯坦部落地区的塔利班化》，《国际政治研究》2009年第2期。

但阿政府却不与巴基斯坦就建立类似关系展开谈判。巴基斯坦政府内部对阿现任政府一直颇有微词，而阿富汗政府则认为巴基斯坦仍然继续在暗中支持阿塔。巴基斯坦和阿富汗政府战略意向上的分歧，也必将会直接影响阿政治和解进程的结果。

## 三　阿富汗政治和解进程的前景

阿富汗政治和解进程最重要的内容是如何让塔利班进入阿富汗政治版图。到目前为止，关于美国、阿富汗政府和塔利班和谈的相关信息外界知之不多，但多把焦点放在以下几方面：一是阿富汗未来政体问题；二是阿塔参与政权分享的方式；三是民族和部落武装的处理问题；四是美军长期驻阿的方式与权限问题。[①] 这些问题都对阿富汗未来局势影响深远，但有关各方在任何一个问题上要达成共识都绝非易事。

其中，第一个问题相对而言是最难解决的。阿富汗政府和美国要求塔利班"遵守阿富汗现行宪法"，这本是美国及阿富汗政府与塔利班和谈的前提之一，即使其变为和谈目标后，要实现的难度依然很大。遵守阿富汗现行宪法，就意味着塔利班认可当前阿富汗政教分离的民主体制。阿富汗2004年宪法规定，阿富汗"主权在民"，而不是"主权在神"，明确将世俗权力置于神权之上。众所周知，塔利班的极端主义思想常常被形容为一种以激进的迪奥班德学派观点来诠释伊斯兰教的"结合了普什图族部落法则的沙里亚法的创新形式"。在其统治阿富汗期间，塔利班就是凭借在阿国内实行原教旨主义式的宗教和政治统治，借助武装割据和极端宗教势力的国际合作，一味地复古、排外和反西方、反现代。因而，塔利班不会放弃其原教旨主义信仰，否则不仅其多年经营的成果会付诸东流，还可能失去保守社会势力的支持，削弱自身存在的基础。塔利班代表在2012年12月召开的巴黎会谈上就曾提出，塔利班反对现在的美国傀儡卡尔扎伊政府和现行宪法，要求重新撰写一部伊斯兰宪法。[②] 这一要求遭到了卡尔扎伊政府的拒绝，12月23日，阿外交部发言人贾南·穆萨扎伊拒绝了塔

---

① "2012年现代院论坛"课题组：《阿富汗重建：地区性挑战与责任》。

② "Paris Conference Concluded!" December 24, 2012, http://outlookafghanistan.net/editorialdetail.php? post_ id =6218.

利班在巴黎会议上提出的修改宪法的要求，称这不符合阿富汗人民的利益，强调阿富汗民众已经接受现行的宪法，只有"支尔格大会"有权改变现行宪法。①

此外，民族和部落武装问题亦难处理。阿富汗是一个多民族、多部落的国家和社会。长期的内战在一定程度上是普什图族与非普什图族争夺中央统治权的斗争，根深蒂固的历史恩怨和无休止的权力争夺使阿各民族之间无法建立互相信任的基础。同时，散布于阿富汗广大农村地区的部落虽属于中央政府管辖，但却享有高度的自治权利。这些权利包括行政管理权和经济自主权。而且在军事上各部落和部族还拥有自己的武装。另外，各自为政的部落地区领导人的权力很大，有权处死那些不遵守部落规矩的人。② 对于个人而言，他们无法寻求国家的保护，只能通过家族、部落、族群来保障自身安全。显然，阿富汗民族和部落武装问题妥善处理的根本途径在于实现民族和解和建立强大的中央政府。因此，只有当阿富汗社会成员对新的政治文化的认同强于原有的民族、部落认同；只有当阿富汗中央政府能够实行全国范围内的有效统治时，阿富汗的政治和解进程才能够找到真正的出路。

（作者：云南省社会科学院南亚研究所　助理研究员）

---

① Sayed Jawad, "Afghanistan deny Taliban demands regarding peace process," December 23, 2012, http://www.khaama.com/afghanistan-deny-taliban-demands-regarding-peace-process-21644.

② 汪金国、张吉军：《论后塔利班时代阿富汗的政治发展——从政治文化维度的探讨》，《南亚研究》2013 年第 1 期。

# 不丹政治民主化：问题及前景

## 杨思灵

据史料记载，不丹曾是中国西藏的边远地区，后由于西藏疏于管理，不丹逐渐变为独立的部落。公元 12 世纪，藏传佛教成为执掌不丹世俗权力的教派。公元 1616 年，不丹建立起了政教合一的神权统治。其间不仅经历了政教分离与内乱，而且与西藏还发生了战争。1732 年，西藏成功调解发生在不丹的内部冲突，不丹表示愿意归顺清王朝，每年向中国西藏地方政府交纳贡金。不过这一关系被英国殖民者不断侵蚀并最终改变了不丹与中国的关系。1907 年，在英国殖民者的帮助下，乌颜·旺楚克废除神权统治政权，建立了君主世袭制，并自任国王。1910 年，不丹与英国签订《辛楚拉条约》（即普那卡条约），不丹成为英国的保护国。1947 年印度独立后，继承了英国与不丹的"特殊"关系。自 20 世纪 50 年代开始，第三任国王吉格梅·多尔吉·旺楚克就开启了不丹的现代化运动，伴随着现代化建设的不断展开，改革政治体制的时机也在慢慢成熟。在几代国王的共同努力下，最终不丹于 2008 年实现了政治体制的转型。在 2008 年以后至今，不丹的民主化进程持续发展。不过，客观来看不丹的政治民主化运动仍然面临一些问题的挑战。

## 一　国王：不丹政治民主化的推动者

开启不丹政治民主进程的是不丹第三任国王吉格梅·多尔吉·旺楚克（Jigme Dorji Wangchuck，1952 年 10 月 27 日至 1972 年 7 月 21 日在位）。1952 年多尔吉·旺楚克建立不丹的国家立法机构，即由 130 名成员组成的国民大会，宗旨就在于促进不丹史民主的治理形式。在此之前，不丹的立法权属于国王，国民大会的建立直接缩小了不丹国王在立法方面的实际权力。当然不丹第三任国王最基本的民主改革就是于 1958 年彻底废除了奴隶制度。1968 年，吉格梅·多尔吉倡导建立了不丹大臣会议，国王自动放弃了最高否决权，把所有王国大臣的任命权交给了国民大会，从而使国民议会通过的法律具有最终效力。此外，吉格梅·多尔吉还在国王非神化方面做了很多工作，例如废除了臣民见到国王跪拜的陋俗和把国王的称呼由"尊敬的马哈拉贾"改为"国王陛下"。①

　　第四任不丹国王吉格梅·辛格·旺楚克（Jigme Singye Wangchuck，1972 年 7 月 24 日至 2006 年 12 月 14 日在位）继续大力推进不丹的政治民主化进程，进行了很多立法与政治改革。他的主要成绩主要体现在如下几个方面：首先，吉格梅·辛格促使不丹国民大会于 1974 年通过一项法案：国民大会每隔三年对国王投一次信任票，如果不信任票数超过 2/3，国王就要退位。这使当时还没有宪法的不丹通过这种方式把国王的权力限制在一定范围内。其次，吉格梅·辛格于 1984 年加强了皇家咨询委员会的作用，使这一机构具有很强的监督作用，规定：包括国王在内的任何人做了有损于国家利益的事情，该机构可以向大臣会议和国民大会报告。再次，吉格梅·辛格于 1998 年 7 月把政府的行政权移交给大臣会议，又一次削弱了国王直接掌握的权力。最后，吉格梅·辛格启动了不丹宪法的起草。2001 年，吉格梅·辛格建议不丹制定一部宪法。直到 2006 年退位之前，吉格梅·辛格对宪法草案的起草和修改可以说是尽心尽力，对不丹政治的民主化改革起到了极大的推动作用。2001 年 11 月 30 日，吉格梅·辛格动员国会起草不丹宪法。遵照国王指示，不丹首席大法官索南托加主持的宪法起草委员会开启了不丹宪法的起草工作。在翻阅和借鉴了 50 多个国家和地区的宪法法案与相关材料的基础上，宪法起草委员会于 2002 年 12 月 9 日向吉格梅·辛格提交了不丹宪法草案第一稿。吉格梅·辛格 2005 年完成了不丹宪法草案的第二次修订。可以说，不丹第四任国王为不丹实现政治制度的顺利转型打下了坚实的基础。正如不丹人评价的那样："前国王采取的一系列促进不丹王国民主政治进程的措施使他不仅获得了国内人民的尊重，也赢得了国际社会的高度尊敬，在人类历史上，这种例子是不存在的"。②

---

① 杨思灵：《不丹经贸法律概述》，载陈利君主编《南亚国家经贸法律概述》（下册），云南人民出版社 2011 年版，第 546 页。

② 同上书，第 547 页。

2006 年 12 月 14 日，第四代不丹国王吉格梅·辛格宣布将王位传给王储吉格梅·凯萨尔·纳姆耶尔·旺楚克，吉格梅·凯萨尔成为不丹旺楚克王朝第五任国王。吉格梅·凯萨尔执政后，继续积极推进不丹政治民主化的发展，2008 年成功实现了不丹的大选，建立起了两院议会制的政治制度。2013 年 5 月，不丹进入第二届大选，根据目前不丹的政治结构来看，繁荣进步党，因为前国王政府的大量精英人物仍然集中于该党。不过繁荣进步党要取得 2008 年那样的选票优势还是有点困难，因为随着政治民主化进程的不断推进，越来越多的选民接受了多党民主政体的概念，选民的选择也必然会越来越多元化，仍然会在大选中以压倒性的优势取得胜利，优势明显，也不排除反对党异军突起的可能性。

## 二 宪法：不丹政治民主化的法制基础

不可否认，国王在不丹政治民主化的进程中发挥了不可或缺的作用。可以肯定地说，没有历任国王的积极推动，不丹要实现民主制度的转型可能要推迟很多年。我们注意到，第四和第五任国王均非常重视宪法的起草和修订工作，正是在不断完善宪法的基础之上，不丹顺利地实现了选举，政治制度从君主制向立宪君主制转变，这意味着不丹的政治民主化发展顺利地从"人"（国王）的推动向"法"的规范转变。虽然事实表明，不丹国王仍然在当前的政治民主化进程中发挥着非常重要的作用，但是上述转变的趋势也是明显的。

宪法的制定无疑为不丹选举的顺利进行奠定了基础，同时也以根本大法的形式肯定了不丹的政治民主化成果。第一，宪法确定不丹王国的国家性质为君主立宪制，不丹王国的权力属于人民。即在宪法体制下，人民的总体意志建立在政府的基础之上，并且通过定期的选举反映出来，同时规定国王是国家的元首及其国家统一的象征。第二，宪法对不丹的政党组织形式、活动原则、执政党的作用、反对党的地位与作用做了具体规定。第三，对民选政府的组成，宪法规定由国王任命在国民会议（下议院）中获得多数席位的政党的提名人（一般为该政党的领导人）为首相，首相任期不得超过两届。如果 2/3 的议员对政府投了不信任票，国王必须解散政府。第四，关于临时政府的规定。在举行大选时，国民议会将被解散，由国王任命一个临时政府，以便选举委员会可以举行自由和公平的选举。

临时政府的顾问由国王在国民议会解散后 15 天之内任命。临时政府没有权力和外国政府或组织达成任何决定或协议，仅能履行政府的日常功能。第五，宪法也明确规定了不丹全国委员会（上议院）和国民会议（下议院）之间的关系，两者与国王一道组成议会，两者成员不能互相兼任。第六，宪法对选举资格及程序进行了规定。一是选民必须是不丹公民，不小于 18 岁，登记时间不少于一年；二是候选人必须是不丹公民，年龄在 25—65 岁之间，不接受任何外国的援助，且具备选举法所规定的教育履历和资格。与非不丹公民结婚的人、被开除的公务员、有犯罪前科的人等均没有资格成为候选人；三是为促进选举的进行，宪法规定应成立选举委员会。

随着不丹民主化进程的不断推进，宪法的地位也不断得到确立。2007 年 7 月，不丹国民议会通过了不丹宪法第三次修正案。2008 年 5 月 8 日，大选（下议院）产生的第一届新议会第一次会议决定正式采用宪法第三次修正案，并规定每年的 6 月 2 日为"宪法日"。[1] 不丹宪法在不断完善和修订的过程中又进一步推动了不丹政治民主化向前发展。众所周知，现代宪法的产生与在政治制度实际运作中废除专制统治形式密切相关。[2] 不丹宪法的制定以君主制制度下的国王开启，最终结束了不丹的专制君主制度，建立了君主立宪制。从 2007 年底开始，根据宪法的要求，不丹开展了一系列的选举，顺利地实现了政治制度的转变。首先，2007 年 12 月 31 日，不丹举行了全国委员会的选举。全国委员会选举在全国 20 个宗（相当于"县"一级的行政单位）中的 15 个进行，另有 5 个宗因缺乏足够的候选人，[3] 未能如期举行而改在 2008 年 1 月 29 日举行。全国委员会由 25 名成员组成，其中 20 名成员由 20 个宗直接选出，5 名成员由国王提名。其次，2008 年 3 月 24 日举行大选（下议院选举）。3 月 25 日，不丹大选结果正式公布，不丹繁荣进步党取得了一边倒的胜利，获得下议院 47 个席位中的 45 个，赢得组阁权。不丹繁荣进步党领导人吉格梅·Y. 廷里顺理成章出任不丹第一任民选首相，组建不丹新政府。再次，2011 年 1—6 月，不丹完成了第一次地方选举。2011 年 6 月 28 日，不丹选举委员会宣

---

① Dr. S. Chandrasekharan, Bhutan, *New Constitution Formally Adopted*, http://www.southa-siaanalysis.org.

② 莫纪宏：《现代民主与宪法之关系新论》，载《江苏行政学院学报》2007 年第 2 期。

③ 按照规定必须至少有两名候选人。

布了初步的地方政府选举结果。据报道，这次 56% 的选民参与的选举从
2185 个候选人中选出了 1104 名代表。虽然不丹第一次选举拖的时间比较
长，从全国委员会选举到地方政府选举共花了两年多的时间，但从选举过
程来看，普遍获得了国际社会的好评。

不丹宪法第三次修正案的正式采用对不丹意义重大，这是因为宪法规
定了不丹的国家性质是君主立宪制，而不是君主专制。2008 年 7 月 18
日，国王吉格梅·凯萨尔和两院成员共同签署了具有历史性意义的新宪法
文件，标志着不丹宪法第三次修正案正式生效。吉格梅·凯萨尔在对两院
的演讲中说道，宪法对加强不丹主权和安全、自由、公正与和平以及加强
所有不丹人的团结和幸福具有重大意义。从不丹政治民主化发展的道路我
们可以看到，它的政治民主化进程符合世界历史宪政发展的规律，即在不
断探索宪政发展的过程中不断完善宪法文本的制定。不丹宪政的实践赋予
了不丹宪法的生命，如果没有宪政实践，不丹宪法无疑就是一纸空文。不
丹宪法文本一经制定，就对不丹宪政的不断实践提供了基础和前提。具体
而言，不丹宪法不仅以文本的形式巩固了历任国王对宪政的实践成果，①
而且为不丹政治民主化道路的发展提供了一个法制框架。从动态上来看，
可以不断通过修订不丹宪法文本，以适应不丹宪政实践中出现的新情况和
新变化。

## 三　问题：不丹政治民主化的牵绊

虽然不丹政治民主化道路是以"自上而下"的方式进行的，但在宪
政的实践道路上不丹并不是一帆风顺的，尤其是第一次选举中及此后的诸
多问题暴露出了不丹政治民主化发展道路的缺陷。

### （一）对宪法的解释与执行存在矛盾

早在 2009 年 7 月，不丹首相吉格梅·Y. 廷里就表示，民主必须按照
法律行事，但鉴于不丹的情况，严格按照宪法开展工作非常困难，因为宪

---

①　正如毛泽东所说："世界上历来的宪政，不论是英国、法国、美国或者苏联，都是革命
成功有了民主事实之后，颁布一个根本大法，去承认它，这就是宪法。"见张德瑞《毛泽东与新
中国第一部宪法的制定与实施》，载《法治研究》2011 年第 7 期。

法在不丹是新生事物，而每个人对此可能都有不同的解释，如何统一宪法的相关解释及具体执行成为摆在不丹政府前面的严峻挑战。大选刚结束不久，宪法的地位就受到了挑战。根据不丹宪法第二章第19款的规定，宗的长官须通过首相推荐，由国王任命。但在实际操作过程中，12个宗的长官调动全由皇家公务员委员会一手操办，并未履行国王批准程序，显然宪法未能得到应有的尊重。此外，根据不丹宪法的规定，选区发展补助金是内阁和国民议会批准的预算的一部分，但不丹地方政府却擅自建立发展补助金机构，违反了不丹宪法的相关规定。这种对宪法的不同解释及执行一直存在。2010年，由于对宪法解释的分歧，导致国家委员会（上议院）和国民议会（下议院）之间就诸如"通过预算授权"、"部长是否应当积极回应国民议会议员的质询"、"政府是否在没有议会批准的情况下应该被授权提高税收"等问题上存在严重分歧。2010年，不丹反对派将第一例宪法案件诉诸法庭，案件内容主要涉及政府是否可以单方面决定修改销售税和关税政策（7月政府在没有咨询反对派的情况下擅自修改了相关政策）。由此案例又诞生了两个问题，一是在诉讼案件中曾经出任过政府总检察长的官员能否在法庭上代表反对党；二是在诉讼案件中反对派是否有权从政府获得资金支持。根据宪法规定，反对党是有权在类似的诉讼案件中获得政府资金支持的。就第一个问题而言，那位前政府总检察长的代表资格当时获得了政府认可。但是第二个问题，即政府出资反对派进行诉讼案件是否违宪一事却没有得到定论。另一个对宪法分歧导致的后果是地方选举推迟到了2011年才得以完成，主要原因是政府与选举委员会之间在城市划分上存在矛盾。虽然议会批准了A类城市4个，格窝（相当于区一级的行政单位）205个，但在16个B类城市的认定及划界问题上一直未能得到解决，政府希望所有地方一起进行选举，但选举委员会认为与宪法精神不符，只能先进行A类城市选举。政府对选举委员会不断通过挖掘法律缺陷而耽搁选举的做法提出了批评。

2011年1月不丹开始地方选举，但也主要因为对宪法认识存在争议导致选举一直拖延，尤其是选举委员会与政府之间就地方议会法存在争议。选举委员会认为该法有许多条款与宪法不符。此外，宪法对选举资格的规定过严导致无法正常进行选举，例如在廷布的选举中，10万居民中仅有6000人有选举资格并被允许投票。为此，一些民众要求修改候选人参选的最低资格，因为在一些偏远地区没有候选人参与竞选。后在国王干预的情况下上述问题才得以解决，不丹最终于当年 7 月完成了地方选举。

这种对宪法的分歧一直延续到了 2012 年。年初，不丹议会第八次会议召开，该次会议决定先不对选举修订法案投票，因为各方仍然未能对国家资助政党是否合乎宪法达成一致的意见。① 目前来说，宪法的分歧问题主要体现在国家委员会（上议院）与国民议会（下议院）之间的紧张关系仍然长期存在。双方对宪法及一些法律问题的理解与执行仍然存在较大分歧和矛盾。在宪法上，因为有的议员认为政府对政党提供资助属于违宪，有的则认为合法，导致新的选举法未能在第八次议会会议上通过。另外，在烟草控制上，国家委员会主张应放开对烟草的控制，然而国民议会则认为应严厉控制。②

### （二）缺乏民主文化氛围

正如上文所提到的那样，不丹国内各个党派之间、机构之间对宪法的解释及执行存在着重大的分歧，这些分歧虽然造成了在时间、财力、物力上的巨大浪费，但最终在国王的调解下，一些分歧还是得到了解决。这是一个很有趣的现象，即国王主动实现了不丹的政治转型，但转型后的不丹政治仍然还是个蹒跚学步的婴儿，需要国王继续扮演“监护人”的角色。可以说，不丹国王现今扮演的角色仍然显示出不丹的政治民主化有较大缺陷。由于不丹的政治民主化进程是以自上而下的方式开展的，国王在政治民主进程中的作用是决定性的，这就导致了只要政治民主化进程遭遇到分歧或者矛盾，国王就以调和者的角色出现以推动不丹的民主化向前发展。因此，国王在民主化进程中所起的重要作用在一定程度上造成了不丹政治民主化发展的先天不足。换言之，缺乏民主文化仍然是不丹政治民主化面临的严峻挑战。事实上，在 2008 年实现政治转型时候，甚至有民间舆论建议不丹还是回到君主制比较好。民主文化氛围的缺失导致不丹整体国民意识缺乏对民主制度的认知与认同，同时也使不丹政治民主化缺乏内在的原动力，从而使不丹的政治民主化缺少了民间舆论的监督。至少在目前，

---

① Economist Intelligence Unit, *Country Report-Nepal*, *Mongolia*, *Bhutan*, Feburary 2012, p. 139.

② 烟草控制法通过是国家委员会与国民议会妥协的结果，虽然国家委员会解禁烟草的要求并未得到满足，但国民议会也后退了一步，即不全面禁止烟草的进口，减轻对进口烟草的惩罚等。

不丹民众对国王（情感上）的关心更甚于对民主的关心。

### （三）民族问题的影响

不丹的主体民族包括不丹族人（即阿洛族人）、莎措普族人和尼泊尔族人。前两者加上当地的土著居民占其人口总数的 70%，这部分人长期以来处于不丹政治结构的中心。而占其人口 30% 的尼泊尔族人则逐渐被排斥在外。自 20 世纪 50—80 年代，由于担心尼泊尔移民会影响不丹主体民族的文化独立性，不丹政府采取了一系列政策。[1] 这些政策导致尼泊尔移民的不满，有的激进分子开始攻击医院、学校，不丹为此出动军警进行镇压。由于害怕受牵连，20 世纪 80 年代末期至 90 年代初，大量的不丹尼泊尔族人逃亡至尼泊尔东部地区，形成至今尚未完全解决的"难民问题"。在问题产生不久，就有人提出要将难民问题纳入不丹政治民主化运动加以解决。但在此问题上，不丹政府立场比较坚定。直到 2008 年正式举行大选，不丹难民问题并未纳入政治改革范畴，在难民营中成立的政党不被政府承认，难民无权参与选举。为了对抗这种令人沮丧的局面，难民营中的一些激进人士组建了若干暴力组织，并在不丹南部筹划了一系列爆炸活动。[2] 应该说这些活动对不丹社会安全局势和不丹政治民主化发展造成了一定影响，致使部分人认为不丹的民主实质上是狭隘的，这使得不丹的政治形象受到了极大损害。

### （四）民主制度基础非常脆弱

不丹民主制度发展基础的第一个脆弱性是它的地理位置。不丹领土面积仅约 3.8 万平方公里，位于喜马拉雅山脉东段南坡，其东、北、西三面与中国接壤，南部与印度交界，为内陆国。这一地理特征决定了不丹的脆弱性。不仅领土面积小，对外部的联系与发展还不得不依托第三国（主要是印度）。第二个脆弱性是不丹经济不仅规模小，而且发展单一。第三个脆弱性则是印度全面掌控了不丹的发展命运。在经济上，不丹的主要产业——水电由印度控制，其中 90% 的水电出口到印度。作为山地内陆国

---

[1] 具体可参见杨思灵《当代不丹难民问题》，载《世界民族》2010 年第 2 期。

[2] 具体参见杨思灵《不丹反政府武装：现状、趋势及影响》，载《东南亚南亚研究》2011 年第 2 期。

家，不丹的对外贸易也主要通过与印度向其开放的 16 个边境口岸进行。而且更麻烦的是，与印度的经济关系和不印两国货币 1∶1 的兑换方式使不丹经常处于"卢比荒"的状态。因为无论不丹如何出口水电，所得到的外汇储备卢比均不够完全支付其在其他方面的进口需要。道理很简单，不丹缺乏工业制造能力，几乎大部分的生活、生产必需品均需从印度进口。尽管有一种说法认为不丹可以通过出口水电来获得顺差，但不丹产业结构的重大缺陷注定这种想法是不现实的。这种捆绑方式带来的另一种后果就是，当经济危机来临时，印度经济由于有较强的基础，抵御风险的能力比较强，但由其传导向不丹的危机则可能使不丹经济遭遇重大的发展危机。在军事上，不丹皇家陆军兵力总共不过 9000 人，而印度在不丹驻扎的军队就多达 1.7 万人。而且不丹的全部军费、大部分装备和给养均由印度提供。这种现实决定了不丹的民主进程不可能不受外部因素的影响。

## 四　前景

本部分主要对上述提出的问题进行进一步的分析与梳理。事实上，从大的基本面来看（不包括外部因素），不丹的政治转型出现反复的可能性非常小。虽然从现状来看，在宪法问题上各方矛盾分歧比较严重，但这些分歧与矛盾并不会直接导致不丹再回到君主专制的道路之上，而只会导致不丹的民主化发展在某些方面偏离预期。由于宪法本身是民主制度的一个基础和标志，因此是否严格执行宪法同样也可能会影响到不丹民主化发展的进程。如果不严格按照宪法来执行相关精神的话，那么宪法的尊严必定受到损害，如果严格按照宪法来执行的话，从不丹民主政治发展过程来看，似乎也是不现实的。首相廷里认为，对宪法的解释不应太苛刻，宪法不是拿来反对政府的一根棍子，而且要在每个问题上都适用宪法是很困难的。这样的情况对不丹政治民主化的发展当然是不利的，因为按照廷里的看法，宪法的尊严已经严重受损，这可能会导致人们为了争取或维护自身的利益而对宪法不屑一顾。

有关宪法的矛盾和分歧还引出了一个较为严重的问题，即国王的角色问题。我们知道，当对宪法的解释及执行出现问题时，总是由国王出面进行调停处理，使相关的事件（比如地方选举、制定法律）能够顺利进行。这种局面实际上在更大程度上损害了不丹宪法的神圣地位。因为如果长此以往，人们就会得出宪法并不重要而重要的是国王要求如何去做的结论。在民主制度确立之前，正如前文所述，不丹国王在政治民主化过程中发挥了最重要的作用，可以说没有国王就不可能有今天不丹政治民主化发展的成就。但在民主制度和民主宪法正式颁布之后，国王凌驾于民主宪法上的种种行为无疑会给不丹民主制度的发展带来较大的伤害。这种伤害虽然不会直接导致制度上的倒退，但极有可能给不丹政治民主制度带来难以弥补的缺陷。而且因为在缺少民主文化氛围的情况下，依靠舆论监督弥补制度缺陷的可能性虽然不能说没有，但这种可能性肯定是非常小的。

另外，不丹政治民主化的发展还受到外部因素的影响。正如上文所说，印度掌握了不丹经济命脉，而且在政治上对这个国家也有着相当的影响。1948 年，不丹与印度进行了谈判，确立了不丹的独立地位。但印度提出了不丹在外交方面要接受其"指导"的附加条件（即不丹在处理对外关系方面要以印度政府的意见为指导），该条意见甚至写进了1949 年两国签署的《永久和平与友好条约》之中。不仅如此，签订条约后，印度从政治、经济、军事、外交方面都加大了对不丹的影响。虽然近年来，不丹的活动空间有所扩大，比如与越来越多的国家建立外交关系，但并未从根本上改变其与印度关系的性质。而这种局面的存在无疑会对不丹政治民主化的发展产生一定的影响。

另外，不丹的民族问题也是民主化发展可能面临的一个风险。因为至今仍然有一些难民组织在不丹开展各种类型的恐怖活动（比如爆炸、暗杀等），最新的一次是在 2012 年 11 月爆发在不丹南部沙潘地区的爆炸。可以看出，虽然随着"第三国安置方案"的实施，难民问题正逐步解决，激进势力也日渐式微。但是，目前仍然有 18000 多名难民表示不愿意被安置到第三国，因此并不能排除难民问题再次出现激化的可能性。对于不丹这样一个人口较少的国家而言，这个问题今后的发展方向也将是影响其民主化进程的一个重要因素。

（作者：云南省社会科学院南亚研究所　研究员）

# 从马尔代夫热点事件看其政局发展

## 蒋茂霞

2012 年 2 月 7 日，马尔代夫首都马累爆发军事政变，时任总统纳希德发表电视讲话，宣布辞去总统职务，随后总统职位由副总统穆罕默德·瓦西德·哈桑接任。尽管前总统纳希德曾公开表态"自愿辞职"，但其却在政变后的第二天改口宣称"自己是在枪口的逼迫下辞职的，瓦西德·哈桑是逼迫自己下台的直接策划者"。尽管有诸多不情愿，但联合国的积极斡旋及美国与国际社会对新政权的认可迫使纳希德妥协退让，而后纳希德只能寄希望于 2013 年的大选来助其重新掌权。有分析人士称，马尔代夫此前一直是南亚地区的"希望之光"，但现在看来，"民主转型出了差错"，因此有理由担心创建不久的自由民主政体会出现倒退①。也有分析人士认为，马尔代夫一天之内总统易人的事件说明，在从威权民主向多元民主转型的过程中，大都要经历几轮或几次政治动荡。因为宪政体制的重塑、社会结构的改变、利益结构的重组等，都需要一个必要的阵痛过程，无捷径可走。在此意义上讲，马尔代夫的民主转型，也难逃政治动荡的魔咒。② 本文试图从马尔代夫政局动荡产生的根本原因及几位权势人物入手，分析马尔代夫的政局发展。

## 一　马尔代夫政局动荡的开始及其原因

2012 年 2 月 7 日，刚刚被推翻的前总统纳希德在马尔代夫国家电视台发表了全国电视讲话。他在讲话中表示，"辞职是为了阻止暴力，在目前的形势下这种行为有利于国家"。他相信，"如若其领导的政府继续执

---

① http：//world. huanqiu. com/roll/2012－02/2424861. html.

② http：//gb. cri. cn/27824/2012/02/19/2225s3563160. htm.

政，则必将出现武力对抗，而这样做却会对马尔代夫人民造成伤害"。但随后纳希德又推翻了之前的陈述，认为自己是政变的受害者，是因受逼迫而辞职。纳希德的传媒顾问、英国人保罗·罗伯特称："看上去，这是一场偶然的政变，实际上是反对派领导人在安全部队的支持下精心策划的结果。"[1] 作为印度洋上一个向来政治环境稳定而且极具投资潜力的岛国，马尔代夫何以在民主改革的进程途中出现这样剧烈的政权更迭？有分析人士称，纳希德政府之所以下台，原因是对加尧姆的势力没有形成有效恐吓，致使后院失火，把具有野心的瓦西德培养成了自己的副手。

**（一）政局动荡起因**

有媒体报道称，事件的起因是 2012 年 1 月的"扫黄"行动，当时纳希德下令关闭马尔代夫的洗浴场所和按摩中心，而这些场所和中心多为反对派支持者所经营和持有。尽管纳希德最后迫于压力停止了行动，但这无疑在执政党和反对党之间埋下了冲突的隐患，并由此引发了一系列示威游行，亦成为军事政变的直接导火索。2011 年 12 月，在非政府组织的抗议示威声中，纳希德开始抵制言论自由。2012 年 1 月 10 日，纳希德下令逮捕发表言论的政敌。随后，刑事法庭首席法官阿卜杜拉·穆罕默德（Judge Abdulla Mohamed）表示，按照宪法人身保护条款的规定，纳希德的"逮捕指令"明显违反了宪法。2012 年 1 月 16 日，纳希德下令拘捕阿卜杜拉·穆罕默德。此后事件持续发酵，2012 年 2 月 7 日，接受命令镇压示威者的警察倒戈相向，加入了示威者的队伍。随后军队与意图冲入马尔代夫国防部队总部的警察和示威群众发生了冲突，另外有部分士兵亦加入示威者队伍，马累陷入一片混乱。在这样的情势下，纳希德已经无法再利用手中权力继续其统治，辞职成为纳希德选择平复骚乱的无奈之举。

**（二）谁是事件的策划者？**

纳希德方面认为加尧姆是此次政变事件的幕后推手，而现总统瓦西德则是事件的直接策划者。

在纳希德被迫下台之前，法官阿卜杜拉·穆罕默德曾做出裁决释放了政府批评人士默罕穆德·贾米尔·艾哈迈德（Mohamed Jameel Ahmed）。

---

[1]　http：//gb. cri. cn/27824/2012/02/19/2225s3563160. htm.

随后阿卜杜拉·穆罕默德即因腐败及所做裁定具有政治偏向等指控而被纳希德政府拘押。这一事件引发了大规模的街头示威游行，国家各级法院亦对此进行了抵制。反对派人士认为阿卜杜拉·穆罕默德是因亲近加尧姆而遭拘押，他们还认为这是纳希德滥用权力，肆意打击政敌的证据。有目击者表示，加尧姆的支持者在示威活动中冲击了马尔代夫民主党总部。纳希德辞职后，大批民众涌上马累街头庆祝。他们挥舞着国旗，甚至泼水庆贺。一些人聚集在总统府门口高声呼喊"加尧姆！加尧姆!"的口号。一位不愿透露姓名的官方人士也表示，加尧姆的支持者呼吁举行圣战，推翻民选政府，推翻纳希德政权。① 加尧姆于1978—2008年间执政，30年的执政经历使其赢得了国内众多民众的支持。在纳希德执政期间，他离开马尔代夫前往马来西亚。纳希德卸任后，他又于2012年3月上旬返回马尔代夫，此举使纳希德一方更加确信加尧姆就是政变的策划者。

瓦西德接任总统后立即任命了两名新内阁成员，这两名部长都与前总统加尧姆有密切关系。而新任国防部长则是退休上校穆罕默德·纳兹姆。他在2009年曾因反对纳希德被迫"解甲归田"。更加引人注意的是，被法官穆罕默德释放的反对派成员贾米尔·艾哈迈德也被瓦西德招募进入内阁。纳希德的支持者声称，瓦西德近段时间以来与反对党"大佬"举行了会议，并达成协议。② 纳希德认为种种迹象表明，加尧姆是幕后推手，而现总统瓦西德则是事件的受益者，也是事件的直接策划者。他曾表示，"加尧姆的密友连同伊斯兰极端分子和时任副总统合谋推翻了我。警察和部队对我下了最后通牒，要么辞职，要么面对杀戮，我选择了前者"。③

另外纳希德方面认为马尔代夫的富裕精英阶层亦是政变的幕后推手，此举是对提出私有化及自由市场等经济政策的纳希德所开展的报复措施。纳希德表示其情报官员已经确认精英阶层基于利害关系而与穆斯林极端分子结盟，向政变提供了经济援助。④ 经营三个岛屿的阿里西亚姆（Ali

---

① http：//uk. mobile. reuters. com/article/worldNews/idUKTRE81609X20120207？ i＝5.

② http：//gb. cri. cn/27824/2012/02/19/2225s3563160. htm.

③ Abuses of Power in the Maldives ；Written by Mohamed Nasheed on October 10，2012，http：//www. huffingtonpost. com/mohamed-nasheed/maldives-abuse-of-power_ b_ 2103046. html.

④ http：//www. telegraph. co. uk/news/worldnews/africaandindianocean/maldives/9077446/Maldives-president-says-rich-elite-was-behind-coup-to-end-his-vision-of-privatised-paradise. html.

Shiyam）说："度假酒店的拥有者资助和支持了新政权。从短期来看，抵制对我个人造成了很大的伤害，但从长期来看，却是必须的"。① 对此，纳希德本人表示，"政变的资金来源大部分由度假岛屿拥有者所提供"。在被问及岛屿所有者何以这样做时，纳希德表示，"可能这些人喜欢旧有的腐败制度"。②

### （三）政权更迭之原因

虽然外界对马尔代夫的政权更迭有众多评判，但究其原因，不外乎以下几点。

第一，政党之争。马尔代夫执政党和反对党之间的政治纷争历来存在。在前纳希德政府组阁后，人民党和人民联盟两个党派便组建了反对党联盟。2010 年 5 月，马尔代夫举行首次政党制议会选举，反对派联盟在 77 个议会席位中占据了 43 席，这种政治格局为政党纷争的出现和政府工作的正常运转埋下了隐患。2010 年 6 月 29 日，马尔代夫内阁集体辞职，以抗议议会内反对党议员"劫持行政权力"和阻止内阁成员履行宪法赋予的职能的行为。此次辞职事件是执政党和反对党双方政治诉求发生碰撞的集中表现。另外双方还经常相互诟病，对立冲突时有发生。纳希德在任时就多次发表声明谴责 2011 年在马尔代夫爆发的一系列反政府示威游行，并认为这是由加尧姆蓄意支持而引起的。而自纳希德执政以来，反对派则认为纳希德政府不仅金融监管不力，且打压不同政见人士。2009 年 2 月，人民党在马尔代夫电视台总部外组织集会，要求国内媒体自由化，而马尔代夫民主党的抗议群体则包围了加尧姆的私人住宅。

第二，执政基础薄弱。纳希德作为马尔代夫历史上首位民选草根总统，没有复杂的社会和家庭背景。且 2008 年的选举胜利，也是仰仗与其他党派结成竞选联盟后，才得以在第二轮选举中脱颖而出。政治资历的不足，难以让反对派心悦诚服。加之内阁与议会之间，党派与党派之间的矛盾十分突出，更是为纳希德的执政之路设置了重重障碍。

---

① Tourists urged to boycott Maldives-Former President Mohamed Nasheed；http：//www.ft.com/cms/s/0/2b23db1c-c250-11e1-bffa-00144feabdc0.html#ixzz1zTBarwNc.

② Coup? What coup? Tourists ignore Maldives turmoil, February 13th, 2012; Male', http：//www.smh.com.au/travel/travel-news/coup-what-coup-tourists-ignore-maldives-turmoil-20120213-1t0wi.html.

　　第三，拘押法官事件导致宪法危机。在2008年之前的宪法及其修正案中，马尔代夫的司法机构只是一个从事司法管理的特殊机构，而总统则被给予了对司法管理的最高权力。2008年新宪法实现了立法、司法、行政三机构的三权分立，总统权力遭到削弱，议会权力得到加强。法官阿卜杜拉·穆罕默德因做出裁决释放政府批评人士而被纳希德下令拘押。外界普遍认为在司法体系已独立的情况下，没有最高法院的同意即使是总统也不能私自下令逮捕法官，否则就是违宪。检察长办公室也表示，法官只有在最高法院同意并做出裁决的情况下才能被批捕。此外，马尔代夫最高法院、检察长、司法委员会（Judicial Services Commission）以及联合国人权事务高级专员办事处皆发表声明宣布总统此举为非法，并要求释放阿卜杜拉·穆罕默德。

　　第四，纳希德的行为引发非政府组织及民间团体的诸多不满。马尔代夫信奉伊斯兰教，然而长期以来纳希德政府却与宗教团体存在诸多矛盾。宗教团体认为纳希德政府的行为、观念或行事方式都是有意鼓励及放任其他宗教在马尔代夫境内的发展，这会使伊斯兰教的唯一性遭受挑战与质疑，因此引发了反对派和宗教极端分子的强烈不满。媒体报道称，马尔代夫宗教非政府组织在2011年年底时曾举行约10万人的大规模示威游行。非政府联盟主席默罕默德·迪迪（Mohamed Didi）表示当地共有127家非政府组织和政治党派参与了示威游行。他说："此次游行并非反对政府，而是针对所有带有'反伊斯兰教'观念而开展的运动。现政府采取的很多策略和行动都含有把伊斯兰教从马尔代夫清理出去的意图。因此非政府组织只能选择示威游行来保护伊斯兰教。"迪迪还表示，对政府允许其他宗教信仰进入马尔代夫境内的做法，非政府组织不会坐视不理。他说："在过去900年的时间里，马尔代夫人一直信仰伊斯兰教。如果少数人不能理解马尔代夫人民所尊奉的宗教，那么他们最好立即离开这个国家"。①

　　第五，改革进程影响到一些特权阶层的利益。为降低公共支出和预算赤字以及增加国家财政收入，纳希德政府加大力度推动法律法规的贯彻实施。尤其是2011年4月，政府宣布本国货币拉菲亚兑换美元由原来的

---

　　① 6 political parties, 130 NGOs will participate in Dec 23 mass demonstrations- Civil Society Coalition; http：//www. miadhu. com/2011/11/local-news/6-political-parties-130-ngos-will-participate-in-dec-23-mass-demonstrations-civil-society-coalition/.

12.85：1 的固定汇率变为实行浮动汇率。这意味着拉菲亚的币值有 20%
的浮动范围。而对于国内生活必需品绝大部分靠进口的马尔代夫而言，此
举无疑将导致拉菲亚的贬值及消费物价指数的上涨。为稳定局势，政府制
定并推出了新税收政策，而此举却得罪了国内大量富有阶层。为此，纳希
德说："富有阶层喜欢旧有秩序，而我们则破坏了他们的计划，向他们收
税。当我们执政之初，税收仅为 6 亿美元，而现在却已达到 12 亿美元。
我们引入营业税、公司利润税及收入税等。此举虽然惹恼了富裕阶层，但
政府却是为了提高收入而不得不执行新税收政策。"①

## 二 总统竞选爆出冷门，亚明获胜出任新总统

副总统瓦西德·哈桑接任总统一职后，立即指派来自多个政党的要员
出任内阁要职，并组建联合政府。而纳希德一方则拒绝了美国提出的加入
联合政府的折中方案，并要求提前举行总统选举来结束这场政治危机。经
过商定审议，马尔代夫大选最终定于 2013 年 9 月举行。确定参与总统选
举的人选包括国家统一党（Gaumee Itthihaad）候选人瓦西德·哈桑；民
主党候选人穆罕默德·纳希德；共和党（Jumhoree party）候选人卡西
姆·易卜拉欣（Gasim Ibrahim）以及进步党候选人阿卜杜拉·亚明·阿卜
杜勒·加尧姆（Abdulla Yameen Abdul Gayoom）。2013 年 9 月 7 日的首轮
大选投票结果因选举舞弊而惨遭取消，之后马尔代夫选举委员会再次确认
了大选日期，代表传统势力的亚明·阿卜杜勒·加尧姆在最后时刻逆转情
势，当选马尔代夫新一任总统。然而此前，最热门的总统候选人却不是亚
明，而是时任总统瓦西德以及民主党领导人、前总统纳希德。此二人何以
未能再次问鼎总统宝座？亚明缘何当选新一任总统，其执政后将面临何种
挑战？这些问题值得我们深入探讨。

### （一）瓦西德腹背受敌，执政能力引发国内外质疑

前总统穆罕默德·瓦西德·哈桑生于 1953 年，是美国斯坦福大学的
教育学博士。1992—2008 年，历任联合国儿童基金会驻土库曼斯坦、阿

---

① http://www.telegraph.co.uk/news/worldnews/africaandindianocean/maldives/9077446/Mal-
dives-president-says-rich-elite-was-behind-coup-to-end-his-vision-of-privatised-paradise.html.

富汗、也门代表及驻南亚地区办公室执行主任等职。2008 年返马后，组建国家统一党，同年 9 月，瓦西德作为统一党的总统候选人被提名。然而，由于统一党随后与马尔代夫民主党结盟，纳希德被提名为 10 月举行的马宪政改革后总统大选的候选人，而瓦西德当选了副总统。2012 年 2 月 7 日，前总统纳希德在马累爆发军事政变后下台，瓦西德随即接任总统之职。任职期间，瓦西德的执政能力引发国内外质疑。

第一，在瓦西德与自己组建的执政团队的成员间出现了不和谐的声音。瓦西德的顾问哈桑·萨义德博士（Dr. Hassan Saeed）曾表示瓦西德在马尔代夫是最弱的政治家，而最后他仍然进入了瓦西德的顾问团队，外界据此猜测，其有可能与瓦西德联手共同参与 2013 年马尔代夫大选。[1]

第二，瓦西德已经不能完全掌控其团队成员的任免决定。内阁成员交通通信部部长艾哈迈德·萨姆西德（Ahmed Shamsheed）是共和党成员，因无纪律性被瓦西德解职，为此其所在党派党首威胁瓦西德表示，要重新考虑与现政府的结盟关系。经过双方两次会面后，瓦西德不得不作出妥协，启用另一名共和党候选人接替艾哈迈德·萨姆西德的部长之位。

第三，不当言论引发外界对其责任心及执政能力的新质疑。在国家金融局势未出现大幅好转的情势下，瓦西德在面对国内的舆论批评之声时竟然表示"谁高兴，谁来管理马尔代夫"。身为国家政府首脑而发出这样的言论，必然会导致其威望的降低。

第四，瓦西德陷入政坛丑闻泥沼而难以脱身。原为正义党副党首的议员阿卜杜拉·贾比尔（Abdulla Jabia）在 2012 年 12 月重新加入马尔代夫民主党时表示，将举己之力予马尔代夫民主党的民主运动全面支持，并达到驱逐瓦西德的目的。贾比尔称其这样做的原因是瓦西德政府不仅腐败，且极力发展裙带关系，并借用职权之便打击政敌。另外非政府组织国际人权联合会和马尔代夫民主联络网最近发布了一份《联合人权简介》亦指责 2012 年 2 月组建的瓦西德联合政府犯有侵犯人权，暴力镇压街头示威游行，任意逮捕示威者，身体侵害反对派人士等侵权行为。种种政坛丑闻致使国内外对瓦西德政府的批评之声接连不断。

第五，外交风波让印马关系一度吃紧，瓦西德腹背受力。2012 年 11 月，前总统瓦西德曾表示纳希德违背议会意愿，与印度基础建设集团

---

[1]　http：//www.southasiaanalysis.org/maldives.

（GMR）签署了一个不能令马尔代夫方受惠的马累国际机场管理项目协议。而瓦西德总统麾下成员更是制造了一场外交争端，其官方发言人阿巴斯·阿迪尔·拉扎（Abbas Adil Raza）公开指责马驻印度高级专员 D. M. 穆雷（D. M. Mulay）与印度基础建设集团密切合作，称穆雷是"马尔代夫及其人民的叛徒和敌人，应即刻离开马尔代夫"。而正义党主席谢赫·伊姆兰·阿卜杜拉（Sheikh Imran Abdulla）也公开要求举行国家圣战，把马累国际机场从开发商手中夺取过来。印度一直以来都是马尔代夫的重要外交伙伴，双方领导人对两国曾有的历史渊源及未来的发展都寄予了高度评价及良好祝愿，且马尔代夫方面一直努力经营着双边关系。现下出现这样的外交争端，瓦西德不得不出面澄清表示"我们欢迎印度方的投资，希望和印度做生意……"之后，瓦西德总统把拉扎调离发言人位置，并单方面取消了与印度基础建设集团的接触。印度认为瓦西德的表现已对两国关系造成损伤，为此印度单方面收缩签证制度，规定 90 天自由入境印度的规定只适用于旅游出访的马尔代夫公民，不再适用于以医疗、入学等出访为目的马尔代夫公民。另外印马两国间的嫌隙也因稳步推进的中马关系而逐渐拉大。2012 年 12 月，马防务和国家安全部部长穆罕默德·纳兹姆（Mohamed Nazim）出访中国，与中国国务委员兼国防部部长梁光烈就地区安全形势和两国两军关系等问题交换意见。此举引发印度的高度关注。

　　第六，支持政党临阵倒戈，总统竞选前景无望。早在竞选之前，瓦西德就为竞选工作做足了准备。他考虑借用加尧姆深厚的政治影响力来巩固及维持其权力，从而获得传统势力及进步党的支持。为此，瓦西德大量吸纳加尧姆的亲信进入自己的阵营。与此同时，代表宗教保守派的正义党（Adhaalath Party）、迪维希国家党（Qaumee Party）在选举前也决定支持瓦西德，并与国家统一党（Gaumee Ihthihad）组建联盟，而且卡西姆·易卜拉欣也曾表示共和党准备在即将到来的总统选举中与瓦西德商讨组建联盟事宜。人民党领导人艾哈迈德·塔斯明·阿里也表示将不会与反对派马尔代夫民主党结成联盟。这样，瓦西德认为很有可能再为自己的阵营争取到人民党的重要成员。然而出乎其意料，此前明确支持他的两个政党最终临阵倒戈转而支持亚明，瓦希德被迫以独立候选人身份竞选而无缘总统宝座。

### （二）纳希德的民主梦想遇挫，选举之路荆棘丛丛

生于 1967 年 5 月的纳希德是马尔代夫民主党创始人之一，曾前往科伦坡和英国等地求学，1989 年获英国利物浦大学文学学士学位，1999 年当选人民议会议员。2005 年当选民主党主席。2008 年，当选马尔代夫多党制选举下的首任民选总统，任期五年。2012 年 2 月，纳希德在马累爆发军事政变后下台，其民主梦想遇挫受阻。

第一，纳希德没有深厚的家世背景，且与前总统加尧姆结下了派系仇怨。纳希德出生于中产阶级家庭，曾撰写文章呼吁在马尔代夫实现民主，实现多党制和议会制，并指控加尧姆独裁、操纵选举、忽视公众知情权等，因而在加尧姆执政期间被捕入狱 27 次，前后时间累积长达六年之久。另外，决心重返政治舞台的加尧姆曾统治马尔代夫 30 年，其间培育了众多支持势力，其关系网盘根错节。显然，基础薄弱的纳希德方难以与其抗衡。

第二，纳希德未兑现选举时的承诺，昔日盟友加入反对党阵线。2008年选举时，第一轮投票的得票情况是加尧姆 40.63%、纳希德 25.09%、哈桑·萨义德 16.78%、卡西姆·易卜拉欣 15.32%。后来纳希德的民主党与其他党派结成反对派联盟，取名"爱国阵线"，其所倡导的"精益政府""廉洁政府""透明政府""责任政府""司法独立""新闻自由""拒绝腐败、严禁任人唯亲"等宗旨让马尔代夫的年轻人对 2008 年的民选政府报以了极大的热忱，故纳希德在第二轮投票中，获得了 54.21% 的选票，成功取代加尧姆而顺利当选总统。两三年后，昔日的盟友认为纳希德过于专制，称其所实行的一系列政策损害了投资者的信心；另外，他们对纳希德不尊重宪法和法规，且不断有破坏国家司法体系的举动；随意打压政敌，并发展裙带关系；私生活过于奢华及腐败；限制新闻自由等行为进行了抨击。于是昔日盟友组建了反对纳希德的联盟，其中包括卡西姆·易卜拉欣（前财政部长，纳希德任下的内政部长）领导的马尔代夫共和党以及哈桑·萨义德（前司法部长，曾担任纳希德顾问）领导的迪维希国家党等。而纳希德一方却拒不承认反对派的指控，视其为反对派对己方的中伤。

第三，纳希德与传统势力及宗教势力间的矛盾不可调和。马尔代夫的传统势力和宗教势力在司法、议会和安全部队中有不小的影响，

他们阻止纳希德当选总统的能力不容小觑。这两股势力一致认为，在纳希德任期内发生的下列行为或事件是纳希德有意打压伊斯兰教的具体表现：纳希德政府曾允许在有人居住的岛屿上售酒，这违反了禁止出售酒精类饮料的规定；在中学教育课程中伊斯兰文化成为选修课而非必修课；警察曾在纳希德家中发现很多酒瓶，这违反了在旅游景点以外地区饮酒的规定；2011 年 11 月，南盟峰会在马尔代夫召开时在机场的欢迎旗帜上出现了耶稣的图像，同时在其他南盟国家与马尔代夫的互换礼品中，出现了反伊斯兰的纪念物。亚明当选之后，卡西姆表示此次选举结果有助于加强伊斯兰教在穆斯林岛国上的地位，他说："我们加入亚明阵线的行为拯救了国家，维护了伊斯兰教在国家中的地位，感谢安拉帮我们获得了胜利"。[1] 亚明也谴责纳希德及其党派过于世俗主义和亲西方。而纳希德一方则还击表示亚明的胜利是由于其不正当地利用了"宗教"。

第四，纳希德政府的执政满意度频受民众及各利益群体质疑。拘押法官所酿成的宪法危机事件以及纳希德曾在军警势力胁迫下辞职的事件，使得纳希德丧失了国内军警力量、司法体系及保守派人士对其的支持。另外纳希德的内阁曾在 2010 年集体辞职，其本人也曾在下台后对外界允诺，将在确保提前举行大选的基础之上取消马尔代夫民主党的抗议集会，以利于国家局势的稳定。然而民主党的抗议示威在其表态后仍在继续。这种对国家不负责任及做事出尔反尔的行为遭受了民众的质疑。与此同时，也有利益群体认为民主党的政策未能充分反映基层民众的声音，且民主党在执政期内的很多政策在制定和执行上的问题也使得部分选票随之流失。

第五，参选之路因阻挠势力过多而遍布荆棘。2012 年军事政变后，被认为是纳希德亲密盟友和坚定支持者的印度第一个承认了瓦西德政权，之后美国与国际社会也对新政权表示了认可，在这种情况下，纳希德只得寄希望于 2013 年大选来扳回劣势。对此纳希德信心满满，他认为瓦西德政府之前对大选日期犹豫不决的原因是政府难以决定候选人名单，表明现政府的内斗已经开始，而自己作为马尔代夫民主党的候选人参选必将赢得胜利。同时纳希德认为，在自己执政期间国家的社会经济

---

[1] http://www.theguardian.com/world/2013/nov/17/abdul-yameen-wins-maldives-election.

状况都有所改善，财政赤字从 2009 年占 GDP 的 22% 降至 2011 年年底 GDP 的 9%。同时包括养老金、全民健康保险在内的社会保障体系建设也都得到了加强。然而，纳希德渴望再次执掌政权的道路却因阻挠势力过多而不像他想象的那么平坦。同时，瓦西德政府也意图借用宪法或其他手段阻止纳希德参选。① 2013 年 2 月 13 日，纳希德进入马累印度高级专员公署寻求避难，以躲避警察的追捕。原因是政府指控他在任职期间犯有下令批捕和拘押法官以及藐视法庭等罪行。马尔代夫民主党认为逮捕令及对纳希德的指控不过是当局为有效阻止纳希德参选所采用的政治手段。2013 年 3 月 5 日，纳希德被以逃避两次拘捕、不出席听证会以及任职期间滥用权力的罪名正式批捕。3 月下旬，马尔代夫总统发言人马苏德·伊马德（Masood Imad）在谈及马尔代夫 2013 年大选时表示，"选举将是自由公正的，但排除那些不符合法律标准的人参选"。对此，司法服务委员会成员谢赫·阿卜杜尔·拉赫曼（Sheikh Abdul Rahman）批判称，旨在把纳希德排除在总统选举之外的行为使得司法服务委员失去了其应有的作用。②《联合人权简介》也指责马尔代夫政府关于让所有党派和领导人自由参选的承诺未兑现。鉴于国内和国际声音的干预，为避免可能发生的全国性危机及遭受外界不必要的压力，当局在权衡利弊之后被迫同意纳希德参选。2013 年 7 月 18 日，马尔代夫民主党向国家选举委员会递交文件，正式提名纳希德为总统候选人。不过大选之前还是有不少反对纳希德参选的声音。2013 年 10 月，又有著名人士要求在任的瓦西德政府禁止纳希德参选。对此，瓦西德政府表示"此举无利于马尔代夫政治局势的稳定"。

第六，对选举结果过度乐观。2013 年 9 月 7 日，马尔代夫举行大选，无一名候选人在首轮总统选举中的得票率超过半数。其得票排名为纳希德、亚明、卡西姆及瓦西德，得票率分别为 45.45%、25.35%、24% 及 5.13%。尽管之后第一轮大选投票结果因卡西姆宣称"选举存在数千张选票没有登记而投票的舞弊情况"被马尔代夫最高法院宣布取消，但对于该结果，纳希德显得过于乐观及自信。另外纳希德对选举前宣称支持他的那些政客的盲目信任及缺乏客观冷静的分析，使得他从未考虑过被

---

① http：//minivannews. com/news-in-brief/india-should-monitor-developments-closely-eurasia-review-55295.

② http：//minivannews. com/politics/jsc-politicised-trying-to-eliminate-nasheed-and-mdp-from-elections-jsc-member-shuaib-54149.

"翻盘的可能性"。纳希德早前表示，与瓦西德结盟的人民党、前总统加尧姆的妹夫伊利亚斯·易卜拉欣（Ilyas Ibrahim）以及一些重要的高官都决定支持其选举。值得注意的是，以前答应支持纳希德竞选的伊利亚斯·易卜拉欣曾在马尔代夫的第一轮大选之前就公开宣布支持"伊斯兰教和民族主义的捍卫者"共和党候选人卡西姆。且加尧姆的儿子加桑·穆蒙（Ghassan Maumoon）在纳希德表态之后随即表示，加尧姆的家族成员不会支持纳希德。

### （三）亚明成功反戈一击，顺利当选马尔代夫新总统

阿卜杜拉·亚明·阿卜杜勒·加尧姆是前总统穆蒙·阿卜杜勒·加尧姆的弟弟，曾在加尧姆任期内担任国家电力公司和国家贸易组织的负责人，纳希德任期内担任国会议员。作为进步党成员，亚明在2013年3月党内总统候选人预选中获得了63%的选票，顺利取得总统候选人资格，并在接下来的总统大选中，成功当选马尔代夫新一任总统。亚明成功获选，有以下几点原因。

第一，在社会各阶层享有广泛支持。加尧姆及其在瓦西德政府中担任要职的家庭成员、亲信、地区传统势力及2008年民主选举期间支持加尧姆铁腕政治的势力都是亚明的支持者。其中包括瓦西德政府外交国务部长，加尧姆的女儿敦妮亚·穆蒙（Dunya Maumoon）；瓦西德政府人力资源国务部长，加尧姆的儿子加桑·穆蒙；瓦西德政府外长、马尔代夫进步党成员阿卜杜尔·萨马德·阿卜杜拉（Abdul Samad Abdulla）；加尧姆统治时期的财政部长和瓦西德政府的财政部长阿卜杜拉·吉哈德（Abdulla Jihad）；加尧姆统治时期的司法部长，瓦西德政府的副总统默罕默德·瓦希杜丁（Mohamed Waheedudeen）；在加尧姆统治时期和瓦西德政府中担任司法部长的阿兹玛·萨库鲁（Azima Shakooru）；瓦西德政府青年事务部部长、马尔代夫进步党发言人默罕默德·侯赛因·谢里夫·穆杜（Mohamed Husain Sharif Mundu）；加尧姆时期的旅游部部长、瓦西德政府党派对话调停人艾哈迈德·穆杰塔巴（Ahmed Mujuthaba）等。[①] 此外亚明还获得了马尔代夫进步党、马尔代夫发展联盟、正义党、国家统一党以及伊斯兰民主党等党派的支持。当然，亚明成功获得卡西姆领导的共和党的支

---

① http://www.maldivestimes.com/opinion/immortal-gayoom.

持也成为了亚明反戈一击的制胜关键。

第二，亚明为反戈一击争取到了足够的时间。马尔代夫选举委员会最终确定新一轮大选于 2013 年 11 月 9 日举行。选举前，马尔代夫民主党表示将按照既定日期准备好再次投票，有信心在选举初轮即获胜，并表示马尔代夫民主党在 2013 年 11 月 11 日后，不再承认现任总统瓦西德的总统之职。然而事与愿违，纳希德在新一轮大选中的得票数仅为总票数的 47%，仍未超过半数。而亚明和卡西姆的得票数则分别为 29.7% 和 23.3%，卡西姆被淘汰出局。而对于 10 日举行的第二轮大选，亚明在计票结束后表示"时间仓促难以参加定于 10 日举行的第二轮大选"。第二轮大选最终延迟至 11 月 16 日举行，这为亚明成功游说卡西姆基于共同立场结合组建联合政府击垮马尔代夫民主党争取到了足够的时间。2013 年 11 月 14 日，卡西姆表示鉴于共和党与进步党之间众多的相似性及共和党与民主党之间巨大的差异性考虑，共和党将支持亚明。最终，亚明以领先纳希德 10302 票的优势顺利当选马尔代夫新一任总统。

第三，政策切中时弊，深受选民欢迎。亚明提出以下竞选政策：加强法律监管和公共秩序，有效预防犯罪；针对刑事调查，设置群众监督机制；针对与印度的马累国际机场项目及后续影响，建议采取安抚政策，并竭力恢复印马双边关系；加强石油勘探，鼓励外商投资；建立货物中转港，扩大旅游业规模；修建年轻人公寓及增加就业机会，允诺其任期内将新增就业岗位 9 万个；关注女性权利，允诺完善女性办公环境；削减总统、议员的薪酬和津贴，增加公务员的薪酬等。这些政策建议切中时弊，深受选民欢迎。

## 三　马尔代夫政局走势及亚明执政所面临的挑战

第一，执政党和反对党将在地方议会选举中展开新一轮较量。地方议会是马尔代夫民主党的传统势力范围，为了保有其势力范围及争夺议会控制权，民主党将与执政党在地方议会选举中展开新一轮较量。而执政党一方也明确表示进步党以及进步党的支持党派将在 12 月举行的地方议会选举中精诚合作。

第二，马尔代夫政局稳定与否值得关注。在总统竞选的决赛轮，纳希德获得了 47% 的选票，而亚明仅以微弱优势险胜。在这种情势下，亚明要维护国家的安全与稳定，势必要寻求马尔代夫民主党的全面合作。然而亚明曾在 2010 年 6 月纳希德执政期间因贿赂和试图推翻政府两项指控被拘押，之后又被瓦西德解散的前纳希德总统委员会指控卷入对缅军政府价值数百万美元的石油销售案，而亚明的竞选伙伴穆罕默德·贾米尔（Mohamed Jameel，曾担任瓦西德政府的司法部长和内政部长）指责马尔代夫民主党是恐怖组织，指责纳希德密谋摧毁马尔代夫人的伊斯兰信仰，其领导的政府是犹太复国主义阴谋的一部分以及其妄图在马尔代夫境内传播基督教等。基于这些过激的言论和不愉快的经历，双方是否能够真正放下心结，寻求完全合作还有待观察。纳希德在选举结果公布后曾大度地对其支持者说："我们不应该计划着推翻政府……我们必须坚持民主原则。正如我们反复强调的那样，当你跌倒了，站起来，继续往前跑。当你失败时，必须勇敢和宽宏大量。"[①] 但不可否认的是，反对派支持的街头示威游行及暴力事件发生的可能性仍然存在。另外亚明政府是否能借鉴纳希德下台之教训，与司法体系及军警势力协调好关系也是未来马尔代夫政局稳定的一个重要因素。

第三，能否恢复投资者信心及与印度的良好外交关系是亚明政府在经济领域及外交领域所面临的一大挑战。瓦西德执政期间，单方面取消了与印度的马累国际机场项目，此举不仅重创投资者的信心，且严重影响到了印马外交关系。而目前马尔代夫的经济状况不满意，不仅债务高筑、入不敷出、外汇储备短缺，而且国际收支严重不平衡，如何在今后恢复投资者信心及与印度的良好外交关系是亚明政府未来亟待开展的工作之一。另外马尔代夫的外来劳工（包括获取工作签证的劳工及非法劳工移民）数量已经超过 15 万人，且保持每年 20% 的增幅。与此同时，2012 年马尔代夫的失业率高达 28%。如何控制外来劳工的数量及缓解本国民众的就业压力是亚明任期内必须解决的另一重要问题。

第四，宗教激进主义的崛起是对马尔代夫社会经济稳定发展的挑战。有消息显示，宗教激进主义近来在马尔代夫境内有崛起之势。2003 年，一所岛屿学校的墙上贴出赞美奥萨马·本·拉登的海报；2005 年，宗教激进主义者攻击马累一家展出圣诞老人图像的商店；纳希德总统下台当天，一群暴徒闯入马尔代夫国家博物馆，以伊斯兰教禁止"偶像崇拜"

① http：//www.theguardian.com/world/2013/nov/17/abdul-yameen-wins-maldives-election.

为由毁坏佛像，等等。还有部分马尔代夫年轻人曾在巴基斯坦和沙特的一些宗教学校就读或曾接受巴基斯坦虔诚军和阿富汗基地组织的培训。甚至有报道称虔诚军假借灾难救济之名已经在马尔代夫的南部建立了自己的据点。与此同时，一些宗教极端组织也利用其手中掌握的人脉网络招募新的成员及散布宗教极端思想。如马尔代夫伊斯兰基金会就是这样的一个组织，其领导人曾涉嫌参与基地组织，并于 2002 年在卡拉奇的一处避难所被捕，后被关塔那摩监狱释放。[①] 而亚明在竞选之初就明确表示要维护伊斯兰教信仰，且坚守伊斯兰强硬路线的正义党是他的坚决拥护者。因此，亚明必须要处理好宗教势力的利益需求与宗教激进主义之间的关系，否则举措失当可能诱发宗教激进主义势力的抬头，给国家的经济发展及政治稳定带来新的困扰。

（作者：云南省社会科学院南亚研究所　副研究员）

---

① http：//www. indianexpress. com/news/yameen-win-in-maldives-polls-raises-fears-of-return-of-hardline-islam/1196186/2.

# 二　南亚国家的经济发展

# 印度大停电的原因分析及对中国的启示

陈利君

电力是社会生产的基本投入品和人民生活的必需品，电力发展和消费水平是一个国家或地区经济发展水平和现代工业文明的一个重要标志。随着经济社会的发展，电力在一国国民经济中扮演着越来越重要的角色。近年来，许多国家都不同程度地遭遇过大停电。即使是经济最发达的美国也多次出现大停电事故。例如 2003 年的大停电由密歇根州延伸至纽约，最后蔓延到加拿大。2008 年美国佛罗里达州也发生大停电，造成 300 万人没有电力供应。印度是中国的近邻，也是南亚最大的国家，与中国一样实行计划管理与市场竞争并存的电力体制。中印两国的电源结构都以火电为主，国家电网由若干区域电网组成，电力调度为分级调度，电力资源与电力负荷分布不均衡，需远距离大容量送电。近年来，印度经济发展加快，对电力的需求量也越来越大，但其电力产业的发展速度远远没有跟上经济发展的步伐，电力短缺越来越成为制约其经济崛起的一个重要因素。2012年印度在很短的时间连续发生两次大停电事故，其影响人口数量、损失负荷均创世界停电事故之最，这在世界产生了很大反响。中国电监会、国家电网公司、南方电网公司等单位为此专门召开专题会议、下发通知，要求加强电网运行管理，开展安全专项检查活动，防范大面积停电事故发生。中国如何汲取印度大停电的教训，对于维护我国电力安全和能源安全具有十分重要的意义。

## 一 印度大停电的特点及影响

近年来，印度一直成为世界关注的一个重点。2012 年 7 月底 8 月初，印度再次吸引了世界的目光。但这次不是印度经济崛起、发射卫星导弹、进行军事演习，也不是爆发民族宗教冲突、遭受恐怖袭击、与邻国发生冲突等，而是大停电。2012 年 7 月 30 日凌晨 2 时 33 分，印度人口最多的北方邦境内的一座高压变电站因输电线路和变电站超负荷运行而出现问题，最终导致连锁反应，使北部电网崩溃而大范围停电。随后，在 7 月 31 日 13 点 05 分又再次出现了电力中断。

**（一）大停电的特点**

这次大停电有以下几个突出特点。

一是波及范围广。此次大停电先后发生两次，涉及印度 21 个邦，覆盖了包括首都新德里在内的印度整个北部和东北部地区，有近一半的领土停电，受停电影响的人口相当于整个欧洲。它不仅是印度历史上最严重、最大面积的停电事故，而且也是世界电力史上影响人口最多的一次停电事故。第一次停电覆盖了包括首都新德里、中央邦、北方邦等在内的印度北部地区 9 个邦（印度共有 28 个邦、6 个中央直辖区及首都德里行政区），受影响的人口达 3.7 亿人。第二次停电覆盖了包括首都新德里等在内的 13 个邦（北部的德里、哈利亚纳邦、中央邦、拉贾斯坦邦、旁遮普邦、喜马偕尔邦、北方邦等 8 个邦和东部的阿萨姆邦、西孟加拉邦、奥里萨邦、比哈尔邦、贾坎德邦等 5 个邦），受影响的人口更是超过了 6.7 亿人。

二是持续时间长。第一次停电从 7 月 30 日凌晨 2:40 分开始持续到 11 点，超过了 8 小时。第二次停电从 7 月 31 日下午 1 时开始持续到当天午夜，长达近 11 个小时。其中，新德里部分地方 30 日和 31 日共停电 16 个小时，印度总统府、总理办公室等重要场所也受到不同程度的影响。8 月 1 日新德里部分地方的电力供应仍时断时续，直到 8 月 2 日之后才恢复正常。

三是事发突然。尽管印度经常停电，但大多数是有计划停电，像如此连续两次大规模以电力瘫痪的方式停电是许多人没有预料到的，也是印度历史上十分罕见的。

四是经济损失大。这次停电事故给印度社会经济和人民生产生活造成了严重影响。停电导致的工厂停工使得孟加拉邦波德弯地区的东部煤田公司（距离加尔各答 180 公里）有 200 多名煤矿工人、贾坎德邦有 65 名煤矿工人被困矿井，而斋普尔的珠宝加工业有 20 万工人停业。全国还有超过 400 列火车被迫停运。每天乘客量达 200 万人次的首都新德里的地铁也全部停运，成百上千的乘客被困在地铁里。停电还造成城市道路交通信号灯失灵，而车辆运行无序还导致交通拥堵和大量旅客滞留。新德里的机场、医院和一些办公大楼被迫以柴油发电或暂停服务，一些银行系统不能交易而暂停服务。空调停开使人们不得不饱受40多度的高温炙烤。供水也出现了危机，仅首都新德里就有7个水厂由于没有备用的供电系统被迫关闭。据统计，7月30日、7月31日连续发生的二次大停电事故，损失负荷超过5000万千瓦，导致的经济损失达数十亿美元。

五是印度政府应对及时。印度为应对这场突如其来的大停电采取了多方面的措施。不仅紧急调动人力、物力抢修恢复供电，而且调动其他地区的发电资源和从邻国不丹进口电力以增加电力供应。同时，印度电力部成立了由中央电力局、国家电网公司及电力系统运营有限公司三方代表组成的调查小组，并承诺在8月16日之前拿出停电事故的调查报告。7月30日8点45分首都新德里6条地铁线路恢复正常运营。到上午10点，已有60%的地区恢复了电力供应。到下午6时左右，第一次大停电事故受影响地区的电力用户的供电基本恢复。第二次大停电后，8月1日上午9点钟左右受事故影响地区的供电也得到了恢复。两次停电均在15个小时内基本恢复了电力供应，比印度10年前的大停电和2003年美加"8·14"大停电恢复得都要快。也正是由于印度反应比较迅速、及时恢复了供电，才使得印度停电地区的生产生活没有遭受更大的影响，也没有爆发大的社会危机。

## （二）大停电的影响

这次大停电凸显了印度亟须加快电力、道路、港口等基础设施建设。但目前印度经济增速已放缓至10年来最低水平，财政和贸易赤字严重，通货膨胀高企。截至2012年3月，财政赤字占国内生产总值（GDP）的比重已达5.8%。本次大停电尽管可能会促进印度加快电力体制改革的步伐，加大对电力部门的投资力度，但也将给目前已经十分紧张的财政政策造成巨大压力，从而对其未来的经济发展带来更大挑战。同时，还使印度的国家形象也严重受损。

在印度，停电的新闻并不新鲜，因为印度一直是电力短缺的国家，拉闸限电已成为家常便饭，百姓也已经习以为常。即使在印度首都新德里，也是三天两头停电。就在这次大停电发生前的7月3日，新德里的部分民众还上街示威，抗议停水停电时间过长，有的人还焚烧轮胎、用石块攻击加油站，造成数个主要街区交通拥堵和治安混乱。发生于 2008 年 1 月 19 日的印度东北部比哈尔邦的停电还引发了流血事件。① 然而，印度这次大停电却引起国际舆论的高度关注，相关媒体进行了集中报道。一时间有关印度基础设施落后、电力短缺以及政府管理不力等批评纷至沓来，印度民众对停电的抱怨声也不绝于耳。

许多媒体用"世纪大停电"来描述印度这次事故。印度媒体普遍认为，政府在这次停电事故中的表现"十分丢脸"，既无力解决危机，又不敢承担责任。印度的社会精英发出感叹：这起事件极大地损害了印度国家形象。印度《喧嚣》周刊说，事故发生后，电力部的官员们没有在第一时间站出来，反而试图以各种借口推卸责任。更难以理解的是，电力部长苏希尔·库马尔·辛德居然在停电期间的 8 月 1 日升任内政部长，"这就是世界第五大经济体应有的表现吗？" 8 月 1 日，印度主流媒体《经济时报》头版发表了题为"超级强国印度，安息"的文章，并称印度大国美梦被埋葬在停电的黑暗中了。《印度时报》发表了题为"无能又无知"的社评，严厉批评印度政府在处理事故时的糟糕表现。印度尼赫鲁大学经济学家贾哈指出，如果停电事故只发生了一次，那么它的影响将很快消除，但在两天的时间里连续发生两次"实在说不过去"，"这意味着印度电网的日常维护和管理存在严重问题"。印度工商联合会主席 R. 卡诺里亚说："此次大停电会对国民经济各行各业产生不良影响。"印度工业联合会理事长钱德拉吉特·班纳吉也表示，本来印度经济的持续走低增长放缓已经使外界对印度前景不太看好，如今电网两天内连续崩溃无疑使印度国家形象受损，使得那些有志投资印度的外国企业望而却步。对于一个大型的新兴市场经济体，有必要使基础设施建设与印度的强国梦想相匹配。印度最大的在野党——人民党也借机批评政府，并称该事件是电力部门在政策和管理上的双重"巨大失败"。

欧美一些媒体认为，印度这个"金砖国家"的光环正在褪色，"亚洲巨象"的发展前景黯淡。美国《纽约时报》则戏称，印度已获得了一个新的"盛名"：全球最大规模的停电之国。还说，无论事故原因是什么，

---

① 2008 年 1 月 19 日，印度东北部比哈尔邦境内的巴加铺地区，居民因抗议停电而封锁道路，继而与警察发生冲突，导致警察开枪射杀 5 人。

这起停电事故的规模之大已让印度在国际舞台蒙羞，这将是自我认同感强烈的印度人难以释怀的。《华尔街日报》说，对于一个自视为新兴大国的国家来说，这次停电事故令其颜面尽失，它向印度人和全世界清晰地展示了印度的基础设施有多么破旧不堪。《华尔街日报》还说，很长时间以来，外资始终对印度破旧不堪的公路、港口和电网非常不满，并将其视为在印度开展业务的主要障碍，而大停电将使得亚洲第三大经济体在外国公司眼中的形象更加糟糕，印度的经济发展前景将因此蒙上阴影。《外交政策》刊文指出，在过去的几十年里，印度始终未能让电力行业同经济发展建立起应有的联系，除非印度能够彻底解决供电难题，否则不可能实现9%的GDP增速目标，这起停电事故有可能终结新德里创造的南亚经济奇迹。8月2日，国际评级机构穆迪称，这起事故将加大对政府的政治压力，迫使政府承诺增加对电力部门支出，给该国本已紧张的财政带来更大压力，并给该国的信用评级带来负面影响。《日本经济新闻》说，一个连起码的水电和物流交通都无法保证的地方，如何能吸引海外的制造业落户生根？"包括电力在内的基础设施长期得不到明显改善，凸显了印度政府管理能力的不足。"德国《世界报》说，无法满足国人基本用电需求的印度却时刻期待成为超级大国，这是一个相当可笑的愿望。① 可以说，这次大停电使印度在国内和国际舞台上都处于尴尬的境地。

## 二 印度大停电原因分析

电力工业是一个国家的基础产业，是保障国民经济健康、可持续发展的重要基础。在电力日益发达的当代社会，大停电的影响往往是灾难性的，它不仅影响经济发展和人民生活，而且严重危及国家和社会公共安全。因此，电力安全是一个国家能源安全、经济安全和社会稳定的重要组成部分。此次印度大停电尽管存在一定的偶然因素，但冰冻三尺非一日之寒。所以，造成本次印度大停电事故的原因是多方面的，包括电力体制僵化、电力基础设施落后、电力严重短缺、电网结构不合理、电网管理模式有待改进、电网设施维护不力、煤炭供应不足等，且这些问题由来已久。

---

① 《国际舆论关注印度大停电，电力行业致命问题一箩筐》，http：//www.china5e.com/show.php？contentid=238365。

1. 电力短缺

由于受各种因素影响，印度电力基础设施十分落后，不仅产量有限，发电设备需要从中国等国家进口，而且至今仍然是一个能源短缺的国家。2011 年印度石油日产量约为 85.8 万桶，仅占其日消费量（347.3 万桶）的 25%，75% 需进口。2011 财年印度原油进口额高达 1410 亿美元。如果不能及早发现新油田，预计印度国内已探明的石油储量只能用到 2016 年。2011 年每天的天然气产量为 1.46 亿立方米，而需求量为 1.79 亿立方米。预计到 2016—2017 财年，每天天然气需求量将达 4.73 亿立方米，进口量将从现在的 4000 万立方米增加到 1.5 亿立方米。印度政府原来把希望寄托于印度信实工业公司投资 56 亿美元在 2002 年探明的孟加拉湾的一块天然气田，但其产量一直不高，且以后可能比现在还低。印度煤炭虽然多，但仍然需要进口，预计到 2017 年进口量将达 1.85 亿吨。2011 财年印度煤炭进口额上升 80%，达 176 亿美元。在新能源和可再生能源方面，到 2012 年 6 月底，可再生能源发电总装机量达 25409 兆瓦（MW），其中并网太阳能光伏装机量为 1030.66 兆瓦（主要在古吉拉特邦）。其目标是到 2017 年可再生能源发电量达 30 吉瓦（GW）。

截至 2012 年 6 月底，印度发电装机总容量为 2.05 亿千瓦，最大电力负荷约 1.22 亿千瓦。虽然发电量仅次于美国、中国、日本和俄罗斯，在世界排名第五位，但总量仍然不足，约相当于中国的 1/5[①]，人均用电量也低，仅为 1000 千瓦小时。这使得印度电力供应严重不足，电力短缺已成为制约其经济社会发展的一大瓶颈，并严重影响人民生产和生活。据统计，印度电力短缺一般为 8%—10%，用电高峰时段的缺口达 12% 左右，个别地区达 20% 以上，缺电影响着印度 40% 的人口。据《今日印度》杂志报道，停电发生前一周，印度部分地区的供电缺口已高达 22%。在新德里，一些小区每天停水停电达 8 小时。在印度 34 个邦和中央直辖区（其中邦为 28 个）中，面临电力短缺的有 25 个，用电高峰时则增加到 28 个，一般电力短缺达 9000 兆瓦，这使得各地拉闸限电十分频繁。2001 年 1 月 20 日印度北部地区发生大停电，事故起因是一个变电站跳闸，引起

---

① 2011 年中国发电装机容量达 10.56 亿千瓦，发电量达 4.72 万亿千瓦时；220 千伏及以上输电线路达 48 万公里，变电容量达 22 亿千伏安；风电并网容量达 5258 万千瓦，这些均居世界第一。预计到 2020 年，中国发电装机容量将达 18.4 亿千瓦，全社会用电量达 8.6 万亿千瓦时，人均年用电量达 5600 千瓦时。

系统震荡，最后导致电网崩溃。2006 年 8 月印度首都新德里及其几个南部邻省也发生了长达 12 小时的停电。2008 年 1 月印度东北部比哈尔邦的停电还导致警方开枪击毙 5 名示威群众，另有 20 余人受伤的事件。

由于经常停电，印度各部门及民众采取了多种应对措施，不仅重要公共设施（如机场、医院）、办公场所、企业、商店、宾馆酒店以及一些在建的厂房、商业项目等都备有独立的发电系统（主要是柴油发电机），而且稍微富裕的家庭也备有一个蓄电瓶或发电机，以避免停电影响其生产生活。因而，印度停电受影响的大部分是需要乘坐地铁等交通工具的人以及游客、小商店、小商贩等。不过对于生活在偏远地区的 3 亿农村贫困者来说，能用上电的只是其中的少数。据国际能源机构 2011 年调查数据显示，印度还没用上电的民众高达 2.89 亿人，占总人口的 25%。另据 2011 年印度政府发布的统计数据，印度农村没有用上电的比例为 33%，其主要照明工具为油灯、蜡烛。在这次停电的北方邦（有 2 亿人）和比哈尔邦（有 1 亿人）分别只有 36.8% 和 16.4% 的家庭用上电。据国际能源机构预计，到 2030 年，印度也无法实现家家用上电的目标。这次大停电反映了印度电力基础设施建设薄弱、电力供应严重不足的问题。印度媒体也指出，"电力缺口日益增大是此次事故的根本原因"，而"印度政府的当务之急是要求各邦遵守用电额度并有效地分配用电"。[①] 美国《时代周刊》说，自 1951 年以来印度从未完成既定的发电目标，大停电是薄弱电力工业和强势经济增长长期矛盾的一次总爆发。贝恩咨询公司高级合伙人阿密特·辛哈认为，此次停电事故应该给政策制定者敲响了警钟，印度电力部门至少需要保持每年 6.5%—7.0% 的增长，否则将会对该国的制造业和出口造成伤害。因此，在很多印度人看来，这起停电事故事并不偶然。前印度电力部长普拉卜就指出，印度电力行业的问题由来已久，这一次大停电虽是技术原因引发的事故，但发生这样的事故只是"迟早的事"。

2. 电力结构矛盾突出

据 BP《世界能源统计》报告，2010 年印度发电量达 9222.49 亿千瓦时，比上年增长 6.0%；2011 年发电量达 10061.73 亿千瓦时，比上年增长 9.1%，比 2005 年增长了 80%。但这种增长只重数量，不重质量。其

---

① 苏胜新：《印度大停电凸显用电管理短板》，http://www.china5e.com/show.php?contentid=240436。

中大量增加的是热效率低下的褐煤火电，而且电网配套设施没有同步提高。印度的电网规划不仅明显滞后，还存在各邦自行其是的问题。目前，印度的发电资源主要分布在东部和东北部地区，以煤炭和水电为主，核电、油电和天然气发电等为辅，这使得印度的电力结构形成了以煤炭、石油和天然气为主的化石能源发电，在 2 亿多千瓦总装机容量中，火电发电量占总发电量的 78%，水电占 13%，风能、太阳能等占的比例不到 10%。印度的煤炭、石油和天然气却十分短缺而无法满足需求。尽管印度煤炭资源丰富（储量居世界第五位，产量居全球第三位），且大部分煤矿可露天开采，但由于体制因素，大量的国有垄断煤炭企业生产力低下，煤炭生产能力严重不足，难以满足电厂的需求。例如在新德里以西 100 公里的吉哈里村，有一座投资 13 亿美元、产能达 1320 兆瓦的外资发电站就因煤炭供应不足经常处于闲置状态。又如东部的奥里萨邦，印度韦丹塔矿业资源公司投资 2 亿美元建成了一座产能达 2400 兆瓦的发电站也经常因煤炭缺乏被迫减少发电量。2012 年 3 月底，印度有 32 家发电厂的煤炭储量不足 7 天用量，有 24 家发电厂产能低于设计产能的 60%。在 2001—2011 年的 10 年里，印度煤炭产量的年均增速仅为 2.6%，而同期电力需求增速达 8% 以上，这使得供需矛盾十分突出，电力生产已难以应对日益增长的需求。2011—2012 财年印度煤炭需求总量约 6.96 亿吨，其中国内可供给量约 5.54 亿吨，需进口约 1.42 亿吨才能满足需求。穆迪还认为，印度缺电的原因还包括主要燃煤电厂的燃油供应不足、进口燃油运往发电厂的运力不足、老化且不可靠的电力分配网络给输送电力造成困难等。

随着印度经济发展造成电力需求不断增加，供需缺口随之不断增大，电力交易价格也呈不断上升趋势。之前印度每度电的价格平均为 3.5—4.0 卢比（约合人民币 0.40—0.45 元），2012 年 5 月已上升到 5 卢比（约合人民币 0.56 元）。[①] 7 月 1 日，印度首都新德里在 10 个月内第 4 次调高电价，提价幅度高达 21%。调价后，居民在缴纳每月 40—150 卢比固定电费的基础上，根据用电量多少缴纳每度 3.7—6.4 卢比（约合人民币 0.43—0.74 元）阶梯电费。另外，印度电力设备、电网设备来源复杂，有来自欧美等发达国家的，也有来自中国等发展中国家的，还有印度自产的，这给印度电力的管理与调度也带来了许多问题。

---

① 印度《商业标准报》2012 年 5 月 30 日。

3. 区域电网分割和电网调度失灵

尽管印度电力不足，在电力投资上也存在腐败问题，但印度电力短缺率一般只有 10% 左右。这对于一个大国来说基本处于合理范围之内。因为电力过多在经济效率上是不划算的，而且缺电率并不等于停电率，关键要看电网建设水平与调度水平。印度过去有许多电网但不互联，近年来印度大力推进各电网的互联互通，实行全国用电大联网制度，电网电压等级主要有 132、220、400、500 和 765 千伏（kV）几种规格。目前，印度电网由北部（NR）、南部（SR）、西部（WR）、东部（ER）和东北部（NER）五大区域性电网组成，已通过多回 400 千伏和 765 千伏的线路实现了北部、西部、东部和东北部四大区域电网互联，电网容量达 1.2 亿千瓦。南部电网则以高压直流与四大区域电网异步联网。在五大区域电网内，有 31 个邦级电网以及 100 多个地区电网。还在五大电网设有区域电力调配中心，随时进行电力调配。但目前印度还没有建成可靠的全国性骨干网架，在缺电时区域电网之间无法互相补充，互相帮助，一旦一个电网局部超负荷，就非常容易发生系统震荡、崩溃等事故。

同时，印度是联邦制国家，各邦独立性相对较强，在行政、立法等方面有较大的自主权，其电力行业由中央政府和邦双重管理，中央政府发布电力行业法规和宏观政策，并指导印度电网公司等国有企业建设和运营跨邦输电线路；邦政府依据中央政府颁布的法规政策，结合本邦实际制定相关政策，指导邦属输电企业（一般每个邦只有一家）建设和运营邦内输电线路。国家电网公司掌管中央输电基础设施，负责运行中央管理的发电厂和大型独立发电公司，邦电力局负责运行邦发电厂和邦内独立发电公司，配电部分则由邦电力局和私营供电公司负责。目前，印度法律允许私营企业和外资企业投资电力。在配电方面则实行自由竞争的政策。每个邦有 3—4 家配电公司，它们从邦内或邦外电厂买电，向国家或邦电网公司支付输电费，并向用户售电。中央电力部门根据各邦的电力需求来分配用电配额，如果超出配额，各邦需要提出相关申请才能得到供应。印度电网管理模式主要借鉴的是美国模式，电网采用四级垂直调度，大致可分为国调（NLDC）、区调（RLDC）、邦调（SLDC）、地调（AIDC），国家电力调度中心不能管理各邦电力调度中心。如果各邦超负荷用电，印度中央电力监管委员会只能下达处罚通知而没有权力限制其用电。

为保证电网正常运转，各电网负荷有一定的弹性，可以允许在一定范围内浮动，因为一旦一个电网电力容量有限，网拉得过紧导致的电力供需严重失衡或超负荷运行就很容易导致网断。但在日常调度中，印度的调度机构对超负荷运行往往缺乏有效的管控。这次大停电事故的原因之一就是北方电网调度没有能够及时控制负荷。印度北方邦、旁遮普邦、哈里亚纳邦、拉贾斯坦邦等不服从电网调度，截留和超计划用电，私自从电网获取电力以满足本地区的消费需求，使得电网超负荷运行才导致潮流失控、电网安全失控和系统崩溃。7月31日印度电网再次发生崩溃的原因是东北部地区电网通过东部电网一起向北部电网送电，使北部电网电压发生震荡导致三网同时跳闸，这显然就是电网调度失灵造成的。而当天印度西部电网没有跳闸，原因是其紧急启动了一座火力发电站。7月31日晚，电力部长苏希尔·库马尔·辛德指责各邦从电网上超配额用电，并警告各邦如果再超额用电将受到惩罚。印度电力监管委员会也责令违规用电的旁遮普邦、哈里亚纳邦、北方邦、北阿坎德邦以及查谟和克什米尔地区的首席部长和相关电力负责人作出检讨。由于印度国家电网公司与各邦电力公司是平等的法律主体，而且各有各的利益，才使得区域电网分割和电网调度失灵，最终导致了这次电力系统的崩溃。

4. 电力设备老化，电网发展滞后

多年来，印度电力投资严重不足。2012年印度政府公布了雄心勃勃的五年计划目标，计划在未来五年内将基础设施投资翻一倍达到1万亿美元。其中，在电力方面的政府和民间投资达4000亿美元。但是在过去60年间，印度从未完成过任何一个电力发展目标。原因是预算资金经常无法到位、土地纠纷、审批时间长、手续复杂等。而外资也因为印度电力开放不够、税收负担重、腐败丑闻等原因而对投资印度电力望而却步。由于对电网建设重视不够和资金不足，许多落后发电项目和技术设备不能及时进行技术改造。而且，有的邦还上马了一批落后的发电项目以应对缺电，这使得印度电网发展滞后，电力设备老化，输电能力不足，运行环境差，安全水平不高。印度跨邦电网以400千伏和220千伏为主，只有少部分现代化的765千伏交流和直流输电线路，五大区域之间仅通过16回400千伏交流和五个直流工程进行互联，大多仍然为220千伏及以下输电线路（220千伏及以上电压等级输电线路总长度只有25万公里）为主，其电网技术等级较低且输配电设备落后。这使得大电网之间的联系不强，在缺电时难以提供足够的相互支援，极易引发系统的稳定性问题。同时，印度电力企业存在经营管理不善、效率低、窃电活动猖獗、电力综合线损很高（平均达30%左右）等问题。在新德里、奥里萨邦和查谟克什米尔等地区，电力线损率甚至高达50%，这远远高于世界10%的平均水平，比中国"十一五"末电网综合线损率6.53%高出近4倍。

5. 电力体制改革缓慢

大停电也反映出印度国有电力体制方面的问题。印度长期对电力管制严格，实行国有体制，人浮于事，效率低下。近年虽然进行了一些改革但进程缓慢。从电力调度管理体制看，目前印度建立了国家、区域和邦三级调度管理体制，以及国家、邦两级电力交易结算机制，但各邦市场化程度不一。目前，有的邦还停留在发、输、配一体化垄断管理的阶段，有的邦则已经开始尝试输电线路的私有化运营。从电价看，印度长期以来实行高福利政策，电价一直较低，使得电网自身盈利及发展能力弱，这严重打击了电力企业的积极性。之前，印度农业用电一度还不到1卢比，农村居民用电每度普遍低于3卢比，城市居民用电每度也不到4卢比（1人民币相当于7—8卢比）。由于电价太低，许多电力企业经济效益不佳，大多数电力企业每年的盈利只能维持基本运转，还有不少电力企业债台高筑。这使得印度的电力企业普遍不愿扩大生产规模。由于没有足够的政策支撑，一些私营电力企业（特别是致力于发展可再生能源的企业）更加不愿加大投资力度。尽管印度的电力消费与其他国家一样是城市远远高于农村，但由于印度经济不发达而且农村人口所占的比例很大，因此农村本来就很低的电力消费如果得不到保障，其经济发展就缺乏支撑。而目前的情况正是农村的电力供应往往得不到保障。印度前电力部长就曾表示，鉴于印度有近70%的人口居住在农村，因而将70%的电力供应给城市的做法显然是不公平的。

在石油天然气方面，由于印度严格控制私营企业的参与，而印度石油和天然气公司的开采能力和效率又不高，故其油气产量一直增长缓慢。1998年以来，印度政府通过招标方式共拍卖了87块油气田的开采权，但至今其中只有3块有产出。2012年3月印度最大的私营石油公司——印度凯恩公司称，由于政府对公司开采的油气产品突然增收80%的税，公司很可能被迫放弃一项60亿美元的开采投资计划。在煤炭方面印度的管制也较严，控制着全国80%煤炭生产的印度煤炭公司（Coal India）因长期煤价低、资金回流困难、效益不佳等原因而增产动力严重不足。2007—

2011 年该公司的燃煤产量增长率为 7.2%，非焦煤产量增长率为 3.7%。2011—2012 财年该公司煤炭产量目标为 4.47 亿吨，但最后实际产量仅为 4.35 亿吨，[①] 比上一财年仅增长 1%，比印度计划委员会制定的产量目标低 16%。预计 2012—2013 财年印度煤炭公司的产量为 4.64 亿吨，增幅约 7%；2016—2017 财年（"十二五"规划的终止年）的煤炭产量目标为 6.15 亿吨。但要实现该目标的前提条件是，该公司要解决土地征用、法律政策、购买订单以及环境、效益评估等问题，并及时得到国家和各邦的煤炭开采许可证以及环境、森林许可证。即使是印度首富阿巴尼旗下的信实电力，2012 年也停止了在印度东北部一个装机容量为 9000 兆瓦的发电厂建设。其中一个重要原因是从印度尼西亚进口的煤炭价格上涨而电价无法提高。为了提高煤炭产量，2011 年 4 月印度政府试图将一批煤矿私有化。但一年过去后，194 个私人煤矿中却只有 28 个在运营。在水电方面，尽管印度已向私人开放，但由于获得环境许可等方面的困难使得该领域获得的私人投资极少。在新能源和可再生能源方面，则是建议、方案虽多但付诸实施的少。例如核电领域，由于电力部门缺乏权威和执行能力低，再加上土地、技术等原因，许多战略规划在实施过程中大打折扣。20 世纪 70 年代就提出到 2000 年要将核电比例提高到 10%，但在 2011 年印度的核电却仅占总发电量的 2.2%，而在近十年中基本没有提高。近年印度政府又计划把核电占的比例提高到 2050 年的 25%。俄罗斯核电建设出口公司承建的印度"库丹库拉姆"核电站 1 号和 2 号机组已启动，目前正在进行第 3 号、4 号机组的谈判。2010 年 12 月 6 日法国总统萨科齐访问印度期间同印度签署了总额为 93 亿美元的核能协议。根据该协议，法国国有核工程公司阿海珐将在印度马哈拉什特拉邦建造两座核电站，每座反应堆为 1650 兆瓦。但能否实现上述目标还是一个问题。因为在"十一五"计划期间（2007—2012 年）本应由私营企业完成电力建设项目 78700 兆瓦（MW），但实际只完成了 50000 兆瓦，没有完成的电力建设项目占计划的 36.5%。目前，印度地方电力设施负债约 6 万亿卢比（约合人民币 7000 亿元），占 GDP 的 6%。这些负债中有约 1/3 是用于弥补运营亏损。情况最严重的拉贾斯坦邦甚至需要将电价上涨 80% 才可能保持收支平衡。据国际能源署（IEA）估计，如果印度要彻底解决电力供应问题，则在

---

① 印度《商业线》2012 年 8 月 12 日报道。

2035 年前至少需要投入 6320 亿美元。而要实现这个投资目标，不仅现行的高补贴政策必须停止，而且还要对包括电价在内的能源价格进行改革和调整。

另外，印度电力部门官员中还存在着严重的贪腐问题。由于体制原因，印度政府用于基础设施建设的拨款往往有一半被各级官员吞噬。2012年 7 月 31 日《新闻周刊》发表评论说，"印度大停电的原因还包括一个腐败的能源产业"。部分网民在《印度时报》网站发帖称一切都是贪污腐败的政客造成的。澳大利亚《悉尼先驱晨报》也认为这次停电事故发生的根本原因是印度政府过失，并称"在此之前，印度当局曾多次因在电网中采购、使用未经验证的技术和设备而遭批，而这些行为大多与腐败有直接关系"。由于贪腐导致的电力资金不足和工期延长使得许多电力工程一拖再拖。1998 年印度政府曾提出目标，要将水电占总发电量的比重提升到 40% 左右。但到 2012 年 5 月，印度水电资源总的开发率仅为 30%，水电占总发电量的比重仅为 13%。

### 6. 天气原因

近年来，印度的极端天气增多。根据 2012 年 6 月《自然气候变化》调查资料，印度的干旱和洪涝极端天气逐渐变多，夏季热浪和暴雨天气变得平常，干旱与洪灾不断发生，而普通降雨量在逐年下降，而这一切都限制了水能发电的发展。美国《时代周刊》在一篇题为《气候变化和季风如何导致印度断电危机》的报道中指出，不稳定的季风气候扰乱了夏季降雨。若降水少则农民就不得不更多地用电抽水灌溉，这就加重了印度电网的输电负担。《商业揭秘》杂志也认为，"季风才是印度停电的罪魁祸首"。还有一些印度媒体分析，北方邦、哈里亚纳邦、拉贾斯坦邦、旁遮普邦等多为人口集中的大邦且以农业为主，由于近年雨季雨量不足，气候干旱，夏季生活用电和农业灌溉用电需求大幅度增加，在这些邦集中进行大面积农业抽水灌溉的时候往往导致电力严重供不应求。2012 年印度夏季气候特别炎热，新德里五、六两个月的平均气温达到 41.57 摄氏度，创下过去 33 年来的新高。而这一年的雨季又姗姗来迟，农民等不到雨水，只好抽取地下水灌溉农田，这使得北方邦等用电量激增而致使陈年老化的印度供电系统不堪重负，最后终于酿成了大停电事故。但也有人不同意此观点，因为印度这次出现的大停电第一次发生的时间是在半夜，而这不仅不是全天的用电高峰，反而往往是一天用电量比较低的时候。在此时电力系统出问题，原因应该不是天气原因而是电网运行问题。

### 7. 政治因素

由于电力发展的投入大、周期长、效益不高的性质，导致印度许多邦的政府官员宁愿采取短期措施来解决电力短缺问题。例如旁遮普邦政府规定禁止政府机构使用空调，同时决定从 8 月 1 日起办公时间改为上午 8 点到下午 2 点，并取消午餐时间，以减少用电。又如北方邦规定所有的商场必须在晚上 7 点前关门。这些方法虽然能节约部分电力，但不能从根本上解决电力短缺问题。同时，印度是选举政治，各党派为了赢得选举，往往不愿改革问题根深蒂固的电力体制。这使得印度在电力发展过程中经常面临反对党和民众的干扰而导致政策朝令夕改，使得政府所制订的一些电力发展计划也经常流产。还有一些官员吞噬电力资金也得不到惩罚，这也使得电力基础建设投入不足的问题变得更加严重。2012 年 8 月出版的《今日印度》杂志也称，原电力部部长辛德早就知道北方邦等违规用电，但国大党为了继续执政而一直在拉拢北方邦首席部长穆拉亚姆·辛格·亚达夫，故对该邦违规用电的做法听之任之、坐视不管。因此，该杂志把这次大停电称为是一场"可预见的灾难"。[①]

## 三　中国应汲取的经验教训

电力是一国经济发展的生命线。在电网发展日益扩大、互联的今天，大停电事故的后果也变得越来越严重。近年来，不仅印度，就连美国、俄罗斯、巴西、日本、韩国、智利等国家也相继发生了大面积停电事故，给本国经济发展、社会稳定及国际形象带来了负面影响。中国与印度是邻居，国情相似，不仅人口众多、经济正在崛起、同为世界最大发展中国家和金砖国家，而且两国都存在能源短缺、资源分布不均、电力生产与电力负荷不一致、需要大规模远距离输电等问题，其大停电对中国更具警示作用。因此，中国必须从中汲取教训，采取针对性措施，做好电网建设和安全生产工作，坚决防范大面积停电事故发生。

### 1. 加快电力产业发展

能源是经济发展的血液。电力不足不仅影响一个国家和地区经济发

---

① 《大停电掣肘印度"大国梦"是一场"可预见的灾难"》，《经济参考报》2012 年 8 月 7 日。

展，也影响一个企业生产和盈利水平。从这次印度事故恢复过程看，由印度东部和西部陆续向北部输送电力，以及及时从不丹进口电力，为印度北部地区恢复供电起到了积极的作用，这不仅显示了电网互联的作用，也说明大力开发电力、增加备份电力的意义。尽管中国电力装机容量已达10.5亿千瓦，居世界第一，但一些地区、部分季节仍然存在电力短缺问题。因此，中国今后仍然要继续加快电力产业发展，以为中国全面建成小康社会提供充足的电力支撑。

2. 加强电网建设

在当代，电网规模扩大与互联互通是电力产业发展的客观规律，但联网规模越大，停电的影响也越大，后果也越严重。因此，必须建设合理的电源、电网规模，不断优化电网布局和电网结构，才能保障电力安全。2012年印度大停电的一个重要原因是电网建设。尽管目前中国已基本建成以500千伏及以上电压等级为骨干网架、各级电网协调发展的电网，但离建成坚强电网的目标还较远。因此，中国电力在发展过程中一方面要立足实际，科学规划，同步建设电网，促进能源资源合理配置；另一方面要大力推进电网发展方式转变，适当提高电网建设标准，有序推进骨干网架及智能电网建设，建设合理、完善、适应性强的电网安全稳定控制系统，打造坚强的电网网架结构，努力降低电力大规模远距离输送的运行风险。

3. 调整能源结构，实现低碳发展

中国与印度一样，石油、天然气资源相对不足，石油探明可开采储量只占世界的2.4%，天然气占1.2%，而煤炭占14%。"富煤、缺油、少气"的资源条件决定了中国能源结构以煤为主。未来中国需要大力调整能源生产和消费结构，以降低碳排放，实现低碳发展。一是控制煤炭生产的过快增长。二是优先开发水电。三是大力开发利用煤层气、页岩气及煤制天然气产业发展。四是稳步推进核电发展。五是继续加快开发风电、太阳能、生物质能和其他可再生能源。六是积极开拓国际市场，弥补国内能源的不足。另外，还要进一步落实国家"上大压小"等电力产业政策，加强发电权交易监管，促进火电结构优化调整。

4. 加强电力宏观调控

印度的电源主要集中在东部、东北部以及不丹境内，以煤电和水电为主。其负荷主要在西部、北部和南部，电力输送以"东电西送"为主，"北电南送"为辅。我国能源主要集中在西北和内蒙古地区，用电负荷集中在东部沿海，电力主要是"西电东送""北电南送"。这使中国的电力供应与印度一样，都需要远距离大容量地输送。① 随着电网规模的扩大，电网情况会越来越复杂。为此，中国必须从能源安全和经济安全的高度全面以科学发展观为指导，完善法规、加强规划、优化调整产业布局，并积极推动能源结构战略性调整、促进能源资源合理配置、建立安全高效的能源保障体系。

5. 加强管理，降低远距离输电风险

在电网规模越来越大的今天，加强管理成为降低远距离输电风险的重要途径。这次大停电还反映了印度长期对电力管理方面的问题。从这次印度大停电的经验教训以及国家的要求看，未来中国在电力管理方面要做好以下工作：一是加强电力调度运行管理；二是加强电力需求方面管理；三是加强电力设施设备管理；四是强化隐患排查治理工作；五是加强电力二次系统安全管理；六是加强发电安全运行管理。②

6. 强化应急能力建设

电力系统是一个复杂的系统，发、输、变、配、用环节多、元件多，任何一条（台）线路、主变、机组甚至元器件故障，都有可能引发大的事故。一旦电力网络崩溃，将造成巨大损失。中国在维护电力安全过程中，不仅要重视电力建设，加强电力管理，而且要健全应急反应机制，完善各项安全保护措施。各级政府及相关部门不仅要建立和完善停电应急预案、细化和完善应急响应机制、改善应急技术装备、加强与地方政府的沟通协调、实现信息资源共享、健全应急联动机制；而且要定期开展应急演练，以便在发生大面积停电情况下能够做到快速响应，有效维护社会秩序，及时正确发布信息，保持社会稳定，努力提高应对电力重大突发事件的综合处置能力。

（作者：云南省社会科学院南亚研究所　研究员）

---

① 目前，中国有东北、华北、华中、西北、华东与南方六大电网。

② 《电监会发文要求加强管理　防范大面积停电事故》，2012 年 8 月 3 日，http://finance.chinanews.com/ny/2012/08－03/4081669.shtml。

# 当前的印度经济形势及未来发展趋势

## 文富德

2008 年国际金融危机爆发以来，印度经济增长率大幅度下降。特别是 2012 年以来，印度经济增长率再度持续降低。这使印度的经济增长状况再次引起国际社会的广泛关注。大多数国际机构都不看好印度经济发展前景，国际评级机构暗示将降低印度的主权债务评级，甚至有人认为印度可能成为最早掉下的一块"金砖"。作为世界上人口众多的发展中大国，由于经济快速增长而成为重要的金砖国家，作为国内生产总值已经进入世界前十位的重要经济体，印度经济增长的前景，关系着印度未来发展，在一定程度上也可能影响到未来世界经济走向。因此，如何看待当前印度经济增长放缓，未来印度经济发展趋势怎样，都成为印度经济研究中的重大问题，在一定意义上也是世界经济研究中的重要问题。

## 一 印度正陷入严重经济困境之中，但未陷入真正经济危机状态

当前，印度确实陷入了严重的经济困难之中。具体表现在以下几个方面。

### （一）经济增长放缓的步伐加剧

2003 年后，印度经济连续多年高速增长，年均增长率接近 9%。国际社会普遍看好印度，认为印度经济正在崛起，有的美国学者甚至认为印度经济将超过中国。但是，2008 年爆发的国际金融危机严重影响了美国和欧洲经济发展，也在一定程度上影响了印度的经济发展。2008—2009 年度，印度经济增长率猛降到 6.7%，虽然 2009—2010 年度印度经济增长率回升到 7.2%，2010—2011 年度印度经济增长率上升到 8.5%，但 2008

年国际金融危机后，印度经济增长率总体上还是呈现不断下降的趋势。2011—2012 年度印度经济增长率下降到 6.2%，2012—2013 年度印度经济增长率更是下降到 5%。2013 年第一季度，印度经济增长率下降到 4.8%，第二季度更下降到 4.4%。看来，印度经济增长放缓的步伐似乎有加速的态势。

### （二）财政赤字居高不下

进入 21 世纪后，印度财政赤字不断增多。为应对 2008 年国际金融危机对印度经济增长的影响，印度连续实行三套财政金融刺激计划，致使政府财政赤字数目越来越大。2009—2010 年度中央政府预算支出 10.21 万亿卢比，比 2008—2009 年度实际支出增加 13.3%。其中，计划内预算支出 6.95 万亿卢比，计划外预算支出 3.25 万亿卢比，预算赤字 4.01 万亿卢比，同比增长 22.8%。[①] 2011 年 4—7 月，印度财政赤字大幅度增加，财政赤字总额为 2.29 万亿卢比，是当年度初预计全年度财政预算的 55.4%，为上年度同期财政赤字的 2.5 倍。[②] 随着财政赤字不断增多，其在印度国内生产中的比例也逐渐提高，从 2007—2008 年度的 2.6% 上升到 2008—2009 年度的 5.9%；2009—2010 年度再升至 6.5%。加上各邦政府财政赤字，印度财政赤字占国内生产总值的比例从 2007—2008 年度的 4% 升到 2008—2009 年度的 8.5% 和 2009—2010 年度的 9.7%。[③]

### （三）经常项目情况恶化

经济改革以来，印度贸易逆差不断增加。1990—1991 年度印度贸易逆差 94.38 亿美元，2000—2001 年度增到 124.6 亿美元。进入 21 世纪以来，印度贸易逆差迅速增加，2003—2004 年度为 137.18 亿美元，2007—2008 年度猛增为 916.26 亿美元。[④] 2008 年国际金融危机后，印度贸易逆差越来越大。2011—2012 年度，印度贸易赤字上升到 1849.22 亿美元。

---

① 中国驻印度大使馆经济商务处：《印度 2009—2010 财政预算赤字达 GDP 的 6.8%》，2009 年 7 月 11 日；http://bombay.mofcom.gov.cn/aarticle/jmxw/200908/20090806451686.html。

② 《印度 4—7 月财政赤字大幅增加》，印度《金融快报》2011 年 8 月 30 日。

③ 马丁·沃尔夫：《印度的未来》，英国《金融时报》2010 年 3 月 10 日。

④ 印度政府：《2008—2009 年度经济调查》，印度政府财政部经济处，新德里，2009 年，第 S-72—73 页。

随着贸易赤字的迅速增加，印度经常项目赤字也有所上升。2011—2012年度，印度经常账户赤字达到782亿美元，占国内生产总值的4.2%。2012年1—11月印度贸易赤字达1792.92亿美元，同比增长20%。2012年第三季度，印度经常账户赤字占国内生产总值的比重扩大至5.4%。

### （四）通货膨胀居高不下

进入21世纪以来，印度经济高速增长，导致通胀压力巨大。2008年国际金融危机迫使印度暂停控制通胀而将重点转向保增长，促使通胀压力进一步增大。2009年印度通胀率高达11.9%。2010年，食品价格暴涨导致印度消费物价上涨率依然保持在10%以上。由于食品通胀率居高不下，2011年前11个月批发价格指数涨幅均介于9%—10%之间，但通胀焦点已从最初食品领域转移至能源和工业产品板块，且呈现全面扩展之势。2011年11月印度居民消费价格指数的通胀率从上月的9.75%升到9.9%。其中，食品价格通胀率从10月的11.43%升至11.81%。2012年的情况虽然有所缓解，但是通货膨胀率依然在10%上下徘徊。2013年，洋葱价格的暴涨不仅严重影响印度人民生活，而且也在一定程度上对印度政治产生了影响。

### （五）印度卢比大幅度贬值

2011年7—12月，印度卢比汇率下跌17%。2012年5月21日，印度卢比兑美元汇率跌至历史新低，为55.03卢比兑1美元。卢比兑美元汇率在此后的3个月内又下跌了近10%。2013年6月20日，印度卢比在一天内贬值2%，一度落至59.98卢比兑换1美元的历史新低；7月8日，印度卢比兑美元的汇率再跌至61.21卢比兑1美元；8月28日，卢比的汇率单日贬值4%，跌至68.85卢比兑1美元创历史新低。从2013年5—8月底的这段时间内，印度卢比兑换美元的汇率已贬值25%。高盛资产管理部主席吉姆·奥尼尔表示，金砖四国在近十年发展中都取得远超预期的成就，然而印度在某种程度上最令人失望。如果不加以注意，印度将陷入国际收支平衡危机。[1]

---

① 耿诺：《金砖国家发明者：某种程度上印度最令人失望》，《北京日报》2011年12月9日。

印度经济再次成为世界关注的热点。标准普尔威胁要将印度列为不适宜投资的国家；《经济学人》杂志则刊登题为《告别不可思议的印度》的文章，德国《每日镜报》以《印度成"破烂货"》为题称印度正成为资信可能崩溃的亚洲第一大民主国家。标准普尔对印度评级为 BBB－，仅比垃圾级高一级，在金砖国家中为最低评级，也是前景展望唯一为负面的一家。

但是，我们从以下事实可以看出来印度还未陷入真正的经济危机状态。

一是与世界上大多数国家相比，2012 年印度经济增长率也并不算低。首先，印度经济增长率大大高于发达国家。进入 2012 年，由于欧洲主权债务危机深化，美国经济和欧洲经济前景不佳，新兴经济体经济增长减速，全球经济处于危机状况。2012 年，受欧洲主权债务危机的拖累，欧洲经济陷入负增长，导致世界经济增长进一步整体放缓。发达国家中美国经济和日本经济虽然有所增长，但仅在 2% 左右。因此，印度经济增长率大大高于所有发达国家。其次，印度经济增长率也高于发展中国家的平均水平，只是低于抗压能力较强的东南亚国家。2012 年菲律宾、泰国、印度尼西亚和马来西亚等国家经济增长率分别高达 6.6%、6.4%、6.2% 和 5.6%，但是新加坡经济增长率却下降到 1.3%。① 再次，由于俄罗斯、巴西和南非的经济增长率仅在 3% 左右，因此，在金砖国家中，印度经济增长率也仅次于中国而高于俄罗斯、巴西和南非。

二是印度还有比较雄厚的外汇储备。尽管 2013 年印度出现抢购黄金的热潮，导致贸易赤字进一步增加，但是此前印度的外汇储备仍保持在 2500 亿美元以上，足够半年进口之需。这与 1991 年印度外汇储备不到 15 亿美元，不足两周进口之用的情况完全不同。因此，就印度当前面临的经济困难还不能得出印度已经陷入经济危机状态的结论。在新任央行行长拉詹（Raghuram Rajan）公布使金融市场和银行体系自由化的措施后，市场在一定程度上恢复了对卢比的信心。2013 年 9 月，印度卢比又成为了全球表现最好的货币，与美元的汇率上涨了 9% 左右，好于全球其他主要货币。这标志着卢比的汇率已从 8 月的暴跌中逐渐开始恢复。

当然，印度近几年来一直经历着接近两位数的通胀，为世界通胀率最

---

① 《东南亚经济增长势头强劲》，中国新闻网，2013 年 2 月 26 日。

高的国家之一，也是政治上能够容忍水平的两倍。但令人惊奇的是，印度国内并没有出现骚动。这种对高通胀率的漠视态度似乎是高增长带来实际收入增长的结果。对政府来说，日益重要的是推动经济增长和增加实际收入。印度政府并没有感到有必要采取改革措施以提高增长，也没有真正努力从经济体系中消除两位数通胀，原因是担心使经济增长受到损害。但2012 年第一季度经济增长率降到 6% 以下时，恐慌情绪让政策制定者不得不采取行动。被评级机构降级的风险更是强化了他们的决心。目前，印度当局还没有通过降低利率进一步刺激增长的打算。但鉴于通胀不断加剧，他们的不作为就相当于实行上在执行宽松的货币政策。① 实际上，印度政府已经在控制通胀与保证增长之间面临着艰难的抉择。

## 二　印度经济陷入困境的原因

综观世界经济的变化，剖析印度国内政治经济的发展，造成当前印度经济陷入严重困难的原因大体可以概括为如下三个方面。

### （一）国际经济环境恶化的影响

独立后，印度坚持与西方国家发展对外贸易，还积极与发展中国家发展对外经济联系，但是印度在经济发展中始终坚持自力更生的方针，主要依靠自己力量进行经济建设，通过各种渠道对商品进口实行严格控制，以各种方式对外国投资实行严格限制，不断降低印度经济发展对外部世界的依赖，使印度经济成为半封闭性经济。到 20 世纪 80 年代初期，印度出口在世界出口中的比重降到不足 0.5%，出口在印度国内生产总值中比例也降到 5% 以下，对外贸易在印度国内生产总值中比例降到不足 10%。长期以来，由于实行内需拉动经济增长的经济增长方式，国际经济波动甚至是西方国家经济衰退也对印度经济增长的影响都不大。②

1991 年经济改革以来，印度逐渐转变观念以增加对国外资源的利用，为此推出相应政策不断扩大对外开放程度。一是放松对商品服务贸易的限

---

① 阿文德·萨勃拉曼尼亚：《印度：高通胀换来的经济增速》，《金融时报》2012 年 9 月26 日。

② 文富德、何道隆：《试述西方经济危机对印度经济发展的影响》，《世界经济》1984 年第7 期。

制。基本取消阻碍商品进口的非关税壁垒，大幅度降低商品进口关税，鼓励商品和服务出口；二是放松对外国投资的限制。逐渐放松对外国投资领域和所占比例的限制，并积极发展经济特区；三是允许和支持对外投资，为对外投资提供诸多方便。在这些政策的推动下，印度对外贸易迅速发展。2012 年，印度对外贸易额增加到 7800 亿美元，约占国内生产总值的50%；出口额达 3600 亿美元，占国内生产总值的 20% 以上。印度服务贸易出口不断增加。目前，印度年服务贸易额超过 1000 亿美元，占世界服务贸易总额的 1% 以上。印度利用外国直接投资不断增多，年利用额超过200 亿美元。印度对外投资同样从少到多，年对外投资额甚至超过了利用外国投资的额度。可见，经济改革以来，印度经济全球化程度逐渐加深，对外依存度不断提高。20 世纪 80 年代初期印度国内石油消费对外依存度约为 50%，而目前这个比例超过了 70%。

随着印度经济对外依存度的不断提高，国际经济波动对印度经济发展的影响也逐渐增大。2008 年以来爆发的国际金融危机、欧债危机及世界经济衰退都对印度经济发展产生了某些重要影响。[①] 为削弱国际金融危机对印度经济增长的影响，印度连续实行三个经济刺激计划。这虽使印度经济得以快速恢复，但却也使得通货膨胀的情况更加严重。为控制严重通货膨胀，印度不得不实行经济紧缩政策，却使得国内资金紧缩并导致外资流入减少；另外，出口增长率降低造成国际收支赤字扩大。其他问题还包括：外汇储备减少，卢比大幅度贬值；通货膨胀持续，生产成本大为增加，推动印度经济增长率下降。作为应对国际金融危机而实行经济刺激政策的后果，通货膨胀严重制约印度经济的增长速度。为控制通货膨胀，2010 年 10 月以来印度连续 13 次提高各银行存贷款标准利率。这一切都严重影响了印度的经济发展。正如英国经济学家评论所指出的那样，全球经济低迷甚至绝望的阴云迅速扩散到了世界各个地方。但这一变化在中国和印度这两个世界上人口最多的国家发生得最为突然。直到最近以前，这两个世界上增长速度最快的大型经济体还认为自己绝缘于这场将富裕的西方世界折磨得痛苦不堪的传染病。乐观主义者甚至希望，这些大的新兴市场能够成为将世界从衰退中拯救出来的发动机。然而，全球经济低迷也会在一定程度上把中国和印度一同拉下水，给这两个发展中国家带来一些严

---

① 文富德：《美国金融危机对印度经济发展的影响》，《南亚研究》2009 年第 1 期。

重的消极影响。① 可见，国际经济环境恶劣，也在相当程度上影响了印度经济增长。

### （二）不合理经济结构的制约

当前印度经济发展中存在着诸多问题，如政府财政赤字居高不下，经常项目赤字越来越大，通货膨胀始终高位运行等。这些问题实际上在印度独立后经济发展中一直都存在，只不过当前更加严重而已。独立后，印度财政一直处于赤字状态，但在 20 世纪 90 年代前印度财政还能保持一定数量的盈余。1990—1991 年度印度各级政府财政盈余 1148.6 亿卢比，但 2000—2001 年度印度各级政府却出现 90.9 亿卢比财政赤字，2004—2005 年度更上升到 7657.4 亿卢比。为削弱国际金融危机的影响，印度连续出台三套财政金融刺激计划，致使印度政府财政赤字越来越高，2009—2010 年度更超过了 10 万亿卢比。独立后，印度外贸连年逆差，经济改革以来，印度外贸逆差额继续不断增加。特别是进入 21 世纪以来，印度外贸逆差增长更为迅速，到 2007—2008 年度增加到 916.26 亿美元。2008 年国际金融危机后，印度外贸逆差越来越大。2011—2012 年度印度贸易赤字 1849.22 亿美元，经常账户赤字 782 亿美元，占国内生产总值的 4.2%。② 独立后，由于长期实行赤字财政政策，导致财政赤字不断增加，通货膨胀压力逐渐加大。经济改革以来，特别是进入 21 世纪以来，印度经济长期高速增长积累了巨大的通货膨胀压力。尽管通货膨胀率仍在两位数运行，然而为削弱国际金融危机对印度经济的影响，印度政府果断调整政策重点，从控制通胀转向"保增长"，出台了一系列财政货币刺激措施。受国际市场石油等能源价格高涨、经济刺激计划和粮食等食品价格暴涨等诸多因素的影响，2009 年以来印度通货膨胀问题变得更为严重。

实际上，印度经济发展中的诸多问题与经济结构密切相关。经过长期的殖民统治到 1947 年独立初期，印度依然是一个饥荒不断、饿殍遍野的落后农业国。在当时的印度国内生产总值中，第一产业约占 59%，第二产业约占 10%，第三产业约占 31%。独立后，为把印度建设成为一个现代化工业强国，从"二五"计划起印度就开始实行优先发展重工业和基

---

① 《突然的脆弱》，英国《经济学家》2011 年 12 月 13 日。

② 中国驻印度经商参处：《印度经常账户赤字创新高引发广泛关注》，2013 年 4 月 3 日。

础工业的经济发展战略，并从"四五"计划开始实施"绿色革命"。经过30多年的努力，到20世纪70年代末期印度已从一个粮食进口国转变为粮食基本自给的国家，而且还建立起了门类比较齐全的工业体系和国民经济体系。自20世纪80年代实行的新经济政策和90年代发起经济改革以来，印度放松了对服务业特别是软件开发和服务外包等现代服务业发展的限制，促使印度服务业迅速发展并导致印度国民经济结构发生了重大变化。目前，在印度国内生产总值中第一产业所占比例已降到20%左右，第二产业比例依然保持在22%左右，而第三产业所占比例却高达58%左右。可见，农业在印度国内生产总值中比重不断下降，工业在印度国内生产总值中比重略有上升但却出现停滞状态，服务业在印度国内生产总值中比重持续上升，其在国内生产总值中比例甚至超过第一产业和第二产业之和成为印度经济最主要的组成部分。因此，在一定程度上可以说，印度经济已经成为以服务业为主的经济。作为一个人口众多、国内需求旺盛的发展中大国，欠发达的农业和制造业成为印度经济问题的根源。相对滞后的农业难以满足印度国内因人口增加而逐渐扩大的农产品需求，造成农产品价格不断上涨。在印度长期存在的通货膨胀中，农产品价格上涨始终是印度通货膨胀的主要因素。为促进农业发展而不断增加的农业补贴，不仅使政府财政赤字不断增加，也加大了通货膨胀压力，并在一定程度上使通货膨胀成为一种常态。同时，相对落后的制造业也难以满足印度国内因人口增加和居民收入增多而逐渐扩大的工业品需求。为此，印度只能通过从国外进口来满足广大人民不断扩大的工业需求，促使印度的进口也不断增加。而另外，由于制造业相对落后，造成印度商品出口难以同步增加，从而导致印度外贸连年逆差，且逆差不断扩大，并导致印度经常项目连年赤字，且赤字数额不断增加。经常项目赤字不断扩大，同样也给印度货币对外汇率形成巨大压力，从而造成卢比的不断贬值。本来2012年初印度通货膨胀压力已经有所缓解，1月印度通货膨胀率已经降至6.55%的26个月低点。这为印度刺激经济增加了空间，但是卢比大幅度贬值又使印度再度面临了通货膨胀的压力。事实是，如果刺激经济，实行宽松的财政政策和货币政策，则势必加剧通货膨胀压力，促使通货膨胀率上升；反之，如果要控制通货膨胀，就要实行紧缩的财政政策和货币政策，则势必推动经济增长进一步放缓。因此，印度存在的诸多经济问题，都与其经济结构存在的问题有一定的联系。

### （三）不成熟议会政治的缺陷

经济发展有赖于社会稳定，而社会稳定有赖于政治稳定。独立后的印度实行了议会民主制。经过 60 多年的实践，印度的民主制度虽逐渐完善，但是还并不成熟，这时常引起政治动荡并在一定程度上影响了印度的经济发展。大多数印度人以享受民主而自豪，但 60 多年的实践表明印度的民主是有缺陷的民主。印度政治发展中存在一系列问题，其中一是依然存在家族式统治。从 1947 年独立至今，国大党除短暂下台外，统治印度长达50 多年。长期以来，国大党主要是由尼赫鲁家族把持。不管怎么说，导致政坛出现"家天下"色彩的民主体制显然是有缺陷的。在印度，实行家长制并非国大党一家，许多地方党派"子承父业"现象也十分普遍。二是选举成为花钱的闹剧。印度各党派用于竞选宣传等方面花销巨大，用于选举组织、安全维护、投票监督等的费用相当可观。在选举中贿选、欺选、诈选等舞弊行为时有发生，甚至还出现暴力丑闻。一些政党为了获胜，不惜代价拉拢和动员种姓、教派和区域等选民群体，造成相当数量选民不是自主投票而是成为受某些政党或者派别操纵的选举工具。甚至有的候选人当选时还在监狱里服刑，但在选举后则堂而皇之地走出监狱直接进入议会大厅参政议政，使民主选举成为真实的闹剧。三是存在严重的政治腐败。印度政治中的腐败现象十分普遍。在印度，房地产业、大型制造业、建筑业、批发业、电影业、专门职业等许多行业中都存在黑钱问题。在印度现实生活中，不法行为常与黑钱有关，而其中以贿赂最具代表性。黑钱深入到印度社会每个角落，最高年份达印度国民生产总值的48.76%。长期执政的印度国大党之所以不断出现贿赂丑闻，就是因为与黑钱相关的腐败侵蚀了国大党的不少官员。2010 年英联邦运动会爆出的重大腐败现象激起了印度有识之士愤慨和抗议，2011 年反腐斗士安纳·哈扎雷发起自称为"第二次独立斗争"的反腐运动延续到了 2012 年，使得印度内阁被迫两次改组，执政党形象也因此严重受损。

不成熟的民主在一定程度上也影响了印度的社会经济发展。一是影响行政效率。在印度，政治选举基本上成了由少数政客操作的政治游戏，而政客本质上只关心自己一党或一己私利，造成多数中产阶级对选举漠不关心，底层选民虽投票踊跃，但易受地方有钱有势者的操控，使选举丧失公正性。实际上，印度民主导致权力分散、相互掣肘、政令不畅、效率低下，同时还在一定程度上阻碍了生产力发展和人民生活水平提高。二是影响社会稳定。目前，印度社会中大小政党约有 200 个。他们代表不同地区、不同群体、不同派别或种姓的利益。各政党为在中央或地方执政而展开激烈斗争，并不断分化和改组。90 年代以来，印度政府六次易主，内阁频繁更迭。在教派冲突的背景下，印度政治斗争更加激烈，一些政党为自己政党的狭隘利益，利用教派冲突等社会问题为本政党捞取政治好处，使得民族矛盾和教派冲突愈演愈烈，以致严重影响印度社会的稳定和和谐。三是影响经济发展。印度民主制度下还产生了某些怪异现象，直接对经济发展造成伤害。如政客为争取选民不仅大搞短期效益工程，而且还反对关闭几近破产的企业和不支持修改劳动工资法等。同时，民主也使决策过程相对漫长，各派政党需要反复论证争辩，难以达成共识，造成在某些重要的经济抉择议而不决和延误时机，从而对经济发展造成了不利影响。一位印度经济学家曾经承认印度有着世界上最为糟糕的劳动法。但至今没有哪位政治家敢出头修改这部劳工法，也没有哪一届政府敢关闭效率低下的企业。

　　长期以来，印度政府对经济发展实行行政控制，导致印度经济经常处于低效率状态。印度一直实行计划经济模式，实行"五年计划"，由政府计划委员会制订经济发展计划、并决定所有经济管制措施。因此，虽然印度在政治上实行政治民主，但经济发展仍带有浓厚计划经济特色。印度专家抱怨，导致印度发展长期滞后和贫困人口居高不下的根本原因，就在于政府对经济实行过度行政管制和控制。他们称印度民主是一种建立在经济集权基础上的政治民主。90 年代以后印度逐渐放松政府管制，实行市场经济改革。由于受国内不同党派和利益之争，市场化改革至今仍举步维艰。在印度民主制度架构下，不同政党常常围绕经济政策、改革方略等进行无休止的争论，使得实质性改革难以进行。印度式民主造就了印度式增长，印度式增长又成就了印度式民主，二者在相互影响和相互作用中互为条件，互为因果，共同维系和支撑印度社会长期缓慢、但却始终稳定的运行方式。

　　面对近年来不断发展的严峻经济形势，印度政府意识到了继续推进经济改革对于恢复经济增长的重要性，2011 年 9 月，印度政府宣布启动零售业改革，允许外资进入零售行业。但这项改革计划却引发了民众愤怒和反对，导致政府零售业改革法案难以在议会中获得通过。实际上，印度经济改革几乎已陷入停滞状态。这使印度经济失去了方向，也让印度经济持续快速增长失去了原动力。因此，印度经济增长的减速几乎不可避免。经济改革停滞的最主要原因是印度政治家们忙于政治争斗而无暇他顾。尽管印度政治家们一再声称印度经济还将重回高速增长道路。但在没有经济改革举措得到实施的情况下，这种说法显得相当空洞无力。英国《经济学家》认为，近来的数据凸显了印度的可持续发展在混乱的民主政治中正面临严峻的挑战。印度联合政府未能实现推动经济自由化的重大改革，原因是结盟小党的压力常常迫使它收回既定的政策。福利项目和民粹政策是吸引选民的保证，但不是解决目前和今后印度经济问题的良方。由于政府更担心其自身的生存，这必然导致任何重要但缺乏支持的抉择都将被抛之脑后的结果。① 这一点从曼·辛格总理的经历可以看出，他曾经是 1991年经济改革的主要推手，但 2004 年出任总理后却逐渐变得保守而被动。

## 三  未来印度经济发展的趋势

由于印度经济在很大程度上与世界经济发展态势、印度国内经济结构和政治生态等存在着极为密切的联系，因此未来印度经济发展趋势也在很大程度上与今后世界经济发展态势和印度国内政治经济结构的演变密切相关。

### （一）世界经济仍将缓慢增长

从工业化到现在，世界经济呈现规律性周期变动已经历了五个长周期，即分别以蒸汽技术和纺织工业革命、铁路技术和铁路工业革命、电气技术和重化工业革命、汽车工业和电子技术革命以及信息技术和信息产业革命为主导的世界经济周期。每个长经济周期推动经济增长的技术革命从产生到消亡的时间一般为 50—60 年，其中前 25—30 年为周期的繁荣期，即上升阶段；后 25—30 年为周期衰退期，即下降阶段。

按照长周期理论，从 20 世纪 80 年代起，以信息技术革命为标志的信息产业革命开启了一个新的世界经济长周期。在信息技术和信息产业革命的推动下，美国在 1991 年走出衰退以后保持了长达十多年的持续增长；

---

① 《民主的瓶颈》，英国《经济学家》2012 年 6 月 8 日。

世界其他主要经济体也保持了较好的增长态势。经历长达 20 多年长波上行阶段后，21 世纪世界经济出现三个拐点：一是纳斯达克股票市场暴跌，标志着以互联网为主导的高科技产业的高频率原创活动已趋于枯竭；二是世界 FDI 占全球 GDP 的比重在 2000 年开始趋于下降；三是世界固定资产形成占全球 GDP 的比重也开始大幅下降。这些都标志着世界经济长周期下降阶段的到来。2008 年美国金融危机的爆发导致国际石油与粮食价格的飙升和金融市场的动荡，使得全球经济遭受了沉重打击。尽管各国采取了诸多对应措施，然而时至今日世界经济仍总体情况不佳且复苏乏力。因此，在一定意义上 2008 年国际金融危机标志着世界经济开始进入长周期的下降阶段。世界经济危机和周期的历史表明，在这个阶段，无论各国政府如何刺激经济都无法使世界经济得以自我复苏。正如 1929 年开始的大萧条和 1973 年开始的滞胀时期都处于经济长周期下降阶段的情况一样。因此，这意味着在此后一个较长时期内，世界经济难以像过去那样快速增长，失业率也将比较高。这种状况将持续到能够带动世界经济新一轮繁荣的科技革命和产业革命的出现。这在一定程度上表明，2008 年世界经济开始进入长周期下降阶段后，世界经济也将进入缓慢增长时期。在今后的一个较长时期内，世界经济将处于一种较为暗淡的状态。

长期以来，由于印度经济全球化程度很低，因此世界经济衰退对印度经济发展的影响不大。[①] 经济改革以来，随着印度经济全球化程度的不断加深，世界经济形势变化对印度经济发展的影响也逐渐加强。2008 年爆发的国际金融危机，2009 年爆发的欧债危机及随后而来的世界经济衰退，已经对印度经济发展产生了某些重要影响。[②] 未来一段时期内世界经济缓慢增长势必在一定程度上影响未来印度的经济发展。

### （二）印度的经济结构调整难以顺利完成

由于印度经济发展中长期存在的财政赤字、经常项目赤字和通货膨胀等问题都与印度畸形的经济结构存在一定的联系，因此，要从根本上消除这些问题就得彻底改变印度现有的经济结构。也就是说，要彻底消除印度

---

① 文富德、何道隆：《试论西方经济危机对印度经济的影响》，《世界经济》1984 年第 7 期。

② 文富德：《美国金融危机对印度经济发展的影响》，《南亚研究》2009 年第 1 期。

经济中存在的财政赤字、经常项目赤字和通货膨胀等问题，印度就必须大力发展农业，并加速制造业发展，使国内生产不仅能够满足印度国内市场对农产品和工业品不断增长的需要，而且还要有大量剩余农产品和工业品用于出口。进入 21 世纪以来，印度政府也已经注意到，仅靠发展服务业不仅难以解决不断增加的劳动力就业，而且也难以解决印度经济发展中长期存在的诸多实际问题。

但是，无论是发展农业还是发展制造业，印度都面临着巨大的困难。首先，这两个产业都需要充足的电力、公路、铁路、通信等现代化基础设施的支持。但是，长期以来印度都存在电力、公路、铁路、机场、通信等基础设施严重短缺和不足的问题。基础设施的缺乏严重地制约着印度农业和制造业的发展。而解决基础设施问题不仅需要大量资金和技术的投入，而且需要占用大量土地。进入 21 世纪以来，尽管印度政府注意加速基础设施建设，不断增加对基础设施建设的投资并取得一定成效。然而，具备经济常识的人都知道，基础设施建设工程通常都具有投资大和周期长的特点。不管怎样，要在短期内改变印度的基础设施的状况显然是不可能的。其次，无论是发展农业还是制造业也都需要大量资金。在财政赤字巨大而基础设施建设也需要大量资金投入的情况下，印度也难以大幅度增加农业和制造业发展所需要的资金。虽然印度希望外国增加对印度基础设施的投资，但是由于政治等各种因素的影响和印度投资环境的难以改善，使不少外国投资者对印度望而却步。再次，在当代无论工业和农业发展都需要各类先进技术的支撑。虽然印度在原子、电子、航空和生物等诸多高技术领域取得了诸多重要成就，但是制造业技术和农业技术却相对薄弱，而这个问题同样也不是短期内能够解决的。最后，在印度发展农业和制造业还需要对土地制度进一步进行改革。独立以来印度一直都在进行土地改革但成效不大。而现行的土地制度，仍在一定程度上阻碍着印度农业和制造业的发展。由于国内政治因素的限制，印度显然也不可能在短期内改变现存的土地制度以为经济发展扫清阻碍。

由此可见，印度经济结构调整却因为诸多限制而难以在短期内顺利完成。畸形的经济结构仍将在一定程度上阻碍印度经济发展。

### （三）印度民主政治和联合政府的性质在短期内难以改变

经济改革前，印度经济长期增长缓慢；经济改革以来，印度经济加速增长，甚至出现高速增长。而作为实行议会民主制的国家，印度政府实行的任何重大经济改革举措，首先必须获得议会批准后才能实行，90年代以来的印度政府都是由几个政党组成的联合政府。在这种情况下，政府提出的重要经济改革法案总是难以在议会获得通过。面对近年来严峻的经济形势，印度政府意识到，只有推进经济改革，才能恢复经济增长。2011年9月，印度政府宣布启动零售业改革，将允许外资进入印度零售行业。但改革计划引发的是愤怒和反对导致政府关于零售业改革的法案难以在议会中获得通过。随后，相应的改革几乎已陷入停滞，导致了外资流入减少和资金外流，并促使卢比大幅度贬值。多年来，印度联合政府未能推动经济自由化重大改革的原因通常都是由于结盟小党的压力迫使它收回了既定的政策。英国《经济学家》认为，近来的数据凸显印度的可持续发展在混乱的民主政治中面临着挑战。在任何政党看来，显然福利项目和民粹政策都是吸引选民的保证。而政府则更担心其短期生存，为此不得不将任何虽然有益于经济发展目标但可能难以在议会得到支持的决定都抛之脑后。① 即使在财政赤字居高不下的情况下，国大党政府为赢得2014年选举还是通过了《粮食安全法案》。而这一法案的实施将迫使政府每年增加1000多亿卢比财政支出。可见印度经济增长乏力的一个原因就是实行经济政策改革的政治障碍在于这段时期印度的民主政治和联合政府的性质。而这一问题无疑在今后很长一段时期内将仍然存在。

当然，印度经济发展中诸多问题不是靠国际经济环境改善就能解决的，而是主要取决于印度人民努力，特别是印度政府相关政策。德国《经济周刊》指出，印度经济面临威胁，但该国的政治精英却没有汲取教训，而且腐败的存在又在一定程度上加重了问题的严重性。印度与其他金砖国家一样仍具有潜力，但如其仍忽略问题则势必陷入困境。法国《世界报》称，印度忽视了其经济增长不平衡、行政效率低下及政界和商界无法摆脱腐败等问题。而"民粹主义政治"造成的庞大的社会开支和某些畸形法律、环保措施等也阻碍了经济的发展。英国广播公司表示，在印度党派间没有成熟的经济方向共识和少数议会政客就能阻止重大改革的情况下，印度政治和经济在虚弱政府的坐视下已成为"少数人利益的人质"。如果印度经济改革继续停滞，政客们依旧忙于争斗、反腐败斗争依

---

① 《民主的瓶颈》，英国《经济学家》2012年6月8日。

然毫无进展，则印度经济将很难重新走上高速增长的道路，而印度神话也将成为空中楼阁。当前印度的政治无疑陷入了泥潭，执政党内部、执政党与执政联盟之间、执政联盟与反对党之间在土地改革、反腐败等一系列事关重大的改革问题上矛盾重重，而改革计划几乎就无从谈起。选举向来是印度政治生活中的重中之重。2012 年印度各邦选举虽然已经完成，但 2014 年印度将举行全国大选。在这期间绝大多数政客都会为选票而奔忙，各种争议巨大牵涉各方利益的改革计划无疑都将被搁置。可见，印度政府的软弱似乎在很长时间内都难以改变。辛格虽被视为改革派，但他却要向国大党的真正老板索尼娅·甘地负责；国大党总书记拉胡尔·甘地至今仍无耀眼表现，在 2012 年北方邦选举中拉胡尔遭遇前所未有的惨败导致其甚至流露出离开政坛的想法。这让外界对国大党在 2014 年大选中的命运产生了疑问。至于国大党主要对手印度人民党，同样也是内部矛盾重重。印度著名经济学家拉古拉姆·拉詹指出，印度政治精英们都认为与改革相比传统民粹主义显然才是通向当选的更可靠途径。这意味着 2014 年大选后领导印度的可能仍然是一个虚弱的执政联盟。这对印度经济改革来说绝非福音。对此，《经济学家》期刊指出，印度政治的软弱将导致经济增长持续疲弱。而《印度时报》也指出，除非印度政府实施重大经济改革，否则 2003 年前的 5.5%—6.0% 的增长率将成为印度的"新标准"。

综上所述，未来世界经济的缓慢增长，印度经济结构调整的限制和印度政治发展的制约，仍将严重影响未来印度经济发展。未来十年，印度经济将难以再现 21 世纪初期曾经出现的高速长势头。当然，从长期来看印度仍具有恢复经济高速增长的一些有利条件，包括促进经济高速增长的发展观念；推动经济高速增长的巨大消费品需求和资本品需求；保证经济高速增长的自然资源潜力、人力资源潜力、科学技术潜力、商品服务市场潜力；推动经济持续高速增长的经济环境，如比较完善的法律体系，比较健全的金融体系，富有活力的私营企业，富于活力的人口结构等。因此，虽然今后一段时期内印度经济不可能重现 21 世纪初期曾经出现的高速增长态势，但是也不可能出现发达国家正在经历的低速增长情况。实际上，2013 年第三季度印度经济增长率已经回升到 4.8%。可以预测，在未来十年内印度经济很有可能出现中低速增长的态势，并在 5%—6% 徘徊。

（作者：四川大学南亚研究所　研究员）

# 印度东北地区发展情势

## 李　丽

　　印度东北地区是印度向东开放的门户，包括阿萨姆邦、曼尼普尔邦、梅加拉亚邦、米佐拉姆邦、那加兰邦、特里普拉邦、锡金邦和所谓的"阿鲁那恰尔邦"（即中国的藏南地区）[①]。该地区四面环山，平原分布在雅鲁藏布江的两边，可被划分为西隆高原、山谷盆地和雅鲁藏布江流域三个地理区域，西南面和东面分别与孟加拉国、缅甸相邻，西北面与不丹接壤，北部毗邻中国，国境线长达 2000 多公里。印度东北地区通过一条宽度仅 20 公里的狭窄陆地走廊（西里古里）与印度腹地相连，在生态与文化上具有鲜明的特征。

## 一　印度东北地区的自然资源状况

　　印度东北地区的总面积非常广阔，占印度国土面积的近 8％；人口为 4548 万，占印度总人口的 3.75％；人口平均密度为每平方公里 57.6 人[②]，自然资源非常丰富。

　　阿萨姆邦自然资源十分丰富。矿产主要包括石油（原油）、天然气、煤和石灰石。森林面积占印度的 35％，占该邦总面积的 21％，还分布着大量的植物和动物群，贵重木材有婆罗双、柚木、铁木，另有藤、竹及常绿树种，为印度木材主要供应地之一。野生动物有象、野牛、犀牛、鹿，设有

---

　　① 1951—1953 年，印度强行把东北边界推移到"麦克马洪线"附近。1954 年，印度政府在"麦克马洪线"以南的中国领土上建立"东北边境特区"，归属印度外务部管辖。1973 年，印度将"东北边境特区"改名为"阿鲁那恰尔中央直辖区"，由联邦政府直辖。1986 年 12 月，印度议会通过法案，将"阿鲁那恰尔中央直辖区"升格为"阿鲁那恰尔邦"。中国从未承认过非法的"麦克马洪线"和所谓的"阿鲁那恰尔邦"。

　　② http：//databank. nedfi. com/content/general-information.

国家公园与禁猎区。丰富的水资源使当地在农业灌溉和水力发电方面具有极大的发展潜力。阿萨姆同时还是印度最大产茶区，产量占全印茶叶产量的一半并历史悠久。

曼尼普尔邦有丰富多样的动植物资源。花卉种类繁多，其中百合花最为著名。矿产资源也非常丰富，目前可以肯定的矿产资源有：石灰石（蕴藏量达到57.9亿吨，可供曼尼普尔邦在未来45年内平均每天生产200吨水泥）；黏土（可用于制造瓷砖和通信管道）；金属矿产（铬铁矿、铂金矿）。

梅加拉亚邦70.3%的土地为森林覆盖，大象总数达到2872头。有丰富的铝硅酸盐矿（占印度总产量的90%以上），其他矿物有石灰石、煤、刚玉、高岭土、铜、金、玻璃砂等。

米佐拉姆邦森林覆盖面积大约占该邦土地面积的85%，植物资源分布呈现多样性，约400种药用植物，其中62种是新药种，竹子的种类多达22种。矿产资源主要有玄武岩、花岗岩、石灰石、大理石、石英石等。有色金属资源则有镍、钴等。目前还发现了煤炭、石油、天然气。

那加兰邦森林面积16579平方公里。主要矿产为煤炭、石灰石、镍、钴、铬、磁铁、铜、锌以及白金。其中煤炭的贮藏量大约有两千万吨，石灰石约1亿吨，石油储藏量为6亿吨。

特里普拉邦森林覆盖率达52.7%。有丰富的天然气，因此许多与天然气相关的工业也正在兴起。印度国营油气勘探公司印度石油天然气公司（ONGC）2009年9月1日在位于特里普拉邦东北部的西特里普拉区块内所钻的Sundalbari-4井中勘探到了天然气。

锡金邦主要以山区为主，土壤主要为偏酸性的褐黏土，褐黏土虽缺乏肥力但其中却蕴藏着许多矿物资源，主要有铜、褐煤、铀、黄铁、石墨和石灰石等，其中铜和褐煤蕴藏量丰富。森林覆盖面积约占该邦土地面积的36%。

"阿鲁那恰尔邦"重要的矿产有白云岩、石墨、石英岩、石灰石、原油、天然气、大理石等，还有丰富的森林资源和水力发电资源。

## 二 印度东北地区的经济环境

印度东北地区的经济主要依靠农业，总体上属于经济欠发达地区，和印度的其他地区相比也比较贫困。但各个邦的具体状况也有较大的差别。

## （一）经济发展与产业结构

三大产业在印度东北地区均有分布，其中第一产业有农业、林业、伐木业、渔业和采矿业，第二产业有制造业、建筑业、发电、天然气、煤气供应，第三产业有旅游、交通运输业、零售业、餐馆、金融保险、房地产、公共管理、通信、贸易、旅馆和饭店、银行和保险。其中，第三产业所占 GDP 份额最大。阿萨姆经济发展水平在印度东北诸邦中是比较高的，该邦的第三产业约占 45%，米佐拉姆邦第三产业占比高达 64%。除"阿鲁那恰尔邦"占该邦 40% 以外，其余各邦第三产业所占比例均在 50%以上。

印度政府对发展东北地区的对外经济关系持审慎态度，20 世纪 90 年代实施东向政策以来，东北地区的经济开发和对外开放也并不显著，没有改变东北地区经济欠发达的面貌，对外封闭的状况也未得到根本的改变。2012—2013 年度印度与东盟的贸易额达 760 亿美元左右，而东北地区年均占有的份额仅为 12% 左右。目前印度已开放了曼尼普尔邦的德穆—莫雷口岸，还同意在印度的米佐拉姆邦与缅甸开设悉—金帕伊口岸。时至今日，印度对于东北地区其他邦，尤其是东北地区北部的对外开放依然疑虑重重。

表1　　　　　　　　　　印度东北地区 GDP 统计　　　　　　单位：千万卢比

| 　　　年份<br>邦 | 2004—2005 | 2005—2006 | 2006—2007 | 2007—2008 | 2008—2009 | 2009—2010 | 2010—2011 | 2011—2012 |
|---|---|---|---|---|---|---|---|---|
| 阿萨姆邦 | 53398 | 59385 | 64692 | 71076 | 81074 | 95975 | 112466 | 126544 |
| 曼尼普尔邦 | 5133 | 5718 | 6137 | 6783 | 7399 | 8254 | 9108 | 10410 |
| 梅加拉亚邦 | 6559 | 7265 | 8625 | 9735 | 11617 | 12709 | 14528 | 16173 |
| 米佐拉姆邦 | 2682 | 2971 | 3290 | 3816 | 4577 | 5260 | 6058 | 6991 |
| 那加兰邦 | 5839 | 6588 | 7257 | 8075 | 9436 | 10527 | 11315 | 12272 |
| 特里普拉邦 | 8904 | 9826 | 10914 | 11797 | 13573 | 15403 | 17545 | 19910 |
| 锡金邦 | 1739 | 1993 | 2161 | 2506 | 3229 | 6133 | 7412 | 8616 |
| "阿鲁那恰尔邦" | 3488 | 3755 | 4108 | 4810 | 5687 | 7474 | 9011 | 10859 |
| 合计 | 87742 | 97501 | 107184 | 118598 | 136592 | 161735 | 187443 | 211775 |

资料来源：http://databank. nedfi. com/content/gross-state-domestic-product-ne-states，经整理。

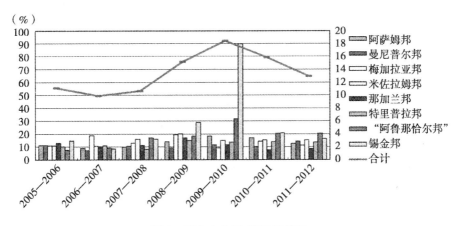

**图1 印度东北部 GDP 增长率**

资料来源：http：//databank. nedfi. com/content/gross-state-domestic-product-ne-states，经整理。

## （二）主要经济政策

阿萨姆邦第十一个五年计划从 2007 年 4 月 1 日开始执行，计划投入发展的资金为 2395.4 亿卢比，发展规划包括能源开发、道路桥梁建设、农业灌溉、城市化发展、居民住房和旅游观光等。主要政策措施为：新的五年计划对山区自治县、部落地区的财政扶持力度均有较大增加。扶持资金从 2007—2008 年度的 1446 亿卢比到 2008—2009 年度的 1756.847 亿卢比。考虑到部落地区人民的实际情况和要求，邦政府建立部落自治委员会管理政府划拨的发展专项资金。此外，政府还出台了部落辅助发展方案（Tribal Sub-plan）和表列种姓辅助方案（Scheduled Caste Sub-plan），计划在 2008—2009 年度分别投入 3.81 亿卢比和 10.1 亿卢比的发展资金，以提高相对落后的部族人民的生活状况。为带动和促进全邦经济发展，邦政府于 2008—2009 年度投入 82.72 亿卢比用于以下五个主要经济发展项目：阿萨姆能源项目、提升农业竞争力发展项目、行政与公共资源管理项目、道路建设项目、防洪防蛀项目。① 阿萨姆邦的失业问题比较突出。统计数据显示，2007 年 11 月共有 1917141 人未就业，其中受过教育的求职者约占失业人数的 60%。政府部门除了想办法为求职者提供更多的就业岗位以外，还鼓励他们自主创业，为他们提供各种机会和资金支持。此外，还

---

① http：//assamgovt. nic. in/budget_ speech2008 – 09. asp.

为失业的年轻人提供技术技能培训，提高他们求职的能力和水平。①

　　"十五"计划期间，曼尼普尔邦农业部计划提高农业商品化的程度和可持续发展能力，主要措施有：在现有基础上增加农作物的种植密度；提高机械化水平；改良酸性土壤，提高土地肥力；加强农业基础设施建设，减少农作物种子供应对外部的依赖程度，逐步实现种子供应自给自足；综合治理作物病虫害；改善现有的培训基础设施，更好地向农民传授科学技术；发展农业科学研究的基础设施；引进高产农作物品种，特别是稻谷、油菜籽等，以提高农业产量和生产率，改变山区农作物种植现状，满足日益增加的人口的需求。② 曼尼普尔邦政府认为促进信息技术发展是改变曼尼普尔邦落后现状、推动经济社会发展的有效途径。2003 年，邦政府制定了《曼尼普尔邦信息技术政策》，主要内容为：①建立执行和检测 IT 政策的体制框架；②运用电子政务系统，提高行政管理的水平和质量，以期建立一个以公民为导向的高效政府；③促进 IT 产业的投资和增长，鼓励私营资本对与 IT 产业相关的基础设施和服务的投资，增加 IT 产业对该邦经济增长的贡献；④提供足够的基础设施资源，促进 IT 产业发展；⑤鼓励普及 IT 知识和教育；⑥为受教育的青年创造 IT 产业及其相关产业的就业机会；⑦通过 IT 产业促进公民购买能力和生活质量的提高。③

　　梅加拉亚邦农业发展水平和印度其他邦相比还有一定差距，其中一个原因就是梅加拉亚邦农业机械化水平相对低下。该邦生物资源丰富多样，邦政府计划发挥资源优势，大力发展花卉种植业，在未来几年内把梅加拉亚邦打造成一个面向东南亚的花卉贸易中心。梅加拉亚邦农村闲置劳动力很多，大力发展农村副业既可增加就业渠道，同时又可增加食品供应，提高食品的安全性。邦政府正在农村地区实施"千万池塘"计划，计划每个村子建立一个鱼塘，大力发展水产养殖业。在发展工业方面，梅加拉亚政府首先重视的是矿产资源的开发与利用，其次是利用该邦丰富的水能资源发展小型水力发电站。梅加拉亚邦第十一个五年计划（2007—2012 年）明确提出把发展旅游业放在重要地位。印度政府近年来与东南亚、东亚国家的经济联系越来越密切，梅加拉亚邦提出面向东南亚大力发展旅游业的

---

① http：//www. assamtourism. org.

② http：//india. govv. in/knowindia/st_ manipur. php.

③ 参见《曼尼普尔邦信息技术政策》，http：//manipur. nic. in.

计划，得到了印度联邦政府的支持。印度政府提出东向政策后，东北地区的区位优势近年来逐渐凸显。梅加拉亚邦提出"边区发展计划"，主要内容为：推动边区的基础设施建设，普及农村电力，修筑公路，建设边境贸易市场，政府补助发展渔业和养蚕业。印度联邦政府支持这一计划，拟先在与孟加拉国接壤的边境地区实施，以后扩大到与阿萨姆邦接壤的地区。

米佐拉姆邦第十一个五年计划（2007—2012 年）特别重视农业和农村发展，修建农村公路、灌溉系统、园艺设施等成为政府关注的重点。基础设施建设方面，突出了电力系统的建设、改造和升级。

那加兰邦政府于 1995 年 2 月开始实施 NEPED 工程（Nagaland Empowerment of People Through Economic Development Project），覆盖 1286 个居民村，最初目标为发展以农业为基础的工业、保护天然动植物资源、增加森林覆盖面积、在农业发展中引入竞争模式以及增加粮食安全，后来扩大到经济社会发展的各个层面。被誉为"那加兰邦对外开放的窗口"。那加兰邦政府 2004 年出台了《那加兰邦 IT 产业政策》，主要内容为：加强 IT 行业的基础设施建设，鼓励创新，加大对 IT 行业人才的奖励，努力创造有利于 IT 产业发展的环境；利用 IT 产业创造的财富改善本邦人民特别是村民的生活水平，最终促使 IT 产业成为拉动那加兰邦经济发展和创造就业机会的杠杆；加强政府数字化和信息化建设，提高政府效率和增进政府主动性和透明度。那加兰邦 2000 年根据印度中央政府《东北地区新工业政策》的要求，配套出台了指导本邦工业发展的《那加兰邦工业政策》，政策要点有：加大对食品加工、生物技术、矿产开发、石油化学和电子及 IT 产业等 10 个重点领域的支持力度；实施一系列措施鼓励工业发展，如免除印花税、质量管理援助、特殊人才津贴等；贯彻执行中央政府《东北地区新工业政策》中的优惠政策，包括对种植业和机械工业提供 15% 的资本投资补助、对运输成本提供90% 的补助、对周转资本贷款提供 3% 的利息补助、新建工业享有为期10 年的消费税和所得税的免税期。

2007 年特里普拉邦政府制定了推动工业增长的产业政策，该政策旨以改善基础设施和投资环境，吸引私人投资，促进道路、铁路、航空、电子及通信发展，创造更多的就业机会等为目标，计划提出了一系列措施，包括实施提高供电质量、改善基础设施等，为投资者创造了自由的投资环境，从而提高了投资者信心。

1996 年 4 月 1 日起，锡金邦实施了新的产业政策，该政策既致力于推动经济发展，也考虑到自然资源和社会经济环境，并注重维护邦的绿色形象。注重确保区域平衡发展，协调农业、工业之间各部门，保护传统手工业，促进旅游业发展，以茶叶生产和营销为主要产业，促进工业增长，发展基础设施，鼓励自谋职业，鼓励外地与当地企业家和实业家合资，开放投资程序等。

2008 年"阿鲁那恰尔邦"制定了产业政策，该政策的目标是创造有利于投资的环境，创造就业机会，鼓励企业家充分利用当地原材料，促进手工业发展，发展出口导向型工业企业等。

### （三）电力资源

印度东北地区的能源开发不足，能源消耗以发电为主。所谓的"阿鲁那恰尔邦"的西卡门县 NEEPCO 公司每年可发电 3592 千兆瓦时。米佐拉姆邦和阿萨姆邦的 Tuirial HE 工程可于 2013—2014 年度产电。梅加拉亚邦的 Myntdu H. E. 工程可提供 126 兆瓦的电力，该邦的 New Umtru H. E. 工程于 2013—2014 年度完成，可提供 40 兆瓦电力。以上均为国营企业工程，锡金邦有许多私营企业工程，这些工程所能提供的电力可达到 2066 兆瓦，超过了国有企业的发电能力。

表 2 印度东北地区的发电能力 单位：兆瓦

| 邦＼年份 | 2005 | 2006 | 2007 | 2008 | 2009 | 2010 | 2011 |
|---|---|---|---|---|---|---|---|
| 阿萨姆邦 | 621.81 | 621.92 | 721.80 | 446.30 | 471.30 | 446.80 | 446.80 |
| 曼尼普尔邦 | 46.91 | 50.86 | 50.86 | 50.86 | 50.86 | 50.86 | 50.86 |
| 梅加拉亚邦 | 187.57 | 189.08 | 189.08 | 189.08 | 189.08 | 189.08 | 189.08 |
| 米佐拉姆邦 | 56.06 | 66.82 | 69.33 | 69.33 | 69.33 | 80.33 | 88.33 |
| 那加兰邦 | 27.50 | 30.67 | 30.67 | 30.67 | 30.67 | 30.67 | 30.67 |
| 特里普拉邦 | 128.35 | 149.46 | 148.36 | 148.36 | 148.36 | 148.36 | 169.36 |
| 锡金邦 | 37.00 | 46.10 | 44.11 | 44.11 | 46.11 | 52.11 | 52.11 |
| "阿鲁那恰尔邦" | 34.56 | 60.36 | 69.12 | 61.14 | 61.14 | 83.30 | 94.71 |
| 合计 | 1738.16 | 1813.69 | 1952.15 | 1643.75 | 1657.25 | 1671.97 | 1706.52 |

资料来源：http://databank.nedfi.com/content/gross-state-domestic-product-ne-states，经整理。

### （四）交通设施

印度东北地区的交通设施普遍落后，交通运输有航空运输、铁路运输和公路运输、航运等方式，居民出行和货物运输主要依靠公路，公路主要分为国道（National Highway）、邦道（State Highway）、主要县级公路（Major Districts Road）、其他县级公路、村级公路（Inter Village Road）、边境公路和支线公路等。

阿萨姆邦公路长 40342 公里，其中国道 2038 公里。铁路 6340. 37 公里，其中宽轨铁路 3806. 31 公里，米轨铁路 2446. 92 公里[①]。航运依靠布拉马普特拉河和巴拉克河，可连接邦内各地区及主要城市。高哈蒂（Gauhati）、迪斯普尔（Dispur）、迪布鲁格尔（Dibrugarh）等地有定期航空业务，高哈蒂建有国际航空港。

曼尼普尔邦有两条国道，一条为因帕尔至锡尔杰尔（Silchar）的 53 号国道，另一条为冒（Mao）至莫雷的 39 号国道，连接托巴尔（Thoupal）、昌德尔（Chandel）和色那帕提（Senapati）。曼尼普尔邦目前只有一个机场，在因帕尔的图里哈尔（Tulihal），距离邦首府因帕尔 8 公里，有至加尔各答的航班。铁路方面，该邦仅有 1. 35 公里的米轨铁道线。

在东北地区诸邦中，梅加拉亚邦的交通条件较好。该邦公路总里程在 1970 年仅为 2786. 6 公里，2010 年升至 8567 公里。境内有四条国道，总长 793 公里，覆盖境内大多数重要地区，并与其他邦连接。西隆至高哈蒂有 103 公里宽轨铁路。该邦唯一的民用机场乌姆瑞（Umroi）距西隆 35 公里，仅能起降小型飞机。

米佐拉姆邦公路总长为 4001 公里。公路交通有：连接米佐拉姆邦内主要地区的 54 号国道、通向特里普拉邦的 40A 国道、通向曼尼普尔邦因帕尔的 150 国道。从昌派（Champhai）通往缅甸的公路即将开通。米佐拉姆邦只有一个邻近首府艾藻尔（Aizawl）的冷普伊（Lengpui）机场，从这个机场出发到加尔各答约需 40 分钟。阿萨姆邦的锡尔杰尔机场有航班可中转到达冷普伊机场。邦境内铁路长 53 公里。近年来米佐拉姆积极发展与缅甸的水路运输，印缅合作修建距米佐拉姆邦 160 公里的实兑（Sittwe）港口，货物通过缅甸的斯特威港口沿契姆推普伊河北运进入米

---

① http：//www. assamtourism. org.

佐拉姆。

那加兰邦的迪马浦尔（Dimapur）机场是邦内唯一的机场，距邦首府科希马约 70 公里，有航班飞往加尔各答，中途经停提兹普尔（Tezpur）或乔哈特（Jorhat）[1]。铁路方面，那加兰邦仅有 12.85 公里的铁路线，其中宽轨 7.63 公里，米轨 5.22 公里[2]。那加兰邦的公路路况较差且普遍缺乏养护。2003—2004 年度，各类公路通车里程共计 13371.45 公里，其中，路况较好的国道通车总里程为 248 公里，邦道为 1032.5 公里，二者合计 1280.5 公里，仅占那加兰邦公路总通车里程的 9.6%[3]。

特里普拉邦交通通信设施的不足严重阻碍了其经济发展。前三个五年计划主要在特里普拉人口稠密区建筑公路，第四个和第五个五年计划则建设落后山区与主要经济中心之间的公路。第四个五年计划结束时（20 世纪 70 年代末），特里普拉邦已拥有总长超过 4000 公里的各种公路，与它加入印度时所拥有的 300 公里相比，增加了 10 多倍。到 2005 年，特里普拉邦的公路里程达到 15780 公里，其中有 3771 公里的柏油路。目前 44 号国家公路经西隆将特里普拉邦首府阿加尔塔拉与高哈蒂联系起来，阿加尔塔拉与孟加拉国首都达卡之间的汽车客运服务已经开通，它们之间的距离只有 150 公里。经过长期的道路建设，汽车运输已成为特里普拉邦的主要运输方式。特里普拉邦的铁路建设较为滞后。目前，只有 66 公里的米轨铁路。阿加尔塔拉机场是特里普拉邦的主要机场，有飞往加尔各答、高哈蒂、钦奈（Chennai）和锡尔杰尔的定期班机。2002 年在赛哈（Saiha）及达马纳加尔（Dhamanagar）与阿加尔塔拉（Agartala）之间开通了直升机服务。

锡金邦交通运输非常落后，没有航空港和火车站。离锡金最近的空港是西孟加拉邦邻近西里古里的巴格多哥拉机场。距离锡金最近的火车站是离西里古里约 16 公里的新杰尔拜古里（New Jalpaiguri）火车站。从西孟加拉山以北的噶伦堡和大吉岭有进入锡金南部和西部的火车，从上述两地可转乘火车前往加尔各答、德里、高哈蒂和勒克瑙（Lucknow）等重要城市。锡金的交通运输主要依靠公路。甘托克市是锡金的交通枢纽，在锡金

---

[1]　http://databank.nedfi.com.

[2]　同上。

[3]　同上。

邦南部的连接西里古里与甘托克的31A号国道是进入锡金的主要通道。在锡金邦内部，四轮摩托车是最主要的交通工具，因为这种车适应锡金大多数地方的岩石路面，小巴士则是从各县县府到达县内各小镇的主要交通工具。

所谓的"阿鲁那恰尔邦"交通设施也比较落后，虽然泽若（Ziro）、巴昔卡（Pasighat）、达波里觉、阿隆（Along）建有机场，但规模很小，航班也不多。公路通车里程共计18086公里，有两条国道：一条是连接乔奈（Jonai）和戴乐克（Dirak）之间的52号国道，全长336公里；另一条国道连接达旺与阿萨姆邦的特兹普尔。

## 三　印度东北地区的社会环境

### （一）人口与语言

阿萨姆地区的最早居民属原始澳大利亚人种，体质特征与马来西亚、印度尼西亚、澳大利亚的一些原始部落相近。其后达罗毗荼人、蒙古人种、雅利安人及阿拉伯人进入。公元13世纪阿霍姆人迁入布拉马普特拉河河谷平原，建立阿霍姆王国。在阿霍姆王国统治的600年间，他们与当地居民融合，接受其语言，形成现今阿萨姆邦的主要居民——阿萨姆人。阿萨姆人一般肤色呈黄色或黑黄色，身材矮小，面部有明显蒙古人种特征。使用阿萨姆语，阿萨姆语属印欧语系—伊朗语族的印度—雅利安语支，接近孟加拉语，但也受汉藏语系缅语族的影响。阿萨姆语的使用者已超过2000万人，在阿萨姆邦以外的东北部其他地区及不丹和孟加拉国也有少部分人使用阿萨姆语。1960年《官方语言法案》将其列为该邦的官方语言。阿萨姆邦居住着诸多部落民，列为表列部落（Scheduled Tribes）的有8个，人口3308570人，占阿萨姆邦总人口的12.4%，16个表列种姓，占阿萨姆邦总人口的6.9%。

曼尼普尔邦人口密度达107人/平方公里，在印度东北诸邦中仅次于阿萨姆邦和特里普拉邦，人口分布很不平衡，大约58.9%的人口聚居在仅占该邦土地总面积12%的因帕尔谷地，而41.1%人口居住在占全邦总面积88%的山区。因帕尔谷地的主要居民为梅泰人，其次是尼泊尔人、孟加拉人、马尔瓦尔人等；那加人、库基人和其他部落民则居住在地广人稀的边缘山区。曼尼普尔邦的官方语言为曼尼普尔语、英语和印地语。其中，曼尼普尔语也称梅泰语，曼尼普尔语是曼尼普尔邦居民相互沟通和交流的主要用语，此外，随着居民受教育程度的不断提高，作为印度公用语的印地语和英语也逐渐成为了曼尼普尔邦居民重要的交际用语。曼尼普尔邦有大量的外来移民，外来移民所使用的语言主要有阿萨姆语、孟加拉语、尼泊尔语、旁遮普语等。其中，孟加拉语是在孟加拉印度教毗湿奴派和英国殖民统治的影响下传入曼尼普尔的。

梅加拉亚邦是一个以部落民为主体的邦，表列部落约占总人口的80%，主要部落有加罗人、卡西人和贾因提亚人。主要语言有卡西语、加罗语和英语。其中，英语和卡西语是官方用语，卡西语属孟—高棉语系，加罗语属汉藏语系—藏缅语族，电视、报刊、广播等多用英语。

米佐拉姆邦部落众多，在印度宪法附表中明确分类的米佐拉姆邦的表列部落共计14个，几乎所有的部落民被列为印度宪法中"区别保护对象"的表列部落。米佐部落集团人数最多，占该邦表列部落人口的77%，是米佐拉姆的主体居民，属蒙古人种，米佐的意思是"居住山区的人"。部落民大部分是农民，主要以刀耕火种为生，也有从事梯田种植的。米佐拉姆邦表列种姓的人数非常少，且多为外地进入，在米佐拉姆邦没有永久的居住点，经常在邦内外迁移。卢塞伊语是米佐人的母语，使用人数最多，此外还有属汉藏语系—缅藏语族的恰克玛语、拉凯尔语、帕威语及尼泊尔语、孟加拉语等。一些小民族和部落已放弃了自己的语言而接受了卢塞伊语，卢塞伊语早先无文字，近代基督教传教士为其穿凿了罗马拼音文字。1975年印度总统同意米佐拉姆中央直辖区议会提出的"米佐拉姆官方语言法案"，规定将卢塞伊语定位为米佐拉姆官方语言，同时规定，在某种范围内也可以使用英语。

那加兰邦的主体民族为那加族，属蒙古人种，操汉藏语系—缅藏语族，无文字，过去以刻木或用炭划地记事。"那加"是平原人对他们的他称，那加人自称"卡普西"，那加族是一个跨境民族，总数约为400万，下有众多支系。各支系有自己的居住地区和村落，有民主选举的长老会管理本村食物。社会发展不平衡，大都保留氏族组织，部分地区已有阶级分化。那加人主要从事农业，种植水稻及杂粮，大部分仍处于刀耕火种阶段，此外也从事采集和渔猎。在印度东北地区和缅甸、孟加拉国均有分布，印度的那加族主要分布在那加兰邦和曼尼普尔邦。那加兰邦部落众多，大的部落共计 16 个。那加兰邦的邦语言为英语，主要在官方和正式出版物中使用，居民交际用语主要用那加语，印度独立后，随着教育的不断普及，越来越多的那加人也讲印地语。那加语属汉藏语系—藏缅语族，原无文字，基督教传入后采用罗马字母拼写。那加语包括 30 余种方言，大致可分为五个方言集团：北部那加方言集团、阿沃—那加方言集团、安加米—那加方言集团、泽良戎—那加方言集团和坦库尔—那加方言集团。

在印度东北地区七个邦中，特里普拉邦的人口密度为 304 人/每平方公里，仅次于阿萨姆邦。特里普拉有 19 个部族，还有孟加拉人和曼尼普尔人。每个部族都有自己的特色，保留着不同的语言、独特的音乐、舞蹈和传统节日等文化表达形式。在 19 个部族中，两个最大的部族是特里普里和利昂，他们的人口总和占整个部族人口的 71%。在特里普拉，孟加拉人约占 69%，早在马尼克雅家族统治时代，特里普拉的山地民族与孟加拉平原地带的农民由于产品的交换而建立起一种独立的商业联系。为了获取更多的土地税收收入，特里普拉邦统治者曾公开欢迎非部族农民定居特里普拉，吸引了一些孟加拉人移入定居。在特里普拉邦，主要语言有孟加拉语、卡克巴拉克语和曼尼普尔语，官方语言是孟加拉语和卡克巴拉克语。该邦的一些学校使用孟加拉语教学，但公立学校为了迎合精英阶层孩子的需要和进一步接受教育的需求，使用英语教学，在政府办公室也使用英语。孟加拉语在大部分新闻报纸中占支配地位，大约有 55 种日报、周报、半月报和月报使用孟加拉语，在部族中，母语是特里普耳语的人占绝大多数，其次是孟加拉语，再次是蒙古语和哈拉姆语。

锡金邦人口构成状况复杂，大体上可分为部落民与非部落民，来自平原、主要从事商业和服务业的居民则属于边缘人群。根据印度政府 2011 年人口普查数据，锡金邦人口总量为 607688 人，其中男性 321661 人，女性 286027 人①。该邦全境人口分布不均，东部最为密集，靠近喜马拉雅山的北部则人烟稀少。农村人口远远超过城市人口。锡金主要居民为菩提亚人、雷布查人和尼泊尔移民，此外还有许多来自其他地区的移民。官方语言为英语，居民使用的其他语言还有菩提亚语、雷布查语、尼泊尔语等。尼泊尔语流行较广，在加尔各答大学、北孟加拉大学、阿拉哈巴德和巴纳拉斯印度教徒大学中还有尼泊尔语言文学的博士学位授权点。

---

① http：//www. censusindia. gov. in/2011-prov-results/prov_ data_ products_ sikkim. html.

1991 年，所谓的"阿鲁那恰尔邦"只有 86 万人口，2001 年人口普查时增至 1091117 人，2011 年有 1382611 人，2001—2011 年人口增长率为 25.92%。2011 年男女性别比为 1000：920，人口密度为每平方公里 17 人，约有 16% 的人口属外来移民，包括孟加拉国和恰克玛部落移民，还有一些来自印度那加兰邦和阿萨姆邦的移民。这个地区居住着 25 个主要部落和许多小部落，这些部落民在人种学上相类似，均起源于蒙古人种。印度政府把印地语定为该地区的官方语言，但是原住民的语言属于汉藏语系，根据当地政府统计，本地的方言超过 40 种。当地通行英语、印地语、门巴语、藏语、阿萨姆语等语言。

### （二）宗教信仰

阿萨姆邦是一个多民族、多种族的地区，因而宗教信仰差异较大，流行印度教、伊斯兰教和基督教，也有佛教、锡克教和耆那教信徒。一些部落民还保留了原始宗教的"万物有灵论"，南部山区的部落民把动物、山和石头等视为灵物。

曼尼普尔邦部落民传统宗教为祖先崇拜和万物有灵论，主要信奉全能大神拉伊宁个多·索拉勒尔。15 世纪科亚姆巴王和卡格姆巴王统治时期，印度教毗湿奴派传入，在英国殖民统治时期大多数部落民接受了基督教；17 世纪末 18 世纪初，新毗湿奴派开始在曼尼普尔广泛传播；19 世纪帕梅巴王统治时期，强制推行印度教，迫使当地人民接受了印度教。目前，曼尼普尔邦居民主要信仰印度教，其次为基督教和伊斯兰教。2001 年，印度教徒占宗教信徒总人数的 46%，基督教徒约占 34.1%，穆斯林为 16.1%[①]。

在英国统治前，梅加拉亚邦诸部落传统信仰为万物有灵论。英国人统治该地区以后，基督传教士进入建立基督教堂，传播基督教，诸部落先后皈依基督教，基督教逐渐成为占主导地位的宗教，一直持续到现在。随着移民的进入，其他宗教也进入梅加拉亚，但总的趋势是基督教信众占总人口比例稳中有升，印度教信教虽人数有所增加但其比例却在下降，这在一定程度上反映了印度教以及印度主流文化在该邦处于弱势地位。

米佐人传统信仰是万物有灵的部落宗教。人们敬畏神灵和魔鬼，认为

---

① http：//www.censusindia.net/religiondata/2001indiacensusdata.

它们会给人们带来灾难，本地神帕提亚在米佐人的信仰中占有重要地位，随着外来宗教，尤其是基督教传播，米佐人的宗教信仰发生巨大变化。现在米佐拉姆的宗教有基督教、佛教、印度教、伊斯兰教及传统的部落宗教，其中基督教占据主要地位。

那加族传统的宗教信仰是基于万物有灵论的原始崇拜，他们崇拜自然，天、地、日月、星辰、山川、大树和巨石都是崇拜的对象。近代，基督教紧随英国军事远征进入那加兰传播，传教士进入那加兰之后通过开办学校和医院等方式吸引那加人，在他们中宣扬基督福音，部分那加部落民信仰耶稣基督的教义。在19世纪后半期，依靠英属印度殖民政权的支持，基督教在那加山区广泛传播。现在，那加兰邦的居民大多信仰基督教，其次是印度教和伊斯兰教。该邦是印度国内居民以基督教为主要信仰的第三大邦，是印度唯一的基督教徒在居民人口总数中超过90%的邦。许多改宗基督教的部落民仍然保持原始的万物有灵论信仰，巫术盛行，多为驱鬼除病。

特里普拉邦历史上曾存在婆罗门教、佛教以及各种本土的部族宗教。现在，印度教是特里普拉邦占主要地位的宗教信仰，婆罗门祭司在特里普拉社会中享有崇高的地位，被认为是达摩的管理人。在特里普拉，印度教徒敬奉的重要神灵除湿婆神和特里普尔西瓦利神外，还有若干女神也受到广泛的崇拜。除了印度教，伊斯兰教和基督教也占有一定地位，穆斯林主要分布在北特里普拉县和西特里普拉县，93%的穆斯林生活在农村地区。另外还有一定数量的佛教徒。

锡金人主要信仰印度教和藏传佛教。在锡金，藏传佛教寺院数量众多，而且是社会活动的中心，喇嘛被视为社会精英，出家当喇嘛被看作是最好的职业选择，家中次子普遍被送到寺院出家，其他儿子也有接受佛教的教育。

所谓的"阿鲁那恰尔邦"居民中宗教信仰的情况是：印度教徒最多，其次是佛教和基督教。47.2%的部落民信仰自己的部落宗教。该邦全部人口大致可划分为三个主要宗教文化群体，奉行三种宗教：第一个群体为西卡门和达旺地区的门巴人和谢尔杜克彭人大多信奉大乘佛教的喇嘛传统，坎普提和景颇人住在东部，信奉小乘佛教；第二个群体为提拉普地区的诺克特人和万觉人，大多奉行印度教；第三个群体保留着自己古老的信仰和本土的自然观，崇拜日月，相信万物有灵。除以上三种情况外，信仰基督教的人数也不少，并在逐年增加。该地区的那加人和部分阿迪部落民主要信仰基督教以及罗马天主教。

### （三）民族情况

印度东北地区民族构成相当复杂，历史上移民活动频繁。5000年前这一地区就是中国西南、泰国、柬埔寨和缅甸进入布拉马普特拉河（发源于中国西藏，上游为雅鲁藏布江）谷地的入口和通道。最早到达此地的是达罗毗荼人，接着是蒙古人，此后是波多人、卡查利博多人、米辛人、拉其番西人、阿卡人、达夫拉人和阿博尔人。之后，这些人进一步西进，一部分转向尼泊尔、锡金、不丹的部分地区，另一部分则来到现今的梅加拉亚邦的西部地区、特里普拉邦、北方邦以及所谓的"阿鲁那恰尔邦"。此时，雅利安人已经从西方进入了印度河和恒河平原，在驱赶波多人的过程中，不同人种的接触造成了印蒙人种雅利安化的开端。之后，约在公元13世纪，装备较为先进的傣阿霍姆人（Tai-Ahoms）又从中国西南部取道东南亚进入该地区。这样，印度东北地区成为蒙古人与奥斯特里克人、雅利安人、达罗毗荼人混杂的大熔炉。从17世纪开始直至今日，孟加拉人（主要是穆斯林）、尼泊尔人和部族人（主要是茶园的工人）移民一直涌向东北地区，从而进一步形成这个被称为"种族万花筒"的多样性。

据不完全统计，目前在印度东北地区，共有分属于五个不同种族集团的160个表列部族及400多个部落和亚部落群。他们传统各异，语言不同，生活方式和宗教信仰差异很大。这些部落民族主要包括那加人（Naga）、米佐人（Mizo）、库基人（Kukis）、梅泰人（Meteis）、波多人（Bodo）等，语言属于藏缅语族，宗教信仰以基督教和泛灵论为主。

### （四）教育情况

印度东北地区各个邦的教育基础参差不齐。其中阿萨姆邦、曼尼普尔邦、那加兰邦由于教育事业始于英国殖民统治时期，基督教传教士创办了早期现代教育学校，这也在客观上为印度独立后的教育发展奠定了基础，而梅加拉亚邦、特里普拉邦、"阿鲁那恰尔邦"基础教育落后。锡金1944年以前的教育一直由锡金国王直接控制，1954年之后，印度成为锡金的保护国，锡金的教育享有印度政府拨款，1975年加入印度联邦之后，锡金的教育体制全面向印度教育体制转变，基础教育、成人教育、职业技术教育和高等教育得以迅速发展。如今，东北部各个邦均逐年增加教育经费，以培养更多人才。

表3　　　　　　　　　　印度东北地区学校数量　　　　　　单位：所

| 年份　　　　邦 | 2005—2006 | | | 2006—2007 | | | 2007—2008 | | |
|---|---|---|---|---|---|---|---|---|---|
| | 小学 | 中学 | 大学 | 小学 | 中学 | 大学 | 小学 | 中学 | 大学 |
| "阿鲁那恰尔邦" | 1380 | 528 | 223 | 1438 | 588 | 240 | 1561 | 664 | 260 |
| 阿萨姆邦 | 30499 | 9716 | 5527 | 30094 | 11347 | 5881 | 30094 | 11347 | 5881 |
| 曼尼普尔邦 | 2552 | 831 | 705 | 2563 | 769 | 804 | 2563 | 769 | 804 |
| 梅加拉亚邦 | 5851 | 1759 | 655 | 6351 | 2259 | 774 | 6618 | 2259 | 774 |
| 米佐拉姆邦 | 1688 | 1121 | 560 | 1700 | 1081 | 581 | 1700 | 1081 | 581 |
| 锡金邦 | 733 | 205 | 162 | 761 | 217 | 163 | 772 | 221 | 164 |
| 特里普拉邦 | 1863 | 1004 | 667 | 1998 | 1007 | 674 | 2151 | 1021 | 713 |

资料来源：http：//databank. nedfi. com/content/education－0，经整理。

### （五）医疗卫生情况

与东北部其他各邦相比，阿萨姆邦医疗卫生状况较好。2010—2011年度，阿萨姆邦有公立医院22所；医疗保健中心844个；诊疗所261个；私立医院191所[①]。近年来，邦政府致力于建立公共医疗卫生服务体系，改善当地民众特别是穷苦百姓的基本医疗卫生状况。截至2008年3月，邦政府建成7321个水源地和39个水水管道，用于保障饮用供水系统和改善公共卫生设施。[②] 阿萨姆邦婴儿死亡率远高于印度全国的平均水平。为减少婴儿死亡率，邦政府近年来采取措施，为产妇进入政府开办的医院分娩提供便利条件，加强妇幼保健。阿萨姆由于气候潮热导致疟疾较为流行。为此邦政府努力采取措施控制疟疾流行病的传播并取得了一定成效。

曼尼普尔邦是印度东北地区仅次于阿萨姆邦的医疗卫生条件较好的一个邦。曼尼普尔地区医科大学由印度东北地区委员会直接组织管理，有兰姆帕尔帕特的总医院和妇科医院两个教学医院。这两个医院的医疗设备、

---

[①]　Economic Survey Assam 2010－11. http：//databank. nedfi. com/content/medical-services-assam.

[②]　http：//assamgovt. nic. in/budget＿ speech. asp.

医疗水平一直在印度东北地区名列前茅。根据 2001 年印度国家人口发展报告，曼尼普尔邦是印度国内婴儿死亡率最低的地区。近年来，邦政府更加关注本邦医院卫生状况，加强初级卫生保健建设，提出"为了所有人的健康"和"一切为了健康"的口号，促进农村和山区医疗卫生事业的发展。

梅加拉亚邦在各县级行政中心设有公立医院和诊疗所，在农村设有初级卫生中心。2005—2006 年度，该邦共有公立医院 8 个，诊疗所 13 个。梅加拉亚邦私立医院集中在首府西隆。

2010 年米佐拉姆邦有 12 所大型医院，15 所私立医院，另有 12 个社区健康中心、57 个初级卫生中心以及 370 个附属卫生中心。将近 95% 的山区民众依靠野生的草药治病。

自建邦以来那加兰邦医疗卫生事业有所发展。1999—2000 年度，医疗卫生单位有 425 家，包括城市医院、农村医院、初级保健中心和次级中心等类型。2010—2011 年度，医疗卫生单位增至 577 家。但那加兰邦医院和各类医护人员短缺的问题仍十分严重。

根据印度政府健康及家庭事务部的标准，特里普拉的公共卫生事业发展极不充分，还远远不能满足人民的需要。根据国家医疗基础设施的标准，特里普拉还缺少 50 个社区保健中心，150 个初级保健中心以及 919 个医疗点。医生匮乏，平均每 3799 人只有一位医生，每 10 万人只有 99 张病床，远远低于世界卫生组织所规定的每 10 万人 333 张病床的标准。[1]

锡金邦的卫生事业近年来也有所发展，但在交通不便的北部和西部缺医少药的现象仍然突出，在温热潮湿的南部则多发肠胃病、疟疾、呼吸道感染、肺结核等疾病。

所谓的"阿鲁那恰尔邦"危害公共健康的疾病很多。疟疾、肺结核患病率高，在一些地区多人患有麻风病。部落民患病只能求助于巫医的求神卜卦，降神驱鬼。[2] 2011 年该地区有医疗卫生单位 700 家。

（作者：云南省社会科学院《东南亚南亚研究》编辑部
　　　　助理研究员　云南大学　在读博士）

---

① Government of Tripura：Tripura Human Development Report - 2007，http：//tripura. nic. in/hdr/tripura%20hrd. pdf.

② Directorate of Information and Public Relations，Arunachal Pradesh on the March，1972，p. 17.

# 印度劳工保护对制造业发展的影响分析

## 邱信丰

　　根据世界制造业吸纳就业的一般趋势，制造业就业在总就业中的占比会随着人均收入的增加而增加，这种趋势背后的逻辑是随着人均收入的提高，对制造业产品的需求会增加，这将增加对制造业的投入，包括劳动力和技术，进而会提高制造业的生产效率，从而使制造业产品价格下降，这又进一步刺激了对制造业产品的需求。[①] 劳动力在上述作用机制中的表现就是其不断从农业部门向制造业部门转移，从而使制造业就业占比呈现上升趋势。印度 2011 年以购买力平价（PPP）计算的人均收入是 4735 美元，在世界上属于低收入中 4000—5000 美元组群，这一组群中制造业就业占总就业比重的世界平均水平为 16%，而印度这一比例只有 11%，与平均水平相差 5 个百分点。[②] 不仅如此，1993—1994年度至 2009—2010 年度印度制造业就业占比总体是呈下降趋势。此外，印度制造业产值占 GDP 比重从未超过 20%，大大低于类似的发展中国家。例如，巴西制造业占 GDP 的比重在 1960—1990 年间一直保持在30% 左右，同期中国的比重在 30%—40% 之间，而泰国在 21 世纪以来也保持在 34% 左右的水平。之所以会出现制造业就业不升反降以及制造业产值占比过低的现象，其中一个很重要的原因就是印度实施了严格的劳工保护措施，这些举措在一定程度上保护了劳工的利益，但过于严格的劳工保护导致印度劳动力市场缺乏流动性，阻碍了制造业吸收更多的就业，也使得印度将劳动力优势转化成制造业的竞争力的努力受到了影响。

---

①　Industry Development Report 2013, United Nations Industry Development Organization. p. 25.

②　Purchasing Power Parities and Real Expenditures of World Economy, International Comparison Program, 2011. p. 35.

## 一　文献综述

现有文献对印度劳工保护基本持否定态度，认为印度现行的劳工保护措施虽然保护了一些员工的利益，但是却造成了更多的潜在失业和降低了企业的产出及效率，还造成了劳动力市场上的不公平。例如 2012 年印度劳动局的报告显示，趋向于保护劳工的邦的失业率并没有降低，而像古吉拉特邦、哈里亚纳邦和喜马偕尔邦这样实施更灵活的劳工法的地方失业率反而更低。[①] Besley 和 Burgess 根据印度各邦对《1947 年工业争议法案》（IDA）调整的情况，对比了各地制造业在 1958—1992 年的表现，可以看出那些倾向于保护劳工的邦在产出、就业、投资和效率上都比较低，而不受劳工法管制的非正规制造业的产出却增长更快。[②] Fallon 和 Lucas 发现在正式的制造业企业中，如果没有劳工法管制效率将会提升 17.5%；[③] Debroy 认为，严格的劳工法阻碍了人们向正规领域就业的转移，使劳动者的收入得不到提高；[④] Sharma 通过对 1991 年改革以来各邦非正规制造业平面数据的分析，发现放松对劳动力市场进入和退出的限制可以更好地配置劳动力资源。[⑤]

以上文献大多是通过工业年度调查（Annual Survey of Industries，ASI）得出的数据，从国家及各邦层面上的比较分析可以看出劳工保护对就业及产出的负面效应，却没有详细的分析劳工保护是通过何种路径影响制造业的就业及产出。只有通过分析劳工保护对制造业影响的具体传导路径，我们才能更好地了解印度制造业发展滞后的现状，并在此基础上分析

①　Labor Bureau, "Report on employment and unemployment 2011 – 2012", Ministry of Labor and Employment, Government of India, Vol. 1, 2012.

②　Besley, T., and R. Burgess, "Can labor regulation hinder economic performance? Evidence from India", The Quarterly Journal of Economics, 119 (1), 91 – 134.

③　Fallon, P. R., and R. E. Lucas, "The impact of changes in job security regulations in India and Zimbabwe", The World Bank Economic Review, 5 (3), 395 – 413, (September 1991).

④　Debroy, B., "India's segmented labor markets, inter-state differences, and the scope for labour reforms", in Debroy, B., L. Bhandari, S. Aiyar, and A. Gulati (2012), Economic Freedom of the States of India, Cato Institute, 2013.

⑤　Sharma, A. N., "Flexibility, Employment and Labor Market Reforms in India", Economic and Political Weekly, 41: 2078—2086, May 27, 2006.

印度应如何采取正确的措施促进制造业的发展。

## 二 印度劳工保护现状

印度在劳工保护方面的法律法规众多，中央层面的法律就达到 47 部，地方上的法律达 157 部。中央层面的法律涉及保护劳工的方方面面，诸如劳资争议、工作条件、工资待遇、福利及工伤补偿等。其中，与劳工福利相关的法律最多，达到 16 部。中央层面涉及劳工保护的主要法律有《1923 年雇员补偿法》《1936 年工资支付法》《1947 年工业争议法》《1952 年雇员公积金法》（及修正案）和《1970 年合同法》。[1] 这些法律大多是印度独立后制定的，但其中也有 9 部法律是殖民时期就已经存在的，例如《1926 年工会法》《1936 年工资法》和《1946 年工业就业法》等。印度劳工法中将企业区分为正式企业和非正式企业，非正式企业是指使用电力且人数少于 10 人的企业，或者不使用电力且人数少于 20 人的企业，其余的为正式企业。印度劳工法对正式企业具有约束力，而非正式企业不在劳工法管辖之列。除了中央层面的法律外，各邦也可以制定本地区的劳工法规，以及对中央层面的劳工法进行适当的调整，因此印度的企业受到中央和地方劳工法规的双重约束。

在众多保护劳工权益的法律中，影响力最大的要属《1947 年工业争议法》（Industrial Disputes Act，1947，IDA）及其修正案，它的主要目的是调整企业与员工关系，在员工解雇、企业扩张或倒闭等问题上作了一系列的规定。该法规定企业解聘员工需要向有关部门申请，并得到允许后才能实施解聘。最初，这一法案适用于人数超过 200 人的企业，1974 年的修正案将适用限额调整为超过 300 人，1982 年的修正案又调为超过 100人。但是，政府批准企业的解雇申请的情况并不多见，例如在 2009—2010 年，只有 12 家企业得到政府的批准，解雇的总人数仅为 2146 人。[2]另外，企业缩减员工规模也需要向相关政府部门申请，并在三个月前告知员工。如果企业没有得到相关部门批准而擅自解雇或裁员，相关人员将会

---

① Ministry of Labor and Employment，government of India. http：//labour. nic. in/content/innerpage/industrial-relations. php.

② OECD. OECD Economic Survey：India，2011. http：//dx. doi. org/10. 1787/eco_ surveys-ind-2011-en p38.

受到最多一个月的监禁或 1000 卢比的惩罚，有时可以两者并罚。① 该法也规定，在某些极端情况下企业可以不经过政府批准自行解聘员工，这些极端情况包括电力短缺、自然灾害、可燃气体爆炸等。

除了限制企业解雇和大规模裁减员外，该法案也对员工影响企业的行为作了严格的规定。在公共事业单位，员工罢工或者停工需要提前告知企业；在工业企业，禁止员工在合同期间进行罢工或停工。违反此规定的员工将受到最高一个月的监禁或者最高 1000 卢比的罚款，或者两者并罚。②

印度 1948 年颁布了旨在保护员工收入的《最低工资法案》。不过该法案没有在国家层面规定统一的最低工资，而是授权各地根据满足基本生活水平的标准分行业制定最低工资，这使得各地区各行业最低工资相差很大。《1948 年雇员保险法》将超过 10 人的企业纳入适用范围，符合规定的企业需要为员工及其家属提供全面的医疗保障，在员工及家属生病时提供现金补助。《1952 年雇员公积金法》规定超过 20 人的相关企业需要为员工缴纳公积金、养老金及在员工伤亡的情况下为其家属提供养老金补偿。除上述法律外印度还有一些单独的劳工法律对某一行业员工的收入和福利进行了规定，如在种植园、矿产、建筑、电影、烟叶等行业的专门法律就达到 12 部。

《1926 年工会法》赋予工会代表工人与企业谈判的权利，根据该法工会还可以领导工人运动，工会领导人在解决争议过程中的行为受到法律保护。在工会的成立方面，该法规定只要 7 人就可以申请建立工会。但是，印度工会组织的成长情况并不理想，在全国范围内缺乏具有代表性的工会组织。其工会组织只代表了一小部分工人。目前，全国只有 2% 的工人参与了工会，其中大多是正规领域的职工，他们占到正规领域工人总数的 35%。③

除了正式的劳工法外，2005 年印度议会通过了《全国农村就业保障法案》，承诺每个失业的农村家庭每年至少有一个成员能够获得 100 天的工作保障，在 2012—2013 年度这一计划已经在 636 个地区实施，并且将继续扩大实施范围。同时，为保护零售及物流行业高达 4000 万的从业者，印度工业政策促进部（DIPP）至今仍然严格控制外资进入该领域。目前，

---

① Industrial Disputes Act, 1947, p. 36.

② Industrial Disputes Act, 1947, pp. 27, 42.

③ Trilok Singh Papola. Role of Labor Regulation and Reforms in India, International Labor Office, Employment Working Paper, No. 147, 2013, p. 14.

印度已经将外资入股多品牌零售业的份额提高到51%，但是进一步的改革（尽管这样会使印度产品市场更具活力）受到了国会及印度全国贸易商联合会的抵制。[①]

从印度劳工保护法律法规中可以看出，保护劳工的利益往往是处于立法目标的首要位置，而对企业主更多的是加以限制。《1947年工业争议法案》对解聘作了近乎苛刻的规定，使得企业无法根据市场环境及企业利润状况自由作出调整员工规模的决定；不仅如此，当企业经营困难面临倒闭时，其停业行为也必须征得政府的同意。另外，在保证了员工不被企业轻易解雇的情形下，不仅立法规定员工的最低工资，还设立了为员工及其家属提供福利的众多法律；此外，员工利益受到损害时，还可以通过工会与企业进行谈判，或者采取其他措施给企业施压。为保护部分劳动者的利益，如农村失业家庭及零售业从业者等，印度设立了针对专门领域的法律法规。印度保护劳动者的方式基本上都是采取管制的形式，以政府约束企业的方式代替劳动者与雇主之间的合同，从而使劳动力市场缺乏流动性，导致企业需要承担很高的劳工成本及面对很大的不确定性。

表面上看，劳工法通过限制企业解聘员工、为员工提供周全的福利待遇及限制企业的退出等措施保护了劳动者的利益。但是从实际情况来看，真正受到法律保护的人数量却不多，因为受到劳工法保护的大多是在正规领域的职工，而基本上每部劳工法的适用对象中都会限定企业员工规模，比如《1947年工业争议法案》规定的是超过100人的企业，因此单纯从劳工法保护的对象而言就存在着不平等性。印度非正规企业全国委员会（NCEUS）在2009年的报告显示，每部劳工法所覆盖的大多是正规领域的员工，而这部分人占总劳动人口的比重基本上都很低。以《1947年工业争议法案》为例，这部法律本来应该覆盖全国5.5%的劳动力，但实际上的比例却只有2.6%。[②]

印度是世界上对劳工保护最为严格的国家之一，在世界银行公布的2014年营商报告中，世界上只有29个国家在解聘员工时需要得到第三方的批准，其中有14个在非洲，亚洲则只有印度、印度尼西亚、老挝和尼

① 詹姆斯·拉蒙特：《印度开放零售业遭遇国会强烈反对》，英国《金融时报》2011年11月29日。

② Trilok Singh Papola. Role of Labor Regulation and Reforms in India, International Labor Office, Employment Working Paper, No. 147, 2013, p. 25.

泊尔四个国家。① 与发达国家和大多数发展中国家相比，印度对就业的保护都显得更为严格。如图 1 所示，印度对长期员工的就业保护程度均高于除了印度尼西亚外的所有国家和经合组织的平均水平，在对临时工的保护上也只有印尼和巴西比印度更为严格。世界银行发布的雇用和解聘法规刚性水平指数也能反映印度对劳工的保护更为严格，这一指数越高表明法规的刚性越大。印度这一指数得分为 48，而中国为 30，韩国为 34，挪威为 30，新加坡接近 0，这说明印度在雇用及解聘员工方面的法律限制更为严格。德勤会计事务所和美国竞争委员会发布的《2013 全球制造业竞争力指数》显示，印度在"劳动力市场吸引力"这一项的得分只有 5.90（总分 10 分，越高表明吸引力越大），比其他主要制造业大国如中国（8.16）、美国（7.60）、德国（7.26）、巴西（6.28）都要低。②

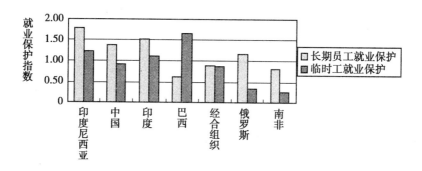

**图 1　就业保护指数比较**

资料来源：OECD Economic Survey, India, 2011, http://dx.doi.org/10.1787/888932435701.

说明：就业保护指数是从 0 到 6，代表对就业保护最宽松到最为严格。

## 三　印度劳工保护对制造业的影响

　　严格的劳工保护法规旨在保护职工权益不受侵害，但在印度目前的经济发展水平和社会环境之下，这样的制度规定会使企业产生逆向选择。企业主为了不受劳工法规的制约，就会限制员工规模，使用更多的资本来代替劳动力，尽量减少对劳动力的使用，导致劳动密集型企业难以发展。企

---

① The World Bank. Doing Business 2014 – Understanding Regulations for Small and Medium-Size Enterprise, pp. 238 – 247.

② Deloitte and U. S Council on Competitiveness. 2013 Global Manufacturing Competitiveness Index, p. 8.

业主的逆向选择，使得劳工法的实施有违初衷，不仅没有真正降低失业率，还使得制造业没有充分吸纳剩余劳动力。

劳工保护对制造业发展的影响主要是通过劳动力这种要素，其对制造业产生的最直接影响就是使得印度没有能够充分利用人口红利。印度虽然有众多的劳动人口，而且劳动力价格相对较低，但是这种人口优势并没有发挥出来，制造业吸纳的就业占比不升反降就是这一不利影响的最好证明。其次，劳工保护造成了印度制造业规模以小微企业为主的状况，多数企业员工规模在20人以下。再次，劳工保护使得企业更喜欢使用资本来取代对劳动力的使用。而在印度这个资本稀缺的国家只有大型企业才能有充裕的资金。这就导致大企业吸纳的就业减少和小规模企业不愿增加员工的情况同时出现，这样的情况使得制造业部门就业增加显得尤为困难。最后，小微企业的劳动生产率大大低于正规企业，而大部分就业集中在小微企业，从而导致制造业整体效率水平低下，严重影响了制造业的竞争力。

### （一）使得印度制造业没有能够充分利用其低成本的人力资源优势

2012 年，印度劳动力总数为 4.8 亿人，并且正在以每年 2% 的速度增长，这远远高于中国每年 0.9% 的增速。其中，失业率约为 5%，也就是说印度参与劳动的人口为 4.5 亿人。然而，印度制造业吸纳的人口占总就业人口的比重在不断的下滑，从 1999—2000 年度的 12.09% 下降至 2004—2005 年度的 11.69%，再到 2009—2010 年度的 11.00%。从表 1 可以看出，工业领域就业比重上升并不是因为制造业就业增加，而主要是建筑业吸纳的人口增加；同时，农业就业人口占比减少，也不是劳动力大规模的转向了制造业，而是转向了服务业和其他领域。

**表 1**　　　　　　印度各产业就业占总就业人口比例表　　　　　单位:%

| 部门＼年份 | 1993—1994 | 1999—2000 | 2004—2005 | 2009—2010 |
|---|---|---|---|---|
| 农业 | 64.75 | 59.84 | 58.44 | 53.20 |
| 工业 | 15.55 | 17.42 | 18.18 | 21.50 |
| 其中：制造业 | 11.35 | 12.09 | 11.69 | 11.00 |
| 服务业 | 19.70 | 22.73 | 23.38 | 25.30 |

资料来源：Ministry of Labor and Employment：Second Annual Report to The People on Employment，2011，p. 14.

　　根据世界制造业吸收劳动力的一般规律，随着工业化进程的逐步推进，制造业吸纳的就业人口占总就业人口的比重会逐步增加。例如英国在1841年制造业就业人口占总就业人口的22%，而到了1960年，这一比例上升到35%；美国在1800年到1960年这160年间，人口增加了33倍，但这一比例仍然从6%增至36%。[1]从具体的情况来看，印度并没有遵循这一规律，其制造业发展的过程中没有出现大量劳动密集型产业，这主要是因为过于严格的劳工法使其劳动力市场缺乏流动性。在竞争性的劳动力市场上，劳动力如果可以自由进入和退出，则劳动力市场的供给和需求均衡就可以自动达成。印度的劳工法为了不让雇主随便解聘员工设置的退出壁垒实际上也是一个进入壁垒，使得雇主更不愿意招用更多员工。这就导致制造业领域吸纳的就业人数占比不升反降，而制造业领域就业机会增长缓慢，会使农村剩余劳动人口要么转向劳工法管制较松的服务业领域，或者继续留在农村。

　　2011年印度工人平均每小时工资仅为0.9美元，而中国是2.8美元，世界平均工资是21.9美元，这本来应该是印度制造业发展的巨大优势。但是，由于劳工法的限制，印度低成本的人力资源优势没有完全发挥，制造业的发展没有充分获取这一人口红利，这也造成制造业发展缓慢，从而进一步制约了吸纳就业的能力。

### （二）造成制造业企业以小微企业为主

　　1991年印度经济改革正式废除了许可证制度，使企业的建立变得更为简便，但是《1947年工业争议法案》等劳工法案的存在使得员工退出企业非常困难，这导致制造业企业的数量不断增加的同时，企业的规模却没有得到相应的壮大。2005年印度9人以下的非农企业占总企业数将近90%，10—249人的企业数量只有4%，250人以上的企业约占5%。[2]如图2所示，2009年印度制造业企业规模在1—49人的数量占比为84%，占制造业企业的绝大多数，而50—199人的企业只占6%，200人以上企业占11%。制造业企业规模呈现出小微企业占绝大多数，而中型企业比重非常小的现象。而这种现象的出现无疑与印度的劳工法案有着直接性的

---

　　[1]　Industry Development Report 2013, United Nations Industry Development Organization, p. 15.
　　[2]　普拉纳布·巴丹：《觉醒的泥足巨人——中印经济崛起评估》，中信出版社2012年版，第34页。

关系。目前,《1947 年工业争议法案》适用的范围是企业员工规模大于100 人的企业,而少于 100 人的企业是不受该法约束的。因此,1—49 人的企业在印度占据绝大多数而 100—199 人的企业数量占比会小于 6% 的状况也就容易理解了;此外,印度很大部分 200 人以上企业是能够享受到政府各类补贴的国有企业,因此这类企业受到的法律约束实际上是"软约束",因为政府的补贴在一定程度上抵消了法律规定给企业带来的各种消极影响。

印度劳工法的管制虽然不是制约印度小微企业发展壮大的唯一因素,但是它产生了一种理性预期,即企业发展壮大后必然会受到劳工法的严格管制。这就造成小微企业在扩充员工时存在不确定性,即它不能保证未来的企业规模能够适应市场变化(如在利润下降或市场环境恶化的时期需要解雇员工时必然要面临的困难)。因此对劳工法存在的理性预期在一定程度上阻碍了印度企业规模的扩大。

印度与中国在制造业企业规模分布上正好相反,中国是以大型企业为主导,而印度是以小微企业为主导。相比较而言,大型企业无疑更能吸纳劳动力。在图 2 的五个国家中,印度小微企业的比重高于其他四国,而大型企业占比低于其他四国。同时我们还可以发现,中国和印度尼西亚等人口大国大型企业的比重也往往较高,而印度并没有出现同样的情况。

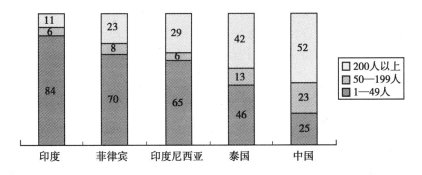

**图 2 2009 年印度与其他亚太国家制造业企业按规模分布** 单位:%

资料来源:Rajat Gupta. etc. From Poverty to empowerment: India's Imperative for jobs, growth and effective basic services, Mckinsey Global Institute, February 2014, p. 6.

### (三)促使制造业企业向资本密集型转移

劳工法的规定阻碍了企业解雇员工,这促使企业更趋向于采取资本密集型而不是劳动密集型的生产方式。而在印度，资本较劳动力更为稀缺，大多数小微企业面临着缺少资金和信贷困难的约束，只有大型企业才能有足够的资金广泛使用机器或提升技术以减少对劳动力的依赖。经合组织（OECD）通过对1998—2004年印度工业年度普查（Annal Survey of Industries，ASI）统计发现，这期间员工规模大于100人的企业人均固定资本存量增加了21%，但是少于100人的企业这一比例下降了14%。[①] 在资本较为稀缺的印度，如果劳工法管制较为宽松，企业显然更愿意大规模使用劳动力；然而，实际的结果是大型企业更愿意用资本代替劳动力，以规避过于严格的劳工保护法规带来的各种不便和麻烦。

从印度制造业出口的情况我们也可以发现，其出口的大部分是属于资本密集型产业的产品。2013—2014年，印度制造业出口前五大产品全部属于资本密集型，分别是交通设备、有机化学、电子机械及设备、医药产品、钢铁，这些产品占印度出口总量的17.7%；与此相反的是，成衣制品等劳动密集型产品的出口份额从2000年的12.5%下降到2012年的10.5%。[②] 2011年，印度作为世界前五大成衣制品出口国，但只占世界出口份额的3.5%，远远低于中国37.3%的份额。[③]

此外，制造业增加值中的劳动份额很低且呈下降趋势同样也能反映出企业倾向于资本密集型生产的状况。90年代初期，印度制造业增加值中的劳动份额占到36%，到1999—2000年度下降到31%，在2011—2012年度只有29.7%，这和大多数经合组织国家占比2/3相差很大；而大型企业中这一比例在1998—2004年间比小微企业下降的更为迅速，是小微企业的三倍。[④]

在1981—1982年度至2011—2012年度期间，印度的劳动成本占工业增加值比重在不断下降（见图3）。这个比重下降主要是由于工业部门具

---

① OECD. OECD Economic Survey：India，2007，p. 126.

② Sean Dougherty etc. Employment Protection Legislation and Plant-Level Productivity in India，OECD Economic Department Working Papers，No. 917，p. 3.

③ Government of India，Ministry of Textiles，Note on Textiles and Clothing Export of India，http：//texmin. nic. in/sector/note_ on_ indian_ textile_ and_ clothing_ exports_ intl_ trade_ section. pdf，p. 3.

④ OECD. OECD Economic Survey：India，2007，pp. 77，127；Ministry of Statistics and Programme Implementation，Government of India，Annual Survey of Industries 2011－2012.

有更高的生产率和更多的资本量，当资本量不断增加时，劳动份额所占比例会逐渐降低。从正常的情况来看，当劳动力从农业向工业转移完成时，劳动份额会逐渐提高，劳动份额在整个经济转型过程中呈现"U"形。[1]而印度农村劳动力转移过程中，制造业吸纳的就业人口占比偏低，并没有大规模的吸收转移人口，其原因就在于印度劳工保护造成的制造业企业趋向于使用资本而不是劳动力的偏好。

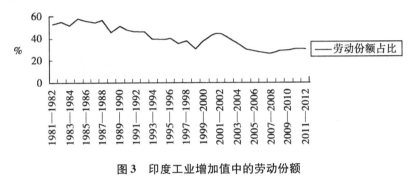

**图 3　印度工业增加值中的劳动份额**

资料来源：Annual Survey of Industries，2011—2012，India.

说明：劳动成本包括工资、福利等。

### （四）降低了制造业的生产效率

印度非正规部门为了不受劳工法的管制而不愿意扩大企业规模，从而产生制造业企业以小微企业为主的现状。非正规部门吸收的劳动力占总就业人口的 92.3%，剩余的分布在正规部门。正规部门中的就业主要则集中在国有企业，正规领域中私有企业吸纳的就业只占正规部门就业的 36% 左右。[2] 从企业的规模来看，小微企业吸纳的就业占制造业总就业人数的 90%，然而对制造业产出贡献却只有 1/3。[3] 大型企业能够享受规模效应带来的报酬递增，并且更有动力采用技术来提高效率。小微制造业企业人均产出会低于大型企业，2005 年印度小微企业每年人均制造业产出约为 1500 美元，而超过 200 人的大型企业则高达 13100 美元，几乎是小

---

① 李稻葵、刘霖林、王红领：《GDP 中劳动份额演变的 U 型规律》，《经济研究》2009 年第 1 期。

② Hemal Shah. Towards greater labor market flexibility：Issues and Options，Takshashila Institute，research Report，August 2013，pp. 7，16.

③ OECD. OECD Economic Survey：India，2007，p. 76.

微企业人均产出的 10 倍。中国、泰国、印度尼西亚及菲律宾小微企业人均产出分别是 15100 美元、5700 美元、2300 美元和 3200 美元，相比之下印度小微企业人均产出是最低的。[①]

影响制造业生产效率的因素很多，诸如基础设施、产品市场及金融等因素，劳工法只是其中一个因素，而且这个因素并不是直接的影响制造业的生产效率，而是通过影响人口转移和企业规模两个方面来体现的。如果印度的劳工法对企业雇用和解聘员工方面的规定不是那么严格，则其制造业势必能吸纳更多的劳动力，从而使农业剩余人口能够大量的转移到制造业，这样制造业领域就能够利用巨大的人口红利（因为供过于求的劳动人口降低了工资的水平）。随着就业人数增多，人们的收入也必然不断地增长，对制造业产品的需求也会增加，这就能够进一步刺激了制造业的发展。如此循环，印度的制造业将会有可能更快地向更高层次转型。高层次的制造业需要更多的知识和技术，而劳动者为了适应新的市场变化，也需要提升自身水平，增加对教育和职业培训的投入，那么这不仅能够提高劳动者的技能，还会提高制造业发展的生产率，而且这一趋势会随着制造业的转型升级而不断发展。而现在的情况却并非如此，印度的制造业并没有大规模的吸收就业人口，其劳工法通过影响劳动力转移，间接地影响了制造业生产效率的提高。

此外，劳工法还通过企业规模的限制作用影响了制造业的生产效率。如前所述，印度制造业企业中小微企业占据绝大部分比例。与大型企业相比，小微企业一般实行的是粗放型的经营模式，即只是简单地通过增加投入以获取更高的产出，而且他们在使用先进的技术和管理方法上也存在先天的劣势。所以，小微企业不管是在人均产出还是在产出占制造业总产出比方面与大型企业相比都是很低的。而大型企业总是能够享受规模效应带来的收益，可以通过使用新技术及采用先进的管理方法，实现以更少的投入获得更高的产出。

## 四 结论

应该说，印度对该国劳工法存在的问题并非没有认识。印度前总理辛

---

[①] Rajat Gupta. etc. From Poverty to empowerment: India's Imperative for jobs, growth and effective basic services, Mckinsey Global Institute, February, 2014, p. 6.

格曾在 2010 年召开的第 43 届印度劳工大会上对现有的一些劳工法提出了质疑，认为并不是所有保护劳工利益的法规都起到了应有的积极效果。反之，甚至有的还损害了经济发展和就业的增长，不少看似保护劳工利益的法律条文在实践中的效果其实是适得其反的。① 从实际情况来看，劳工法可能是制约印度制造业发展的一个政策障碍。对此，印度政府推出了《2011 印度制造业国家战略》，其中提出要放松对劳动力市场的管制，促进工会与职工和企业之间建立更好的制度安排，使劳工法更趋合理并更符合实际的需要。目前，印度已经做出了一些有益的尝试，如在国家投资和制造业园区（NIMZs）中实施了相对更为灵活的失业补偿机制，引入了失业保险，并降低了企业补偿失业员工的成本。

但是，目前印度对劳工法为数不多的调整也只是针对特定地区和局部领域而并没有在全国推行。劳工法改革缓慢的原因在很大程度上与印度超前于其经济发展水平的民主制度有一定的关系。大多数西方国家是在工业革命之后全面推行民主制度，这就意味着西方国家人民是在相对富裕之后享有较高程度的民主权利。与西方国家不同的是，印度独立时就全面推行了民主制度，但完善的社会福利体系的建立却严重滞后，这就造成了一种"低收入民主困境"。即当改革涉及低收入者的利益时，他们会采取集体行动以投票、游行和集会等方式来表达他们的愿望和诉求。在贫困人口数量庞大的印度，劳工法改革自然会涉及大多数人的切身利益，要推动劳工法改革自然就会遭到很多人的反对。在这样一个选举在政治生活中占据重要地位的国家里，政客往往在改革与选票之间倾向于选择后者。② （尽管他们也认为改革会给国家带来更大的利益）

制造业承载着印度劳动力从农业向工业转移的重担，国家制造业政策也提出要在 2022 年新增一亿个制造业就业岗位，要优先支持发展劳动密集型产业。而过于严格的劳工保护并没有起到促进就业的目的。显然，只有通过制造业的发展，才能充分吸纳过剩的劳动人口，然后通过工资增长—需求增加—进一步刺激制造业发展的路径，这样不仅可以推动制造业产值和就业的增加，还可以带动与制造业相关的服务业就业的增加。而这

① PM Inaugurates 43rd Session of Indian Labour Conference，23 – November – 2010. http：//pib. nic. in/newsite/PrintRelease. aspx？relid = 67427.

② Ashutosh Varshney. India's Democratic Challenge，Foreign Affairs，Vol. 86，No. 2 （Mar-Apr, 2007），pp. 93，97，100 – 101.

一良性循环需要的是自由合理的劳动力市场环境，即劳动者能够自由的与企业签订合同，企业规模和员工规模的调整不需要政府的批准。这些都必须使劳工法变得更为灵活，更加符合实际。虽然印度劳工法存在的问题不是制约制造业发展的唯一因素，但从实际情况来看，如果不对现有的劳工法进行必要的改革，印度制造业今后的发展就会面临不小的困难。。

　　要使劳工法的改革能够得到真正的推动，印度政府需要全力向整个社会解释现有劳工法带来的弊端及改革可能会带来的好处。这无疑将会是一个渐进而缓慢的过程。同时，还要完善社会保障体系，增加职业技能培训机构，为劳工法的改革提供良好的社会环境，减少改革的阻力。今后，印度劳工法改革的方向应该是将政府与企业的法律契约约束转变成员工与企业雇主之间的合同约束。而为了更好地保障员工的利益，政府应该改变其目前扮演的干预者的角色，致力于建立良好的、全面的社会保障体系，提高更多更好的职业培训设施，为企业和劳动者之间的良性互动创造出更为适宜的环境。①

（作者：云南大学国际关系学院　硕士研究生）

---

　　① Kaushik Basu. Why India needs labor law reform, BBC News, 27 June 2005. http：// news. bbc. co. uk/2/hi/south_ asia/4103554. stm.

# 独立以来的巴基斯坦经济发展评价

## 殷永林

巴基斯坦是当今世界第六人口大国，是世界上最大的伊斯兰国家之一，是有核武器的国家，是中国的友好邻邦，地理位置非常重要，未来发展空间巨大。但是，国内对巴基斯坦的研究还显得较为薄弱。本文拟对独立以来的巴基斯坦经济发展作出简要回顾和评价，为加强对巴基斯坦的研究和了解尽绵薄之力。

## 一 经济发展的大致历程

根据不同时期巴基斯坦政府实行的经济发展政策和措施，结合政府政权的性质及特点，我们把巴基斯坦立国后的经济发展大致分为五个时期。

1. 试行议会民主制阶段（1947 年 8 月—1958 年 10 月）

1947 年 8 月 14 日，巴基斯坦宣布独立，新国家在政治上实行西方的议会民主制，在经济上建立混合经济体制。这个时期，巴基斯坦国内政局动荡，中央政府和省政府不稳。从独立到 1958 年 10 月的 11 年中，巴中央政府 5 易总督，7 易总理。1947—1955 年，旁遮普省和西北边境省 6 易省督，信德省 7 易首席部长。中央政府解散的东、西巴省政府近 10 个。① 当时巴基斯坦的经济发展不能不受到政局动荡的影响。

在安置因印巴分治产生的大量难民，恢复因之破坏的交通、通信和水利设施，建立行政机构和国家机器，建立国内经济体系的同时，巴基斯坦政府发展经济的主要战略和措施是，主要依靠私人投资和国际援助，也欢迎外国投资，实施进口替代，严厉保护国内市场，实行高关税，将本国货币币值高估，压低农产品价格，重点发展大型轻工业企业，大力推进工业

---

① 杨翠柏、李德昌：《当代巴基斯坦》，四川人民出版社 1999 年版，第 113 页。

化。这种战略措施的缺点是没有优先利用巴基斯坦劳动力丰富以及农业条件较好的比较优势，使巴基斯坦资本稀缺和技术人才较少的劣势暴露得更加突出。

这期间巴基斯坦开始实行经济计划。1948 年初，巴基斯坦政府建立国家发展局，同时还建立由政府官员和私营部门代表组成的计划咨询委员会。1952 年 1 月，创立巴基斯坦工业发展公司，政府指定该公司负责发展黄麻、造纸、水泥、制糖、钢铁、化工、电力、制药、煤气、修船、棉纺、毛纺、矿产等 13 种工业，筹集工业建设资金。1953 年成立计划局（1957 年改称计划委员会），1950 年制订、1951 年公布"六年开发计划"（1951—1957 年，不是系统、成熟的计划，主要是拟发展项目和方案的集合），目标是为将来经济的迅速发展建立基础，创造必要的现代通信、电力、灌溉等基础设施，发展局已经批准的一些计划纳入了该计划。原定投资 26 亿卢比（由公营部门投资 22 亿卢比，私营部门投资 4 亿卢比），加上计划外支出 4.5 亿卢比，总费用为 30.5 亿卢比，其中 17 亿卢比由国内筹集，12 亿卢比由外援提供，1.5 亿卢比来自战时的英镑结余。[①] 执行 1 年后，又制订"两年优先开发计划"（1952—1954 年）作为六年计划新的组成部分，计划投资 51.83 亿卢比（含原计划的 26 亿卢比）。两年计划在农业发展方面以水利建设为主，投入 19.97 亿卢比，占计划支出的 38.4%。[②] 1953 年，计划局认为六年计划不适应新需要，遂制订第一个五年计划（1955—1959 年）。第一个五年计划到 1958 年才获得政府批准，主要预期目标是：增加国民收入，提高人民生活水平；迅速提高经济增长率，特别是东巴和落后地区的增长率。预计国民收入增长 15%，人均收入增长约 7%，人口年均增长 1.4%，国际收支盈余 2 亿卢比，粮食产量增长 9%，工业生产增长 60%。第一个五年计划最后共投入 108 亿卢比，其中政府投资 75 亿卢比，私人 33 亿卢比。国内筹资 66 亿卢比，其余由外援和外资解决。计划实施的结果不尽令人满意。国民收入实际增长 11%，由于人口增长 12%，人均收入还略有下降，1956—1957 年度到 1958—1959 年度，外贸逆差达 16.08 亿卢比。虽然工业增长较快，但主

---

① B. M. Bhatia, *Pakistan's Economic Development*, Konark Publishers Pvt Ltd, New Delhi, 1989, p. 52.

② 铎生：《巴基斯坦的政治和经济》，世界知识出版社 1960 年版，第 100、101、107 页。

要农业增长指标都没有实现，粮食仍需要大量进口。[①] 这期间，东巴基斯坦在 1950 年开始搞土地改革，通过"征收和租佃法案"。西巴基斯坦 1956 年提出土改方案，但遭否决。总的来说，这段时期农业没有受到应有的重视，主要粮食价格被控制在较低水平上。农业的国内贸易条件按世界价格计算，仅相当于 40%，农业产值年均增长 1.4%。[②]

这期间，巴基斯坦经济发展尤其是农业发展缓慢，但工业化取得一定进展。按 1959—1960 年度的不变要素成本价格，1949—1950 年度，巴基斯坦的国民总收入为 244.7 亿卢比，1958—1959 年度增加到 301.4 亿卢比，增长 23%，年均不到 2.5%；同期，人均国民收入分别为 311 卢比和 312 卢比，没有增加；1948—1949 年度，农业生产指数为 89，1958—1959 年度为 93，增长很少；人均可得的粮食从 1948—1949 年度的 15.82 盎司，降低到 1958—1959 年度的 12.55 盎司，这还是在进口了 133 万吨后才达到的；工业制成品的增加值从 1948—1949 年度的 14.33 亿卢比，提高到 1958—1959 年度的 28.18 亿卢比，即从占国民总收入的 5.4%，上升到占 9.3%。其中，大型工业制成品增加值由占总工业制成品增加值的 24% 提高到占 52.66%，小型工业由占 76%，降低到占 47.34%；出口由 1948—1949 年度的 18.70 亿卢比，减少为 1958—1959 年度的 13.25 亿卢比，进口却由 14.87 亿卢比，提高到 15.78 亿卢比，对外贸易由盈余转为逆差。从 1954—1955 年度到 1959—1960 年度，农业年均增长 1.4%，制造业年均增长 5.3%（大型工业增长 8.4%，其他工业增长 3.0%），国民总收入年均增长 2.0%。[③]

2. 阿尤布·汗执政时期（1958 年 10 月—1969 年 3 月）

上个阶段政局动荡，经济发展缓慢，人民不满，最终导致文人政府控制不了国内局势，陆军总司令阿尤布·汗于 1958 年 10 月 7 日宣布实行军事管制法，建立军人统治。军人政权首先整顿和治理经济秩序，控制物价。计划局重组后改名为计划委员会，成为总统秘书处的一个部分，直接

---

① B. M. Bhatia, *Pakistan's Economic Development*, Konark Publishers Pvt Ltd, New Delhi, 1989, pp. 53, 54.

② Lloyd G. Reynolds, *Economic Growth in the Third World*, 1850—1980, Yale University Press, 1985, p. 351.

③ B. M. Bhatia, *Pakistan's Economic Development*, Konark Publishers Pvt Ltd, New Delhi, 1989, pp. 279, 59.

由总统控制。经济混乱局面得到控制后，在工业方面军人政权继续实行上一个阶段的进口替代战略，采取保护国内市场、减免税收、管制外汇、提供优惠信贷等多种措施大力鼓励私营企业发展工业，特别是大型棉纺织企业、白糖厂和植物油厂。以上战略措施存在的问题，除依然暴露了巴基斯坦资本稀缺和技术人才不足的问题外，还没有注意到工业经济结构的调整，即开始发展机械工业等基础工业和重工业。这期间还开始鼓励出口。在农业方面，1957 年建立巴基斯坦农业银行，为农业发展提供资金。1959 年 2 月公布土改条例，在西巴开始搞土地改革，规定土地最高占有额，征收地主多余土地。1966 年开始绿色革命。

这期间执行了第二、第三个五年计划。第二个五年计划（1960—1965 年）原计划投资 190 亿卢比，后增加为 230 亿卢比（公、私营部门分别为 146.2 亿卢比和 83.8 亿卢比，其中 80 亿卢比通过外援提供），计划外投资 51.8 亿卢比。总投资主要分配给农业、水电、工业、交通和通信、物质计划（physical planning）及住房部门。修改后计划的主要指标是：国民收入增长 24%，人均国民收入增长 12%；粮食增产 21%；工业生产增加 60%。计划执行的结果好于预期，国民生产总值增长 30% 多，粮食总产增长 27%，工业生产增长 61%，外汇创收年均增长 7%（计划指标是年均 3%），私营部门投资的年均混合增长率到 9.9%，公营部门投资的年均混合增长率更是高达 16.5%。[1]

二五计划指标的超额完成，大大鼓励了巴基斯坦的计划官员，于是制订了一个 20 年远景计划，提出到 1985 年，国民生产总值增长 4 倍，人均收入增加 1 倍多，即从 1965 年的 386 卢比，提高到 1985 年的 932 卢比。以 20 年远景计划为基础，又制订了第三个五年计划。三五计划（1965—1970 年）共投资 520 亿卢比，其中公营部门投资 300 亿卢比，私营部门投资 220 亿卢比。主要指标为：按不变价格计算，国民生产总值增长 37%，年均增长 6.5%；东、西巴国民生产总值分别增长 40% 和 35%，以减轻地区间和地区内的发展不平衡；到 1970 年，使外汇储备由二五计划末的 30.5 亿卢比增加到 48 亿卢比；高度重视农业发展，提高农业单产；加快社会事业发展，明显减少收入分配不均和地区发展不平衡。由于

① B. M. Bhatia, *Pakistan's Economic Development*, Konark Publishers Pvt Ltd, New Delhi, 1989, pp. 63 – 64.

1965 年爆发了第二次印巴战争，大笔原计划用于发展的资金用到了国防上，援巴集团的外援延迟约 1 年，1965—1966 年度和 1966—1967 年度连续严重干旱，巴基斯坦政府被迫对二五计划进行调整。调整后的计划，主要经济增长指标保持不变，但对农业更加重视，强调充分利用现有工厂的装机能力，不再新建企业或扩大现有企业，提高资本—产出比率。二五计划执行的结果是：国民生产总值年均增长约 6%，大型工业的增长与上个五年计划年均 15% 相比非常令人失望，1965—1966 年度增长 6.3%，1966—1967 年度为 10.6%，1967—1968 年度增长 7.7%，1968—1969 年度增长 7.6%。[1] 地区间发展不平衡和收入分配不均没有减少，反而更严重了。令人欣慰的是，随着"绿色革命"的开展，农业增长加快，1965—1966 年度农业生产增长 0.5%，1966—1967 年度增长 5.5%，1967—1968 年度增长 11.7%。[2]

不过，就阿尤布·汗执政的整个时期看，由于政局稳定，加上对私人资本的倾斜性政策发挥了作用，巴基斯坦的经济增长速度较快。1959—1960 年度到 1968—1969 年度，农业年均增长 3.4%，制造业年均增长 7.9%（其中大型制造业增长 10.9%），其他部门增长 7.1%，国民生产总值年均增长 5.4%，人均国民生产总值年均增长 2.7%。农业在国民生产总值中的比重由 53.3% 降低到 45.4%，制造业的比重由 9.3% 提高到 11.8%，其他部门的比重由 35.3% 增加到 37.5%。[3] 另一份统计数据表明，1959—1960 年度到 1969—1970 年度，巴基斯坦国民生产总值年增 5.6%，人均增长 2.9%（东巴分别为 4.25%、1.25%；西巴分别为 6.7% 和 4.1%）。巴基斯坦经济学家称这期间是巴基斯坦经济发展的"黄金时代"，联合国称是巴基斯坦经济发展的十年，是发展中国家发展经济的"典范"。[4] 根据赛义德·阿萨德的研究，其间巴基斯坦工业的全要素生产率增长较快，1960—1970 年达 5.06%，比多数

---

① B. M. Bhatia, *Pakistan's Economic Development*, Konark Publishers Pvt Ltd, New Delhi, 1989, pp. 65, 68 – 69.

② S. Akbar Zaidi, *Issue in Pakistan's Economy*, Oxford University Press, Karachi, 2000, p. 92

③ B. M. Bhatia, *Pakistan's Economic Development*, Konark Publishers Pvt Ltd, New Delhi, 1989, p. 59.

④ 孙培钧等主编：《南亚国家经济发展战略研究》，北京大学出版社 1990 年版，第 140 页。

发展中国家高。①

　　但是，这期间巴基斯坦的债务负担加重，地区间经济发展不平衡和收入分配不均的问题更加突出，工业产业多样化和产业升级进展较为缓慢，贸易逆差增加，通货膨胀加剧，经济权力集中加重，价格扭曲更加突出。从 1958—1959 年度到 1968—1969 年度，西巴基斯坦的区内国民生产总值增长了 76.4%，东巴基斯坦仅增长 56.4%；西巴的人均国民生产总值从 373 卢比增加到 507 卢比，增长 36%，东巴仅从 272 卢比增加到 304 卢比，增长 11.8%。地区发展不平衡和收入分配不均是 1972 年初东巴基斯坦独立为孟加拉国的重要原因。1958—1959 年度出口额为进口额的 84%，1964—1965 年度降低到 44.6%，1968—1969 年度为 66.2%。到 60 年代末，巴基斯坦的外债额达到 60.33 亿美元，偿债额从 1960—1961 年度的 1715 万美元，占创收外汇的 3.6%，增加到 1968—1969 年度的 1.54 亿美元和 17.5%。② 到阿尤布·汗下台时，巴基斯坦的主要工业产业还是只有棉纺织业、黄麻制造业、蔗糖业和水泥业。从 20 世纪 50 年代开始，巴基斯坦国内开始出现少数垄断集团，60 年代这些垄断集团的经济力量进一步增强。这些问题严重影响了巴基斯坦此后的经济发展。

　　3. 动乱及阿·布托执政时期（1969 年 3 月—1977 年 7 月）

　　1969 年 3 月 25 日，阿尤布·汗在一片反对声中下台，陆军总司令叶海亚·汗接管政权。叶海亚·汗无法解决 1970 年 12 月大选后激化的东西巴矛盾，随后东巴基斯坦要求独立，巴政府出兵镇压，印度入侵东巴干涉，第三次印巴战争爆发。1971 年 12 月 30 日，人民党的阿里·布托任总统和军法管制首席执行官，成立文官政府。1972 年 1 月，孟加拉国正式独立，巴基斯坦失去了它的东翼。

　　叶海亚·汗统治的短暂时期，由于政局混乱和第三次印巴战争的影响，巴基斯坦的经济增长缓慢。

　　孟加拉国的独立，使巴基斯坦已有的国内经济联系被打断，经济受到严重冲击。在东西巴统一时，东巴基斯坦是西巴基斯坦重要的原料供应

---

① S. Akbar Zaidi, *Issue in Pakistan's Economy*, Oxford University Press, Karachi, 2000, pp. 95 - 96.

② B. M. Bhatia, *Pakistan's Economic Development*, Konark Publishers Pvt Ltd, New Delhi, 1989, p. 287.

地、工业产品市场和外汇提供者。例如，1969—1970 年度，西巴 50% 的产品销往东巴，进口额的 18% 来自东巴，东巴的黄麻及与黄麻相关的制成品出口占整个巴基斯坦出口额的 47%。[①]

面对新的情况，布托政府有必要对经济发展战略和政策作出一些调整。在农业发展方面，除推进土地改革外，布托政府与前届政府的政策措施无多大差别。但在工业和服务业发展方面，布托政府根据当时的国内经济形势及存在的问题，以及在 1970 年选举时作出的承诺，一反过去政府对私营经济的支持和保护，打出社会主义的旗帜，推行过激的国有化，从 1972 年起先后将主要基础工业、棉花和稻米贸易、银行业、人寿保险业、榨油业、农村工业等国有化，1976 年 7 月农村轧花厂、碾米厂和面粉加工厂等 4000 多家农村工业也国有化。同时，布托政府还调整工业产业结构，开始建设和发展一些机械工业和资本货物工业。布托政府还在 1972 年 5 月 11 日将巴基斯坦卢比贬值 56.8%，减少外贸管制，推动出口。

在这期间，原定投资 750 亿卢比，实现国内生产总值年均增长 6.5%，优先发展农业及基础设施，提高民众生活水平，促进收入平均分配，增强自力更生等的第四个五年计划，[②] 因为印巴战争和东巴独立未能执行。加上国内政治局势一直比较紧张，阿·布托政府终止了制订中、长期经济发展计划，只制订年度发展计划，因此 1970—1978 年被称为巴基斯坦经济发展的无计划时期。

由于布托政府的工业政策不尽符合巴基斯坦的实际，国有化使私人资本对政府的政策持怀疑态度，对经济发展的前景缺乏信心，私人投资大规模减少，政府只能大举外债和增加财政赤字来扩大公营部门投资，通货膨胀严重，以及布托政府的工业调整和投资政策产生作用的滞后性，还有阿尤布·汗时期积累的经济问题发酵，加上政局动乱、自然灾害严重（1973 年、1974 年和 1976 年巴基斯坦均发生洪灾，1974 年还发生虫灾）和 1973 年石油危机引发的世界经济危机影响，这期间巴基斯坦经济增长缓慢，制造业的增速低于服务业，1968 年到 1978 年被巴基斯坦人称为灾

---

① S. Akbar Zaidi, *Issue in Pakistan's Economy*, Oxford University Press, Karachi, 2000, p. 162.

② K. Amjad Saeed, *The Economy of Pakistan*, Oxford University Press, Karachi, 2007, pp. 214–215.

难的十年。从 1969—1970 年度到 1976—1977 年度，巴基斯坦实际国民生产总值（已扣除东巴数字）的年均增长率从 1959—1960 年至 1968—1969 年间的 5.4% 降低为 4.4%，下降 18.5%，最低的 1970—1971 年度和 1971—1972 年度仅分别为 1% 和 2.76%。同期，人均国民生产总值年均增长率从 2.7% 降为 1.1%，下降 59.3%。[①] 巴提亚提供的数据表明，这期间巴基斯坦的经济增长波浪起伏，忽高忽低。1970—1971 年度国内生产总值实际增长 0.1%，1971—1972 年度为 1%，1972—1973 年度为 7%，1973—1974 年度为 6.8%，1974—1975 年度为 1.9%，1975—1976 年度为 3.7%，1976—1977 年度为 1.4%。[②]

4. 齐亚·哈克执政时期（1977 年 7 月—1988 年 10 月）

1977 年 7 月 5 日，陆军参谋长齐亚·哈克宣布接管布托的人民党政府，巴基斯坦独立后第三次进入军人执政时期。1988 年 8 月 17 日，哈克死于空难，其统治时代结束。

齐亚·哈克统治其间，实行了一系列自由化的经济政策，主要是实行非国有化政策和鼓励私营部门发展的工业政策，将 1972—1976 年间布托政府国有化的企业分阶段归还原主；继续鼓励外国投资，1985 年新制定《外国私人投资促进法》，基本取消对外资限制；大力鼓励出口；推行经济社会伊斯兰化。其间，1979 年苏联入侵阿富汗，巴基斯坦成为美国阵营抵御苏联南进印度洋的前线国家，从而获得大量的外援，为巴的经济发展提供了巨大动力。

这期间，巴基斯坦又恢复实行五年计划，实施了第五、第六两个五年计划。五五计划（1978—1983 年）的投资总额为 2102.2 亿卢比，其中公营部门投资 1482.2 亿卢比，占 70.5%，私营部门投资 620 亿卢比，占 29.5%。政府的投资主要用于电力、运输和通信、工业、供水和农业，私人投资主要用于工业、住房、大众传媒和农业。计划欲实现的具体指标为：国内生产总值增长 40%，年均增长 7%，人均国内生产总值年均增长 4.2%，工业生产年均增长 10%，农业生产年均增长 6%。计划实施的结果，工业、农业及经济增长的指标基本实现，粮食由短缺转变为有所盈

---

① 李德昌：《巴基斯坦经济发展》，四川大学出版社 1992 年版，第 42—43 页。

② B. M. Bhatia, *Pakistan's Economic Development*, Konark Publishers Pvt Ltd, New Delhi, 1989, p. 72.

余，欠发达地区的发展加快。① 六五计划（1983—1988 年）总投资为
4950 亿卢比，其中公营部门为 2950 亿卢比，私营部门为 2000 亿卢比。
投资的 18.1% 用于农业和供水，20% 用于电力，18.1% 用于运输，
15.6% 用于工业，11.5% 用于医疗保健、教育等。主要经济增长指标是，
国内生产总值年均增长 6.5%，农业生产年均增长 5%，工业生产年均增
长 9%。计划实施的结果，主要指标基本实现。②

　　哈克执政期间的经济发展政策，加上大量外援的流入，促进了巴基斯
坦的经济增长。第五、第六个五年计划期间，国民生产总值年均分别增长
6.4% 和 5.7%，工业年均分别增长 9% 和 7.7%，农业的年均增长率分别
为 4.4% 和 3.7%。1980 年实现粮食自给，1985 年巴基斯坦钢铁厂投产。③
从 1977—1978 年度到 1987—1988 年度的 10 年间，巴基斯坦国民生产总
值年均增长 6.5%，人均收入年均增长 3.3%，达 380 美元。农业在国内
生产总值中的比重明显下降，工业比重提高。但是，有的宏观经济指标恶
化，在齐亚·哈克统治期间，巴国内投资率与其统治开始时相比，不但没
有增加，还略有下降，储蓄率除最后两个年度外，明显低于此前时期，致
使投资和储蓄之间的缺口扩大至 1978—1979 年度至 1985—1986 年度的
10.1%—11.8% 之间，财政赤字率增加。④ 巴政府的统计数据表明，20 世
纪 70 年代，巴基斯坦的财政赤字率年均为 5.3%，80 年代为年均 7.1%，
外债规模也迅速扩大。⑤ 这些对此后巴的经济发展是不利的。

　　5. 1988 年以来的调整及改革时期（1988 年 10 月至今）

　　这个时期可以再分为三个阶段。一是 1988 年 10 月至 1999 年 10 月，
巴基斯坦恢复议会民主制，以贝·布托为首的人民党政府及以谢里夫为首
的穆斯林联盟政府轮流执政阶段。政局不稳，政府更换频繁，先后产生过
三任大选总理和三位看守总理，但实行的都是世界银行及国际货币基金组

　　① K. Amjad Saeed, *The Economy of Pakistan*, Oxford University Press, Karachi, 2007, pp.
216 – 218.

　　② Ibid. , p. 219 – 220.

　　③ 木子：《巴基斯坦经济发展计划回顾》，《南亚研究季刊》1990 年第 4 期。

　　④ B. M. Bhatia, *Pakistan's Economic Development*, Konark Publishers Pvt Ltd, New Delhi,
1989, pp. 241, 245.

　　⑤ Ministry of Finance, Government of Pakistan, *Economic and Social Indicators*, *Pakistan Eco-
nomic Survey* 2012—13, http：//www. pakistan. gov. pk.

织指导下的以自由化、私有化和全球化为导向的经济结构调整及改革政策；二是1999年10月至2008年8月穆沙拉夫将军再次实行军人统治阶段。1999年10月穆沙拉夫发动军事政变，推翻谢里夫民选政府，到2008年8月被迫下台。穆沙拉夫虽然在政治上实行军人统治，但政局基本稳定，其经济发展政策措施与民选政府时期并没有实质变化，还推进了自由化和私有化；三是2008年9月民选政府重新执政以来的阶段。这个阶段的经济政策措施与此前并没有质的不同，但政局不太稳定，国内安全形势严重。

（1）布托政府和谢里夫政府轮流执政阶段

布托政府在1988年11月大选后上台。从1986—1987年度开始，巴基斯坦加快了经济自由化步伐。主要做法是削减政府补贴，增加税收，削减政府财政赤字和政府投资；放松甚至取消对私营经济的管制，向私营部门开放更多的投资领域，让私营部门在经济发展中增加投资、发挥更大的作用；基本取消价格控制，降低公司税甚至免税；把一大批国有企业私有化；取消外汇管制，营造良好外资投资环境，加大鼓励外商投资的力度，外商可持股100%；取消外贸管制，降低关税，汇率及进出口自由化。

这个阶段，巴基斯坦继续实行经济计划。第七个五年计划（1988—1993）作为1988—2003年15年远景计划的一部分，支出11490亿卢比，其中公营部门支出5530亿卢比，私营部门支出5960亿卢比。预计国内生产总值年均增长6.5%，农业年均增长4.7%，制造业年均增长8.1%，其他部门年均增长6.7%。尽管受到国内政局不稳、洪水灾害、国外海湾战争、东欧及苏联巨变等影响，经济增长速度虽有所下降，但整体情况不算差。各项指标实现的情况是：国内生产总值年均增长5.0%，农业年均增长3.8%，制造业年均增长5.9%，其他部门年均增长5.3%。但政府财政赤字由1989—1990年度占国内生产总值的6.5%，上升到1992—1993年度的7.9%；内债由1987—1988年度的2900亿卢比，增加到1992—1993年度的6050亿卢比，经常账户赤字同期占国内生产总值的比率由4.4%升为占7.1%。1994年6月，巴基斯坦政府公布了第八个五年计划（1993—1998年）。计划支出17010亿卢比，其中公营部门支出7520亿卢比，私营部门支出9490亿卢比。预期国内生产总值年均增长7.0%，农业年均增长4.9%，制造业年均增长9.9%，服务业年均增长6.7%。这个五年计划进一步分解成年度计划来实施。八五计划期间，巴基斯坦国内生产总值实际年均增长 4.2%。[①]

由于政局不稳、国际货币基金组织等国际机构指导的经济结构调整政策幅度过大及不完全符合巴基斯坦国情，宏观经济存在问题，布托及谢里夫执政阶段巴基斯坦经济发展速度比以前放慢。1988—1989 年度，经济增长 4.81%，1989—1990 年度增长 4.58%。90 年代，国内生产总值年均增长 4.6%，农业年均增长 4.4%，制造业年均增长 4.8%，服务业年均增长 4.6%。年均财政赤字率为 6.9%。[②] 90 年代，与较快增长的世界经济相比和此前巴基斯坦的经济增长相比，巴基斯坦的经济增长黯然失色。巴基斯坦国内许多人认为，90 年代是巴基斯坦失去的 10 年。

（2）穆沙拉夫执政时期

1999 年 10 月穆沙拉夫执政以来，继续采取改革税收制度，改革银行和公用事业部门，推进私有化，削减财政赤字和经常账户赤字，稳定宏观经济，放松经济控制，下放权力，加快人力资源开发等政策措施来发展经济。同时，2001 年 "9·11" 事件发生后，巴基斯坦政府决定加入以美国为首的反恐阵营，获得了美国等发达国家的大量援助和支持，为巴基斯坦的经济发展注入了活力。

2001 年，巴基斯坦政府制订了 10 年远景发展计划（2001—2011 年）以及三年滚动发展计划（2001—2004 年）。同年 9 月，巴基斯坦政府计划委员会公布了第九个五年计划（1998—2003 年）。10 年远景发展计划确定的投资额为 11.287 万亿卢比，其中通过政府预算筹集的 25400 亿卢比用于公营部门发展计划，剩余的 77.5% 的资金由私营部门投资。政府预算筹集中的 4600 亿卢比，分配给 2001—2004 年度的三年滚动发展计划，用于供水、农业、农村发展等优先发展项目和计划。三年计划期间私营部门的投资额预计为 15190 亿卢比。10 年远景发展计划预计把食物贫困（food poverty，每人每天通过食物摄入的热量低于 2150 卡路里）人口由 2000—2001 年度的 30%，降低到 2003—2004 年度的 25% 和 2010—2011 年度的 15%；同期，把巴基斯坦的人类发展指标在世界上的排名由第 135 位分别提高到第 120 位和第 90 位；把国内生产总值的增长率由 2.6% 分

---

① K. Amjad Saeed, *The Economy of Pakistan*, Oxford University Press, Karachi, 2007, pp. 221, 229 – 233.

② Ministry of Finance, Government of Pakistan, *Economic and Social Indicators*, *Pakistan Economic Survey* 2012 – 2013, http：//www. pakistan. gov. pk.

别提高到 5.0% 和 6.3%；把人均收入由 24100 卢比分别增加到 26200 卢比和 34500 卢比。还要大幅度降低人口出生率、失业率、政府债务、财政赤字率和经常账户赤字。① 与以往的计划相比，远景计划具有综合性和整体性，更加注重社会事业和人力资源的开发。

穆沙拉夫执政期间，巴基斯坦政府还制订过《2005—2010 年中期发展规划》和《2030 年展望》。前者预计 2005—2010 年度巴的国内生产总值年均增长 7.6%，农业年均增长 5.2%，制造业年均增长 11.6%，服务业年均增长 7.3%。提出建设成熟、宽容、民主、进步、温和的伊斯兰国家。后者的主要内容包括：以知识进步为动力，有效利用资源，坚持快速、可持续发展，建设经济繁荣发达、社会公平正义的巴基斯坦。到 2030 年，国内生产总值为 7000 亿美元，人均为 3000 美元。②

经过不断努力，加上美国等的大量援助和支持，在 2008 年美国次贷危机引发的国际金融危机和经济危机冲击前，巴基斯坦经济情况明显好转，保持较快增长。1999—2000 年度，国内生产总值增长 3.9%，2000—2001 年度增长 1.8%，2001—2002 年度增长 3.1%，2002—2003 年度增长 5.1%，③ 2003—2004 年度增长 7.5%，2004—2005 年度增长 9.0%，2005—2006 年度增长 5.8%，2006—2007 年度增长 6.8%，2008—2009 年度增长 1.7%。④ 世界银行的统计数据显示，2000—2008 年巴基斯坦的国内生产总值年均增长 5.4%，农业年均增长 3.4%，工业年均增长 7.6%，服务业年均增长 6.2%。⑤ 巴基斯坦的宏观经济形势一度走向稳定，财政赤字率由 2000—2001 年度占国内生产总值的 4.3%，下降到 2004—2005 年度的 3.3%，但 2007—2008 年度又升至 7.4%。公共债务由 2000 年占国内生产总值的 85% 降为 2008 年 5 月的 53.5%。⑥ 在这段时期，投资总

---

① K. Amjad Saeed, *The Economy of Pakistan*, Oxford University Press, Karachi, 2007, pp. 234 – 235, 242, 253 – 254.

② 《巴基斯坦经济发展规划》，中国驻巴基斯坦使馆商经处网站，2009 年 5 月 6 日。

③ Ministry of Finance, Government of Pakistan, *Economic and Social Indicators*, *Pakistan Economic Survey* 2003—2004, http：//www. pakistan. gov. pk.

④ Ministry of Finance, Government of Pakistan, *table*1. 3, *Pakistan Economic Survey* 2011 – 2012, http：//www. pakistan. gov. pk.

⑤ 世界银行：《2010 年世界发展指标》，中国财政经济出版社 2010 年版，第 227 页。

⑥ 法斯赫·乌丁、M. 阿克拉姆·斯瓦蒂：《巴基斯坦经济发展历程——需要新的范式》，陈继东、晏世经等译，巴蜀书社 2010 年版，第 189、185 页。

额占国内生产总值的比率及国民储蓄率也都有所提高。

（3）再度恢复议会民主制时期

2008 年 8 月 18 日，穆沙拉夫在各方面压力下辞去总统职务，巴基斯坦恢复议会民主制，贝·布托的丈夫阿·扎尔达里领导的人民党联合政府执政。由于国内行政权、立法权和司法权之间斗争不断，巴基斯坦和阿富汗边界地区动荡，恐怖主义活动猖獗，这个时期的政局不稳，但这届政府还是度过了整个任期（这是巴基斯坦建国以来首个任期满的政府），最终在 2013 年 5 月 11 日大选中败给谢里夫领导的穆斯林联盟。

人民党执政的这几年，经济发展政策措施总体延续此前的，没有实质性变化。但是，由于 2008 年以来世界经济危机的冲击以及欧元区危机不断的影响，世界经济恢复曲折缓慢，巴基斯坦得到的外援大量减少，国内政治局势不稳，恐怖活动频繁，2010 年和 2011 年发生洪灾和降雨过多，巴基斯坦的经济增长速度较慢，但有逐步走稳的趋势。2008—2009 年度，国内生产总值仅增长 0.4%，2009—2010 年度增长 2.6%，2010—2011 年度增长 3.7%，2011—2012 年度增长 4.4%，2012—2013 年度增长 3.6%。同期，农业分别增长 3.5%、0.2%、2.0%、3.5% 和 3.3%；工业分别增长 -5.2%、3.4%、4.7%、2.7% 和 3.5%；制造业分别增长 -4.2%、1.4%、2.5%、2.1% 和 3.5%；服务业分别增长 1.3%、3.2%、3.9%、5.3% 和 3.7%。[1] 服务业是经济增长的最大推动力。宏观经济形势不够稳定，2008—2009 年度至 2011—2012 年度期间的财政赤字率在 5.2%—6.8% 之间，2012—2013 年度估计降到 4.6%。[2]

## 二 经济发展取得的主要成就

独立以来，巴基斯坦经济取得很大发展，成绩较为明显，主要表现在以下几点。

第一，经济始终保持中等及以上增长速度，一度处于发展中国家较前水平，总体处于发展中国家的中上水平。据巴基斯坦政府统计，按

---

[1] Ministry of Finance, Government of Pakistan, *Pakistan Economic Survey* 2012—2013, p.5, http://www.pakistan.gov.pk.

[2] Ministry of Finance, Government of Pakistan, *Economic and Social Indicators*, *Pakistan Economic Survey* 2012 - 2013, http://www.pakistan.gov.pk.

1959—1960 年度价格计算，从 1949—1950 年度到 1987—1988 年度，国民生产总值从 147 亿卢比增至 888.87 亿卢比，实际人均收入同期从 340 卢比提高到 856 卢比，年均分别增长 4.85% 和 2.24%。[①] 从 1988—1989 年度到 2002—2003 年度，国内生产总值年均增长 4.4%。[②] 上文提到，1990—2000 年，巴基斯坦的国内生产总值年均增长 3.8%，2000—2008 年年均增长 5.4%。2009—2010 年度增长 2.6%，2010—2011 年度增长 3.7%，2011—2012 年度增长 4.4%，2012—2013 年度增长 3.6%。从独立到 2007—2008 年，"巴基斯坦的经济保持了年均 5.5% 的增长，同时国民人均实际收入年均也增长了 3%"。[③]

与其他发展中国家相比，独立后至 20 世纪 50 年代，巴基斯坦的经济增长是较慢的。在 20 世纪 60 年代和 80 年代，巴基斯坦的经济增长率曾是低收入发展中国家中最快的之一。据世界银行 1991 的发展报告，1965—1980 年，巴基斯坦的国内生产总值年均增长 5.2%，农业年均增长 3.3%，工业年均增长 6.4%，服务业年均增 5.9%；1980—1989 年度的相应数字分别为 6.4%、4.4%、7.3% 和 7.1%。1965—1980 年，在列入统计的 41 个低收入经济体中，有五个国家的经济增长速度超过巴基斯坦，在 1980—1989 年，有三个国家的经济增速超过巴基斯坦，1980—1989 年中等收入国家中经济增速超过巴基斯坦的也较少。[④] 美国经济学家雷诺兹对人口千万以上的发展中国家 1960—1980 年的经济增速做过比较，依增速高低把它们分为四等，增速最高的列入一等，增速最低的列入四等，巴基斯坦被列入第二等中。[⑤] 90 年代以来，巴基斯坦的经济增速只能算发展中国家的中等水平。1990—2000 年，巴基斯坦国内生产总值的年均增长率为 3.8%，比低收入国家的 3.5% 稍高，比中等收入国家的 3.9% 略低。2000—2008 年，巴基斯坦国内生产总值的年均增长率为 5.4%，比低收入

①　孙培钧等主编：《南亚国家经济发展战略研究》，北京大学出版社 1990 年版，第 141 页。

②　杨翠柏、李德昌：《当代巴基斯坦》，四川人民出版社 1999 年版，第 426 页。

③　法斯赫·乌丁、M. 阿克拉姆·斯瓦蒂：《巴基斯坦经济发展历程——需要新的范式》，陈继东、晏世经等译，巴蜀书社 2010 年版，第 11 页。

④　The World Bank, *World Development Report* 1991, Oxford University Press, 1993, pp. 206 – 207.

⑤　Lloyd G. Reynolds, *Economic Growth in The Third World*, 1850 – 1980, Yale University Press, 1985, pp. 390 – 391.

国家的 5.8% 低 0.4 个百分点，比中等收入国家的 6.4% 低 1 个百分点。[①]
综合巴基斯坦独立至今的经济增速看，巴基斯坦算得上中上水平。

第二，经济结构发生显著变化。几十年的经济持续增长，尤其是第
二、第三产业的较快增长，使巴基斯坦的经济结构发生了巨大转变。根据
巴基斯坦政府的统计数据，扣除当时东巴基斯坦的数据后，1949—1950
年度，农业占国内生产总值的 53.2%，矿业几乎为零，制造业占 7.7%
（其中大型制造业占 2.2%，小型制造业占 5.5%），建筑业占 1.4%，水
电气供应几乎为零，交通运输业占 5.0%，批发和零售贸易占 11.9%，银
行和保险业也几乎为零，房产占 5.1%，行政和国防占 7.0%，其他服务
业占 7.7%。[②] 2012—2013 年度，农业占 21.4%。工业占 20.9%。其中采
矿采石业占 3.1%，制造业占 13.2%（大型制造业占 10.6%，小型制造
业占 1.6%），建筑业占 2.4%，电、气供应占 2.3%。服务业占 57.7%。
内运输、仓储和通信业占 13.7%，批发和零售贸易占 18.2%，金融和保
险业占 3.0%，房产占 6.7%，行政和国防占 6.8%，其他服务业占
9.3%。[③] 数据表明，巴基斯坦的工业化取得明显进展，服务业有很大发
展，巴基斯坦大型制造业、批发和零售贸易业、运输、仓储和通信业、金
融和保险、采矿业等的发展，给人留下了深刻印象。现在，巴基斯坦经济
增长的主要推动力，已经由农业转变为服务业和工业。劳动力的产业分布
也说明了巴基斯坦经济结构发生的明显变化。1950—1951 年度，巴基斯
坦的劳动力 65.3% 在农业部门就业，9.5% 在制造业就业，25.2% 在以贸
易和服务业为主的其他行业就业。[④] 2007 年，巴基斯坦的劳动力 43.6%
分布于农业，13.6% 分布于矿业和制造业，6.6% 分布于建筑业，14.4%
分布于贸易，15.6% 分布于其他服务业，0.7% 分布于供电和供气业。[⑤]

第三，工农业产品大量增加，国民经济实力增强，经济规模扩大，人
均收入有较大提高。1948—1949 年度，巴基斯坦生产小麦 400 万吨，稻

---

① 世界银行：《2010 年世界发展指标》，中国财政经济出版社 2010 年版，第 226—228 页。

② 李德昌：《巴基斯坦经济发展》，四川大学出版社 1992 年版，第 50 页。

③ Ministry of Finance, Government of Pakistan, *Pakistan Economic Survey* 2012 - 2013, pp.
10 - 11, http://www.pakistan.gov.pk.

④ S. Akbar Zaidi, *Issue in Pakistan's Economy*, Oxford University Press, Karachi, 2000, p. 3.

⑤ 法斯赫·乌丁、M. 阿克拉姆·斯瓦蒂：《巴基斯坦经济发展历程——需要新的范式》，
陈继东、晏世经等译，巴蜀书社 2010 年版，第 157 页。

米 73 万吨，甘蔗 544 万吨，棉花产量较少。① 2011—2012 年度，小麦总产量为 2350 万吨，稻米为 620 万吨，甘蔗为 5840 万吨。80 年代的棉花总产量为每年年均 630 万包，2011—2012 年度为 1360 万包。可见，从建国到 2011—2012 年度，巴基斯坦的小麦总产增长了近 6 倍，稻米总产增长近 9 倍，甘蔗总产增长 10 倍多。工业产品产量的增长更迅猛，60 年代平均每年生产棉纱 560 万公斤，生产棉布 310 万平方米，2000 年以后，平均每年生产棉纱 22.36 亿公斤，生产棉布 7.63 亿平方米；70 年代，平均每年生产水泥 250 万吨，2000 年以后平均每年生产 1640 万吨；2011—2012 年度，生产棉纱 29.55 亿公斤，生产棉布 10.23 亿平方米，生产水泥 2950 万吨。②

1949 年，巴基斯坦的人均收入为 51 美元；③ 1949—1950 年度，西巴基斯坦的国内生产总值约为 27.5 亿美元；④ 1980 年国内生产总值为 236.9 亿美元，1998 年为 633.69 亿美元，1998 年的国民总收入为 615 亿美元，人均为 470 美元。⑤ 2011 年，国民总收入为 1976 亿美元，人均 1120 美元，巴基斯坦从低收入国家跨入中低收入国家行列。⑥

第四，人类发展及社会发展取得一定进步。小学数量在 80 年代平均每年为 8.88 万所，2000—2009 年平均每年为 15.52 万所，2010—2011 年度为 15.56 万所；同期，中学数分别为 6800 所、3.19 万所和 4.2 万所，大学数分别为 5400 所、1.86 万所和 2.52 万所，医院数分别为 651 所、912 所和 972 所。80 年代的年均识字率为 29.5%，其中男性为 39.0%，女性为 18.7%，2000—2009 年的相应数分别为 52.6%、65.7% 和 41.4%，2011—2012 年度分别为 58.0%、70.0% 和 47.0%。2000—2001 年度，粗死亡率为 7.9‰，2011—2012 年度为 7.2‰；同期，婴儿死亡率

①　Ishrat Husain, *Pakistan The Economy of An Elitist State*, Oxford University Press, Karachi, 1999, p. 106.

②　Ministry of Finance, Government of Pakistan, *Economic and Social Indicators*, *Pakistan Economic Survey* 2012 – 2013, http：//www. pakistan. gov. pk.

③　B. M. Bhatia, *Pakistan's Economic Development*, Konark Publishers Pvt Ltd, New Delhi, 1989, p. 45.

④　Zehadul Karim, *Three Factor for the Disintegration of Pakistan and the Emergence of Bangladesh*, Asian Profile, 1987（2）.

⑤　世界银行：《2000 年世界发展指标》，中国财政经济出版社 2000 年版，第 185、9 页。

⑥　新华通讯社：《世界各国（地区）经济社会概况》，《时事资料手册》2012 年第 6 期。

分别为 85/10000 和 69/10000，失业率分别为 6.0% 和 6.0%。[①]

## 三　目前经济发展中存在的主要问题

目前，巴基斯坦的经济发展存在几个主要的问题，即可持续发展能力不强、经济结构不尽合理、基础设施薄弱、多种非经济因素在不同程度上阻碍经济发展。

1. 巴基斯坦经济的可持续发展能力不强

这一点可以从以下三个方面得出结论。

（1）国内储蓄和投资能力弱。20 世纪 70 年代，巴基斯坦总投资年均占国内生产总值的 17.1%，2000—2010 年占 17.9%，2011—2012 年度占 14.9%；同期，国民储蓄分别占国内生产总值的 11.2%、15.9% 和 13.5%。[②] 巴基斯坦的这种投资能力在世界上是较低的。例如，2008 年，全世界的资本形成总值占国内生产总值的 22%。其中，低收入国家占 27%，下中等收入国家占 37%，东亚和太平洋地区占 40%，南亚占 36%，巴基斯坦占 22%。同年，全世界储蓄总额占国内生产总值的 21%。其中，下中等收入国家占 41%，东亚和太平洋地区占 48%，南亚占 35%，巴基斯坦占 20%。[③] 储蓄是投资的基础，投资是经济增长的基础。没有较高的储蓄和投资率，也就不可能有较高的增长率。巴基斯坦要使经济增长提速，必须进一步提高储蓄率和投资率。

（2）人口增长速度还较高，人力资本开发程度不高。独立以来，巴基斯坦的人口一直保持较高的增长率。1990—2008 年，世界人口增速为 1.3%，低收入国家为 2.2%，下中等收入国家为 1.4%，南亚国家为 1.7%，巴基斯坦为 2.4%，且预计巴基斯坦 2008—2015 年的人口还会以 2.2% 的速度增长。人口增长较快，会抵消相当大的一部分经济增长成果，还会对生态环境和社会发展带来一系列不利影响。2008 年，巴基斯坦的小学净入学率为 66%，中学净入学率为 33%。同期，低收入国家的小学净入学率为 80%，中等收入国家为 88%，南亚国家为 86%。2005—2008

---

① Ministry of Finance, Government of Pakistan, *Economic and Social Indicators*, *Pakistan Economic Survey* 2012 – 2013, http：//www. pakistan. gov. pk.

② Ibid.

③ 世界银行：《2010 年世界发展指标》，中国财政经济出版社 2010 年版，第 255—256 页。

年，低收入国家的成人（15 岁及以上人口）男性识字率为 76%，女性为 63%；中等收入国家分别为 88% 和 77%，巴基斯坦分别为 67% 和 40%。[①] 此外，巴基斯坦婴幼儿死亡率、孕产妇死亡率等也较高。按 2011 年联合国公布的人类发展指标，在有统计数据的 187 个国家和地区中，巴基斯坦排名第 145 位，人均受教育年限只有 4.9 年。[②]

（3）政府债务负担较重。从 1980 年到 2008 年的 28 年间，巴基斯坦的债务激增了 25 倍，2008 年 6 月达 62970 亿卢比，相当于人均负债 39000 卢比，且一般的债务必须用外汇偿还。在这期间，内债所占比例从 38.5% 增加到 54%，外债所占比例从 61.3% 减少到 46%。[③] 1990 年债务最高时，曾相当于国内生产总值的 91.7%，2008 年为 59.1%，2012 年 3 月为 58.2%；同期，债务额分别相当于政府收入的 505%、404% 和 419%。随着债务规模的扩大，偿债负担越来越重，严重影响了政府用于经济社会发展的资金。2010—2011 年度，偿债负担相当于政府收入的 37.7%，相当于政府经常性支出的 29.4%，2011—2012 年度的相应数分别为 41.3% 和 33.4%。从 2008 年到 2011 年，巴基斯坦的偿债负担增长率高于政府的收入增长率和国内生产总值的增长率，2011 年底公债达到政府收入的 4.7 倍（合理状况应在 3.5 倍及以下）。[④] 多年来，巴基斯坦都在举新债以还旧债，其债务负担之重在一定程度上甚至威胁到了国家主权。

2. 经济结构不尽合理，工业化水平不高

到 2011—2012 年度，巴基斯坦的农业总产值还占国内生产总值的 21%，45% 的劳动力在农业部门就业，60% 的农村人口依靠农业维持生计。[⑤] 因此，农业对巴基斯坦经济发展影响重大。可是，与工业和服务业相比，农业受自然因素的影响更大，农业部门的效益较低，农业不可能实现工业和服务业那样的持续高增长。且巴基斯坦的农业受到水资源紧张，

---

① 世界银行：《2010 年世界发展指标》，中国财政经济出版社 2010 年版，第 255—256 页。

② 联合国开发计划署：《2011 年人类发展指数排名》，http://hi. baidu. com/006806/item/68a67ef374c2a912ce9f3242。

③ 法斯赫·乌丁、M. 阿克拉姆·斯瓦蒂：《巴基斯坦经济发展历程——需要新的范式》，陈继东、晏世经等译，巴蜀书社 2010 年版，第 184—185 页。

④ Ministry of Finance, Government of Pakistan, *Pakistan Economic Survey* 2011 - 2012, pp. 126、128, http：//www. pakistan. gov. pk。

⑤ Ministry of Finance, Government of Pakistan, *Pakistan Economic Survey* 2011 - 2012, p. 35, http：//www. pakistan. gov. pk。

基础设施不足、生产技术较落后及一些制度不合理等因素的制约，生产起伏不定。巴基斯坦农业的现状，在一定程度上限制了其经济增长的速度。

巴基斯坦建国以来，虽然工业化取得明显进展，但直到目前为止，其工业水平还较低，工业门类不齐全，高科技产业很少。主要工业产业是纺织业、食品业，而石化产业、钢铁业、冶金业、重型机械业、化工业、电子业等要么规模很小，要么几乎不存在。2011—2012 年度，纺织业和服装业占制造业的 46%，在该行业就业的人员占制造业就业人员的 38%。[①] 在现代化的过程中，多数国家产业结构的变化趋势是，开始时，三次产业在国内生产总值中的比重依次为一、三、二排列。当工业化达到一定水平时，排列顺序变为二、三、一，当经济发展和现代化达到更高水平时，排列顺序变为三、二、一。可是，巴基斯坦建国 65 年来，虽然农业在国内生产总值中的比重下降了 30 个百分点，但按巴基斯坦政府新系列的统计数据，工业比重最高时也只比建国初提高约 13 个百分点。[②] 服务业的比重，在农业和工业水平还较低的情况下，就过早超过了工业和农业。前文提到，2012—2013 年度，服务业已经占巴基斯坦国内生产总值的 57.7%。而就服务业看，高水平、高科技行业的比重不高，主要以批发和零售贸易、运输和仓储为主，金融、保险、教育、科技、商务等的比重较小。这样的经济结构，显得不太健康和合理，也不利于经济的可持续发展和就业问题的解决。

3. 基础设施显得薄弱

目前，电力和天然气短缺是巴基斯坦许多产业生产受限的主要原因，大量进口石油给政府造成了巨大经济负担。估计电力危机造成的经济损失每年接近 3800 亿卢比，约为国内生产总值的 2%，2008—2012 年政府提供给电力部门的补贴约为 11000 亿卢比。每天的天然气短缺量超过 20 亿立方英尺。2010—2011 年度，巴基斯坦的原油供应量为 7530 万桶，其中 68.1% 是进口的，只有 31.9% 是国内开采的。[③] 石油进口费用已经成为巴

---

① Ministry of Finance, Government of Pakistan, *Pakistan Economic Survey* 2011 – 2012, p. 35, http：//www. pakistan. gov. pk.

② Ministry of Finance, Government of Pakistan, *table*1. 2, *Pakistan Economic Survey* 2012 – 2013, http：//www. pakistan. gov. pk.

③ Ministry of Finance, Government of Pakistan, *Pakistan Economic Survey* 2011 – 2012, pp. 195 – 196, 203, http：//www. pakistan. gov. pk.

基斯坦沉重的经济负担，也是造成其国际收支赤字的主要原因。2007 年，世界人均耗电 2846 千瓦时，低收入国家为 324 瓦，下中等国家为 1310 千瓦时，巴基斯坦为 474 千瓦时。巴基斯坦的电信业较落后。2008 年全世界每百人拥有固定电话 19 部，每百人移动电话用户为 61 户；低收入国家分别为 5 部和 28 户，下中等收入国家分别为 14 部和 47 户；巴基斯坦分别为 3 部和 53 户。同年，世界每百人固定宽带网用户为 6.21 户，低收入国家为 0.26 户，下中等收入国家为 2.59 户，巴基斯坦为 0.10 户。[①] 此外，巴基斯坦的交通基础设施远满足不了经济社会发展需要。巴基斯坦的国土面积为 79.61 万平方公里，到 2011—2012 年度，全国公路总长仅261595 公里，且主要靠约 12000 公里（只占全国公路总长的 4.6%）的国家公路承担运输任务，国家公路承担了 80% 的商业运载量。巴基斯坦的铁路长度仅 7791 公里。[②]

4. 多种非经济因素还在不同程度上阻碍经济发展

从建国到目前，巴基斯坦经历了 1958 年前、1988—1998 年频繁更换政府，以及阿·布托政府及 2008 年 8 月以来称不上稳定的民选政府时期，还有四位军人统治的 30 多年。2008 年 8 月以来不是多数派的民选政府执政期间，巴基斯坦议会、司法部门和行政首脑冲突不断，党派斗争激烈，政府腐败严重，司法系统效率较低。2013 年 5 月 11 日大选结束后产生的谢里夫政府，也不是多数派政府。所以，我们还不能断言巴基斯坦建立了适合本国国情、有利于经济发展的稳定的政治制度。巴基斯坦还面临国内安全局势严重，恐怖活动频繁，犯罪率高，教派冲突不断等问题。巴基斯坦中央与地方、各省区、各民族之间还存在各种矛盾，国内凝聚力有待增强，国家整合还需推进。这些在不同程度上影响巴基斯坦的经济发展。

（作者：云南大学人文学院　教授）

---

① 世界银行：《2010 年世界发展指标》，中国财政经济出版社 2010 年版，第 333—334、337—338 页。

② Ministry of Finance, Government of Pakistan, *Pakistan Economic Survey* 2012 – 13, pp. 7、1、180，http：//www. pakistan. gov. pk.

# 孟加拉国农业发展现状与问题

## 孙喜勤

孟加拉国地处世界十大农业区域之一的东南亚与南亚农业区。[①] 农业发展的历史悠久,农业在其经济中占有重要地位。近年来,孟加拉国经济增长迅速,据孟加拉国央行统计,2009—2013 年,孟加拉国 GDP 年平均增长率为 6.1%,农业对 GDP 的贡献率为 19.7%。[②] 是发展中国家中增速最快的国家之一。

孟加拉国是中国的友好邻邦,但中文中关于孟加拉国的书籍、论文很有限,在不多的中文文献中,研究基本都集中于政治、经济发展、文化交流,涉及孟加拉国农业的更少。国内代表性的两本系统介绍孟加拉国的专著,刘建的《列国志·孟加拉国》和申德尔的《孟加拉国史》对孟加拉国农业也只有粗略的介绍,目前国内还没有全面介绍孟加拉国农业的文章。因此,孟加拉国这个农业国家的农业发展状况究竟如何是个值得研究的问题。广义的农业包含种植业、林业、畜牧业、副业和渔业,本文因篇幅有限,仅介绍狭义上的孟加拉国农业——种植业。

## 一　孟加拉国农业概况

### (一)孟加拉国发展农业的基础条件

从地理位置上看,孟加拉国地处恒河下游,境内 90% 以上地区为冲积平原,只有东部和东南部为丘陵地带,大部分土地土质疏松肥沃,非常

---

[①]《世界十大农业区域》,http://blog.sina.com.cn/s/blog_ 4782e81b0100en1l.html。

[②] Bangladesh Bank:"Annual Report",http://www.bangladesh-bank.org/pub/annual/anreport/ar1213/full_ 2012_ 2013.pdf,p. 2、11.

适合农业耕作；从气候上讲，孟加拉国属亚热带海洋性气候，同时受南亚季风影响，有雨季和旱季之分，是多种热带植物的天然种植园；从土地资源使用结构上看，孟加拉国国土面积 14.4 万平方公里，其中，陆地面积 12.8 万平方公里，森林面积 1.9 万平方公里，河流面积 1.6 万平方公里，耕地面积 762.8 万公顷，耕地面积占总面积的 65.7%，[①] 耕地面积占国土面积的比重较大，适合发展农业生产。此外，孟加拉国拥有世界上最大的三角洲，境内有 250 条河流，分为恒河、布拉马普特拉河、梅格纳河三大水系，可以提供丰富的水资源及灌溉条件。据统计，2009 年，孟加拉国灌溉面积 510 万公顷，灌溉面积占耕地的 59.7%。[②] 另外，孟加拉国人力资源丰富，从事农业的人口众多，2011 年其总人口为 1.423 亿，是世界上第八大人口大国，其中 85% 的人口居住在农村，农村人口中有 74% 从事农业劳动，从事农业生产的劳动力占全国总劳动力的 54.1%，[③] 为农业生产活动提供了强有力的保障。

### （二）孟加拉国主要农作物及产量

孟加拉国有着肥沃的土地、品类齐全的生物物种、充足的水资源，丰沛的雨量，这些条件显然都对农作物的生长非常有利。孟加拉国主要的农作物有黄麻、水稻、蔬菜、芒果、荔枝、调料、甘蔗、茶叶等。下文就按农作物种类对孟加拉国主要农作物的情况进行介绍。

1. 谷物

孟加拉国的主要谷类有水稻、小麦和玉米。目前，孟加拉国的粮食已经基本能够自给自足。水稻是孟加拉国最重要的农作物，是孟加拉国人民主要粮食来源。孟加拉国的水稻种植面积占谷物种植面积的 75%，其产值占谷物产值的 70%，产量占全国谷物产量的 93%。孟加拉国种植的水稻为三季稻，根据种植季节的不同，分为：奥斯稻（Aus）、阿曼稻（Aman）和波洛稻（Boro），奥斯稻种植时间为每年的 4—5 月，收割季节为每年的 7—8 月；阿曼稻种植时间为每年的 7—8 月，收割季节为每年的 11 月至来年的 1 月；波洛稻种植时间为每年的 11—12 月，收割季节为来

---

① 国家统计局：《国际统计年鉴 2013》，中国统计出版社 2013 版，第 8 页。

② 同上书，第 10 页。

③ "Key Indicator for Asia and the Pacific 2013"，Asia Develop Bank，http：//www. adb. org/publications/key-indicators-asia-and-pacific-2014？ref = countries/bangladesh/publications.

年的 4—5 月。①

小麦是孟加拉国第二大粮食作物，近年来，小麦加工业发展迅猛，全国有各种各样的面包和饼干企业，其中既有小作坊，也有自动化的工厂，面食的品种越来越丰富，小麦的种植面积及单产也一直在增长。但目前孟国内的小麦产量还是不能完全满足孟加拉国的市场需求，政府在 2011—2012 财年不得不进口 90 万吨小麦以满足国内市场需求。②

玉米也是孟加拉国主要的粮食作物。玉米自从被发现可以全年不分季节地在孟加拉国各地种植后（需要确保旱季能有水可灌溉以及雨季能排除水涝），成了水稻和小麦的最佳补充作物。玉米的单产面积高，是水稻和小麦单产面积的 2 倍（详见表 1）。除水稻、小麦和玉米外，孟加拉国种植的谷类作物还有大麦。

表 1　　　　　　　　　孟加拉国主要谷物种植情况表

|  | 2011—2012 年 | | | 2012—2013 年 | | | 2013—2014 年 | | |
|---|---|---|---|---|---|---|---|---|---|
|  | 种植面积（万公顷） | 产量（万吨） | 单产（吨/公顷） | 种植面积（万公顷） | 产量（万吨） | 单产（吨/公顷） | 种植面积（万公顷） | 产量（万吨） | 单产（吨/公顷） |
| 水稻 | 115.28 | 338.90 | 2.94 | 114.23 | 338.33 | 2.97 | 113.85 | … | … |
| 小麦 | 3.58 | 9.95 | 2.78 | 4.17 | 12.55 | 3.01 | 4.53 | 13.75 | 3.03 |
| 玉米 | 2.83 | 19.54 | 6.90 | 3.12 | 21.78 | 6.98 | 3.64 | … | … |

资料来源：Department of Agriculture Extension，Bangladesh：http：//www. dae. gov. bd/Agriculture_ Statistics_ Cereals. aspx.

2. 纤维作物

孟加拉国的主要纤维作物有黄麻和棉花。黄麻和棉花也是孟加拉国重要的经济作物，是孟加拉国成衣制作的主要材料来源。黄麻在孟加拉国被誉为"金色纤维"，该国的黄麻柔韧耐用，可塑性强，其产量和出口量在世界上首屈一指。作为传统及支柱产业，孟加拉国非常重视黄麻产业，在1974 年就出台了关于黄麻生产的研究与保护的法规。③ 孟加拉国还设有专门的黄麻研究所和棉花研究所。2010—2011 财年，孟加拉国出口原麻

① Sirajul Islam：Banglapedia, National Encyclopedia of Bangladesh. Dhaka：Asiatic Society of Bangladesh，2003，p. 68.

② 农业部优质农产品开发服务中心：《孟加拉国与乌克兰签约进口 60000 吨小麦》，http：//www. moa. gov. cn/sydw/ynzx/gjlw/201201/t20120120_ 2501756. htm。

③ Bangladesh Jute Research Institute：http：//www. bjri. gov. bd/bjri_ english/Home.

3.57 亿美元，黄麻产品 7.58 亿美元，两项合计占孟加拉国总出口额的
4.86%。根据孟加拉国出口促进局的数据，2012—2013 财年，孟加拉国
黄麻及其制品共盈利 10.1 亿美元，较上一财年增长了 6.54%。由于黄麻
是孟加拉国的重点产业，为此政府将 2013—2014 年度的黄麻出口目标值
设为 186.9 亿塔卡（约为 2.4 亿美元）。① 孟加拉国的黄麻有两个品种，
Tosā jute 和 White jute。Tosā jute 一般每年的 4—5 月播种，8—9 月收割，
White jute 一般每年的 3 月播种，7—8 月收割。随着生产技术水平的提
高，孟加拉国黄麻的单位面积产量也在逐年上升，但总体来看，纤维作物
的种植面积则呈下降趋势（详见表 2）。

表 2　　　　　　　　　　　孟加拉国主要纤维种植情况

| | 2011—2012 年 | | | 2012—2013 年 | | | 2013—2014 年 | | |
|---|---|---|---|---|---|---|---|---|---|
| | 种植面积（万公顷） | 产量（万吨） | 单产（吨/公顷） | 种植面积（万公顷） | 产量（万吨） | 单产（吨/公顷） | 种植面积（万公顷） | 产量（万吨） | 单产（吨/公顷） |
| 黄麻 | 7.6 | 80.03 | 10.53 | 6.81 | 76.11 | 11.18 | 6.66 | 74.36 | 11.17 |
| 棉花 | 0.36 | 1.036 | 2.906 | 0.4 | 1.289 | 3.223 | … | … | … |

资料来源：Department of Agriculture Extension, Bangladesh：http：//www. dae. gov. bd/Dae_
Agriculture_ Statistics_ Cash_ Crops. aspx.

3. 油料作物

孟加拉国主要的油料作物有油菜、大豆、花生和芝麻。油菜一般是冬
季种植，种植周期为 3—4 个月。孟加拉国的大豆、花生和芝麻都是两熟，
分冬熟和夏熟。冬熟大豆一般每年的 6—7 月播种，10—11 月收获；夏熟
大豆一般每年的 12 月播种，次年的 4—5 月收获。冬熟花生一般每年的
6—7 月播种，10—11 月收获；夏熟花生一般每年的 11—12 月播种，次年
的 4—6 月收获。冬熟芝麻一般每年的 9—10 月播种，12 月收获；夏熟芝
麻一般每年的 2—3 月播种，次年的 5—6 月收获。② 虽然大豆、花生和芝
麻都可以种植两季，但油菜的种植面积与产量都超过这三种作物的总种植
面积及产量（详见表 3）。孟加拉国种植的其他油料作物还有向日葵、椰
子、蓖麻等。

① 《孟加拉国黄麻制品出口额大幅增长，再超 10 亿美元大关》，http：//gb. cri. cn/42071/
2013/07/11/6651s4178418. htm。

② Sirajul Islam：Banglapedia, National Encyclopedia of Bangladesh. Dhaka：Asiatic Society of
Bangladesh, 2003, p. 62.

**表3**　　　　　　　　　　　孟加拉国主要油料作物种植情况

| | 2011—2012 年 | | | 2012—2013 年 | | | 2013—2014 年 | | |
|---|---|---|---|---|---|---|---|---|---|
| | 种植面积<br>（万公顷） | 产量<br>（万吨） | 单产<br>（吨/公顷） | 种植面积<br>（万公顷） | 产量<br>（万吨） | 单产<br>（吨/公顷） | 种植面积<br>（万公顷） | 产量<br>（万吨） | 单产<br>（吨/公顷） |
| 油菜 | 4.84 | 5.25 | 1.09 | 5.18 | 5.68 | 1.10 | 5.32 | 5.96 | 1.12 |
| 大豆 | 0.61 | 1.05 | 1.71 | 0.67 | 1.12 | 1.67 | 0.71 | … | … |
| 花生 | 0.87 | 1.26 | 1.45 | 0.83 | 1.26 | 1.52 | 0.84 | … | … |
| 芝麻 | 0.86 | 0.82 | 0.95 | 0.80 | 0.82 | 1.03 | 1.03 | 0.87 | … |

资料来源：Department of Agriculture Extension, Bangladesh：http：//www.dae.gov.bd/Agriculture_ Statistics_ Oil_ Crops.aspx.

### 4. 蔬菜和香料

蔬菜和香料是孟加拉国人民每日餐桌上不可缺少的食物。在统计种植面积和产量的时候，蔬菜被统分为冬季蔬菜和夏季蔬菜（有部分蔬菜两季都可以种）。孟加拉国的蔬菜主要有西红柿、茄子、土豆、豌豆、葫芦瓜、黄瓜、丝瓜、甜葫芦、菜花、大白菜、萝卜、扁豆、豇豆等。有些水果在其还未完全成熟的时候也被当作蔬菜食用，如木瓜（Papaya）、芒果等。冬季蔬菜全国各地都可种植，主要的蔬菜种植地区有迈门辛格（Mymensingh）、达卡（Dhaka）、朗布尔（Rangpur）、拉杰沙希（Rajshahi）、博格拉（Bogra）、杰索尔（Jessore）、卡米拉（Comila）、巴里萨尔（Barisal）等。夏季蔬菜可以种植的地区有限，多为居住地附近，能保证不受洪涝灾害的影响。孟加拉国的香料品种丰富，种植面积较广，香料作物包括洋葱、大蒜、辣椒、姜黄、姜、香菜等。在孟加拉国，蔬菜的种植面积仅稍高于香料的种植面积（详见表4）。

### 5. 糖料作物

甘蔗是孟加拉国主要的经济与糖料的来源。根据世界粮食与农业组织数据，每个人每年对糖的需求为13公斤，但孟加拉国每年平均每人的糖摄入量不足3公斤。到2020年，孟加拉国的人口将达到1.53亿人，即便每人每年的糖摄入量只有6公斤，全国的糖需求量也达92万吨。[①] 2012—2013年，孟加拉国共种植甘蔗约6.5万公顷，共产甘蔗约304.4万吨，产糖约10.7万吨，甘蔗每公顷平均产量为47吨，平均每吨折合人民币约

---

① "Bangladesh Sugarcane Research Institute, About us", http：//www.bsri.gov.bd/about.php.

213 元，糖的价格约为 3.6 元每公斤。① 另外，椰枣也是孟加拉国糖料的来源之一，在孟加拉国也有少量种植。

表 4　　　　　　　　　　孟加拉国蔬菜、香料种植情况

| | | 2011—2012 年 | | | 2012—2013 年 | | | 2013—2014 年 | | |
|---|---|---|---|---|---|---|---|---|---|---|
| | | 种植面积（万公顷） | 产量（万吨） | 单产（吨/公顷） | 种植面积（万公顷） | 产量（万吨） | 单产（吨/公顷） | 种植面积（万公顷） | 产量（万吨） | 单产（吨/公顷） |
| 蔬菜 | 冬 | 4.73 | 88.30 | 18.67 | 4.94 | 92.30 | 18.68 | 4.89 | … | … |
| | 夏 | 2.68 | 37.50 | 13.99 | 2.72 | 39.91 | 14.67 | 2.81 | 42.62 | 15.16 |
| | 共 | 7.41 | 125.80 | 16.98 | 7.66 | 132.21 | 17.26 | 7.70 | … | … |
| 洋葱 | | 1.80 | 18.99 | 10.54 | 1.81 | 13.575 | 7.48 | 1.93 | 17.01 | 8.82 |
| 大蒜 | | 0.66 | 4.24 | 6.41 | 0.61 | 3.92 | 6.46 | 0.66 | 4.3 | 6.55 |
| 辣椒 | | 1.83 | 2.56 | 1.40 | 1.74 | 2.43 | 1.40 | 1.80 | … | … |
| 姜黄 | | 0.46 | 1.67 | 3.64 | 0.43 | 1.64 | 3.81 | 0.42 | … | … |
| 姜 | | 0.18 | 1.82 | 10.17 | 0.18 | 2.26 | 12.42 | 0.16 | … | … |
| 香菜 | | 0.33 | 0.37 | 1.11 | 0.34 | 0.39 | 1.15 | 0.33 | … | … |
| 香料总数 | | 5.26 | 29.65 | 5.64 | 5.11 | 24.22 | 4.74 | 5.3 | … | … |

资料来源：Department of Agriculture Extension，Bangladesh：http：//www. dae. gov. bd/Agriculture_ Statistics_ Vegetables. aspx.

### 6. 水果及其他

孟加拉国水果丰富，热带水果品质优良，主要水果有香蕉、木瓜、芒果、菠萝、荔枝、菠萝蜜、西瓜、番石榴和大枣等。

除以上几类外，孟加拉国种植面积比较广泛的农产品还有土豆、红薯（既可以当粮食作物，也可以作为蔬菜）、茶叶等。

### （三）农业政策

自古以来，农业都是孟加拉地区政府的重要收入来源，但是在古代、中古和英国殖民统治时期，政府对农业并不重视。后来由于接连不断的饥荒以及薄弱的土地税收使得英国政府成立专门的委员会以对孟加拉地区的农业发展制定可行的政策。在作为独立后的巴基斯坦的孟加拉省（即东巴基斯坦）时期，农业发展依然没有得到政府重视，经济政策的制定被

① "Bangladesh Sugarcane Research Institute，Sugar Statistic"，http：//www. bsri. gov. bd/sugar. php.

工业模式的进口替代所主导。20 世纪 60 年代，东巴基斯坦农业发展公司（the East Pakistan Agricultural Development Corporation，now BADC）和东巴基斯坦农业银行（the East Pakistan Agricultural Bank，now Bangladesh Krishi Bank）成立，以分担巴政府在农业方面的投入（主要是对种子、化肥、杀虫剂、农业、农业机械等）。上述机构的设立对政府 20 世纪 60 年代中期颁布的《关于种子、水、化肥的使用技术》政策的实施和振兴农业起到了至关重要的作用。但是，政府对出口原麻收取过高的税收和对大米采取低于市场价的价格进行强制采购的方式，致使种植者逐渐丧失了种植热情。

孟加拉国政府成立后（即孟加拉国从巴基斯坦分离之后），非常重视农业在国民经济中的作用。设立了专门的农业部门分管、指导农业各领域的工作。这些部门包括：（1）孟加拉国农业部（Ministry of Agriculture，Government of the People's Republic of Bangladesh）。农业部是为孟加拉国政府制定农业发展目标、从每年的发展项目预算中为农业发展提供必要的资金支持以及统领协调其下属机构实现农业发展目标的部门。（2）孟加拉国农业推广部（Department of Agriculture Extention，Government of the People's Republic of Bangladesh）。农业推广部主要是鼓励农民采取各种方式来提高农业生产，到生产一线指导农民使用现代化生产技术，通过实施多样性作物的生产计划、一线指导的方式实现扩大农业联盟化范围。（3）孟加拉国农业信息服务部（Agriculture Information Service，AIS）。农业信息服务部是一个信息和教育机构，致力于为农民传播农业信息。该部门利用农业推广部等农业研究部门的取得的农业生产信息、资料、先进的农业科技等内容，出版画报、杂志、书籍、传单等，用于教学和教育培训。另外，在边远地区，也运用广播、电视等手段传播农业信息。（4）孟加拉国农业市场部（Department of Agricultural Marketing，DAM）。农业市场部通过市场价格信息来传播农业生产方面的市场法规，在重要的中心市场规范农业生产市场，维护农产品市场秩序，确保农产品价格公平稳定。另外，农业市场部还在既定的市场中心每周出版公告或广播市场价格。

孟加拉国政府还制定出台了一系列政策、采取多项措施来促进农业的发展，如对化肥使用提供补贴；限制孟加拉国农业发展公司的垄断；促进市场的自由化发展等，使得农业得到迅速发展。[1] 在出台的政策中，最具意义的是 1999 年孟加拉国农业部颁布的《1999 年国家农业政策》（National Agriculture Policy，1999），该政策的目标是实现孟加拉国农产品的自给自足，标志着孟农业发展进入了全新的发展时期。该政策文本共有 21 章，系统地介绍了孟加拉国农业政策的目标、种子、化肥、灌溉、农业机制、农业研究、农业发展、农业市场、农业教育与培训、农业环境保护、妇女在农业中的作用等方面的内容。[2]

除国家农业政策系统地囊括了孟农业的各个方面内容，孟加拉国还出台了农业各领域更加细化的政策，来指引该领域的发展。如 1998 年出台的《国家渔业政策》（National Fisheries Policy，1998），2006 年出台的《国家食品政策》（National Food Policy，2006），2007 年颁布的《国家畜牧政策》（National Livestock Policy，2007），2008 年颁布的《孟加拉国应对气候变化战略行动计划》（Bangladesh Climate Change Strategy and Action Plan，2008），2010 年颁布的《国家投资计划》（Country Investment Plan，2010），《2010—2021 年远景计划》（Perspective Plan，2010—2021），《2007—2015 年国家灾难管理计划》（National Disaster Management Plan，2007—2015）等。

政府不仅在国内重视发展农业，提高农民的收入及生活水平，还鼓励外国投资者在孟基础农业、农产品加工业、草药、黄麻及其制品、冷冻渔业、茶业等行业投资，并对外国投资提供了一系列税收减免政策，对部分行业投资企业的产品出口还给予一定的补助，来提高孟加拉国的农业发展水平，这些政策包括：（1）政府下调农业贷款的利率；（2）孟加拉国央行（BB）设立"资产及企业主基金"，专门为新建立的农产品加工企业融资；（3）下调了农产品加工企业的电费标准；（4）对医药原料、家禽及饲料机械等产品免收关税。（5）鼓励外资流入以出口为导向的企业。对部分这类行业实行出口补贴，主要包括：黄麻、冷冻鱼、土豆等产品，具体补贴比例为：黄麻 10%，冷冻鱼虾、土豆 12.5%，皮革产品 15%。（6）享受免税期。在达卡、吉大港地区减免税期为 5 年，其中前两年

---

① Sirajul Islam：Banglapedia，National Encyclopedia of Bangladesh. Dhaka：Asiatic Society of Bangladesh，2003，p. 90.

② "National Agriculture Policy"，http：//www. dae. gov. bd/Dae_ Policy/NAP. pdf.

100% 免除，第 3—4 年免除 50%，第 5 年免除 25%；在其他地区和吉大港山区减免税期为 7 年，其中前 3 年 100% 免除；第 4—6 年免除 50%，第 7 年免除 25%。（7）企业聘用的外国技术人员免征 3 年个人所得税。（8）对一般企业，其初期建设或现有项目的改造、更新或扩建所需进口的资本设备和该设备总价值 10% 以内的零配件免税等。①

### （四）农业教育、研究与服务

农业教育、研究与服务是农业发展的重要组成部分及推动力。孟加拉国农业教育始于 1938 年创建于达卡的孟加拉农业研究所（Bengal Agricultural Institute），当时是英统治下的孟加拉地区唯一的农业高等教育机构。现在附属于孟加拉国农业大学（Bangladesh Agricultural University），仅授予农业方面的学位。1961 年，孟加拉农业大学成立。在之后的 20 年里，孟加拉国农业方面的高等教育机构如雨后春笋般的相继成立。如 1978 年，在达姆哥成立的达姆哥农业学院（Dumki Agriculture College）；1988 年，孟加拉国农业部下设哈兹·达尼西农业学院（Hazi Danesh Agricuture College），现在这两所学校被孟加拉国理工大学（Bangladesh University of Science and Technology）所合并。1980 年，在萨尔纳（Salna）成立了孟加拉国农业科学学院（Bangladesh College of Agriculture Sciences）。这几所学校都隶属于孟加拉国教育部。最先成立的孟加拉农业研究所则属于农业部管辖。孟加拉国还有两所与农业相关的私立大学，分别位于拉杰沙希（Rajshahi）和博格拉（Bogra），吉大港林学院（Chittagong College of Forestry）和吉大港大学林业学院（the Institute of Forestry at the University of Chittagong）。

孟加拉国的农业研究机构都是独立的。为把这些研究机构整合起来，1973 年成立了孟加拉国农业研究理事会（Bangladesh Agriculture Research Council，BARC），负责计划、协调、引导、评估这些农业机构对全国农业的研究工作。理事会现在的管理范围也拓展到农作物、畜牧业、林业、渔业，构成了目前较为完善的全国农业研究系统（National Agricultural Research System），整个系统大约有 1500 名农业研究人员。孟加拉国主要

①　中华人民共和国商务部：《对外投资合作国别（地区）指南——孟加拉国（2012 版）》，http：//fec. mofcom. gov. cn/gbzn/guobiezhinan. shtml。

的农业研究机构有：（1）孟加拉国水稻研究所（Bangladesh Rice Research Institute，BRRI）。这个研究所成立于 1970 年，致力于有关水稻的各方面问题的研究，包括新品种的选育，提高水稻产量，秧苗的病虫害防治、施肥量及栽培技术等，总部设在佐里德布尔（Joydebpur），在孟加拉国大部分地区均有分部，对提高孟加拉国水稻产量的提高做出了杰出贡献。（2）孟加拉国农业研究所（Bangladesh Agriculture Research Institute，BARI）。孟加拉国农业研究所是印度统治时期的产物，其总部也在佐里德布尔，该研究所主要研究除水稻之外的粮食作物以及提供相应的技术培训，在孟国内还设有几个农业推广站，它的研究范围还包括小麦、土豆、豆类、油料作物、玉米、棉花、水果、根茎类植物、蔬菜，同时，它也开发、研究和推广各种农业工具、机械。（3）孟加拉国黄麻研究所（Bangladesh Jute Research Institute，BJRI）。孟加拉国黄麻研究所成立于 1951年，主要研究黄麻的品种改良及栽培技术以提高孟黄麻的产量，同时也通过技术开发黄麻在不同领域的用途。其在黄麻的良种培育及提高产量上有较高的国际声誉。

　　另外，孟加拉国的农业机构还有孟加拉国农业研究委员会（Bangladesh Agriculture Research Council）、孟加拉国核农学研究所（Bangladesh Institute of Nuclear Agriculture）：孟加拉国农业发展公司（Bangladesh Agriculture Development Cooperation）、孟加拉国投资局（Board of Investment）、出口加工区管理局（Bangladesh Export Processing Zones）、棉花发展协会（Cotton Development Board，CDB）、孟加拉国核农业研究所（Bangladesh Institute of Nuclear Agriculture，BINA）、土地资源开发研究所（Soil Resources Development Institute，SRDI）、孟加拉国渔业发展公司（Bangladesh Fisheries Development Corporation，BFDC）、孟加拉国糖—食品工业公司（Bangladesh Sugar and Food Industries Corporation，BSFIC）、林业研究所（Forest Research Institute，FRI）、甘蔗研究所（Sugarcane Research Institute，SRI）等。

## 二　孟加拉国农业发展所面临的挑战

### （一）耕地面积不断减少，人口持续增长，农业机械化程度低

根据世界银行统计，孟加拉国耕地面积已大量缩减，与此同时人口数

量则在不断增加。1981 年孟加拉国耕地面积为 910.9 万公顷，人均 0.11 公顷；2001 年耕地面积缩减到 830.3 万公顷，而其人口剧增，导致人均耕地面积只有 0.06 公顷；2011 年耕地面积更是降到了 762.8 万公顷，人均耕地面积仅有 0.05 公顷。[①] 耕地面积的急剧缩减，使农业生产受到严重影响。

孟加拉国的人口密度大，并且还在不断膨胀，年均增长率达 1.2%。[②] 近年来，孟加拉国社会发展水平整体提高很快，但孟加拉国人民的生存问题仍然面临一些困难。根据世界银行统计，孟加拉国 1992 年贫困人口占人口总数的 56.6%；1996 年贫困人口减少到 50.1%；2000 年为 48.9%；2005 年减少到 40%；2010 年贫困人口仍占人口总数的 31.5%。从年龄身高来看，2011 年营养不良的发生率占 5 岁以下儿童的 41.4%，消瘦发生率占 5 岁以下儿童的 15.7%，人民的身体状况及生存形势令人担忧。[①] 根据孟加拉国 2021 年远景规划，政府将努力在 2017 年实现 GDP 年均增长达到 10%；2012 年将贫困人口控制在 2500 万人以下，贫困率降低到 15%；2012 年完全实现粮食自给。但按目前的实际情况看来，孟加拉国未能实现其远景规划目标。

孟农业集约化经营程度较低，2007 年，平均每个农业经济活动人口耕地面积 0.2 公顷，每千公顷耕地拖拉机使用量 0.4 台，2009 年，平均每千公顷耕地化肥使用量 281.7 吨。[③]

### （二）环境恶化、自然灾害频发

孟加拉国农业受所有热带地区环境问题的影响，自然灾害多发，如洪涝、干旱、冰雹，龙卷风等经常威胁着人民的生产及生命财产安全，据统计，在孟加拉国，自然灾害发生率达 30%。[④] 一场冰雹、龙卷风、暴雨或热带风暴都有可能造成农业歉收。未来随着全球气候变暖，海平面的升高，孟加拉国南部的部分地区将可能被海水淹没。另外，据统计，在 2000—2010 年期间孟加拉国的森林以平均每年 0.18% 的速度在消失，到 2010 年，森林覆盖率仅为 11.1%，而我国云南省的森林覆盖率约为

---

① World Bank Data：http：//api. worldbank. org/v2/en/country/bgd？ downloadformat = excel.
② 国家统计局：《国际统计年鉴 2013》，中国统计出版社 2013 年版，第 101 页。
③ 同上书，第 271 页。
④ 同上书，第 10 页。

50%。孟加拉国的环境问题确实令人担忧。

频繁发生的自然灾害对孟经济、人民生活带来了严重影响。由于孟加拉国处在恒河入海口，大部分地区地势平坦，泄洪措施落后，每年几乎都要遭受飓风袭击，是洪涝灾害的重灾区，频繁的洪涝灾害对包括农业在内的国民经济打击十分严重。每年6—10月是孟加拉国的雨季，随着雨季而来的是大量的降水，所以每年都会遭受不同程度的洪涝灾害。根据世界银行统计，孟加拉国近50年来的年平均降水量均保持在2600毫米左右。一般情况下，每年洪水大约要淹没260万公顷土地。据统计，在过去的50多年里，较大的洪灾发生了近20次，比较严重的洪灾发生在1954年，1955年，1956年，1962年，1964年，1968年，1970年，1971年，1974年，1978年，1984年，1987年，1988年，1998年和2007年。在孟加拉国，132万公顷耕地处于极易遭受到洪涝灾害的地区，505万公顷耕地处于容易遭受到洪涝灾害的地区。[①] 最严重的洪涝灾害发生在1988年，当时洪水淹没了整个国家60%的土地，导致3000多万人丧失家园，这次洪灾也是近百年来全球最严重的一次暴雨型水灾。[②]

近年来，孟政府已经开始注重保护生态系统，实现可持续发展，不仅关心如洪涝、干旱、河流决堤、水土流失、龙卷风、地震、冰雹、病虫害对农作物、畜牧业的影响，同时也注意到如耕地退化、森林砍伐、水资源的减少、土地盐化等问题对农业发展带来的影响，采取了一些保护环境，应对自然灾害的措施。但是，孟加拉国的环境问题依然比较严峻，灾害损失也依然严重。

### （三）病虫害严重

虫害是孟加拉国农业损失的一大重要因素，虫害对孟加拉国的农业造成严重伤害。在孟国内有超过700种虫害，其中主要的虫害就有200多种。每年因虫害导致16%的稻谷、15%的黄麻、11%的小麦、20%的甘蔗、25%的蔬菜和25%的豆类绝收。[③] 农作物的病害也对孟加拉国经济造成了巨大损失，农作物的病害种类繁多。目前，已经发现了43种农作物

① Sirajul Islam：Banglapedia，National Encyclopedia of Bangladesh. Dhaka：Asiatic Society of Bangladesh，2003，p. 99.

② Ibid.，p. 96.

③ Ibid.，p. 95.

上面的 536 种病害（见表 5）。

面对病虫害对农业造成的极大伤害，孟加拉国也在使用杀虫剂减少损失，2006 年，全国共使用杀虫剂 18218 吨，2007 年，上升到 22915 吨，2008 年上升到 27051 吨，但 2009 年，杀虫剂的使用急剧下降，为 2475 吨，2010 年有所升高，为 2681 吨。[①] 尽管如此，病虫害还是给经济造成了较大损失，有人估算，大约每年损失 60 亿塔卡。

表 5　　　　　　　　　　　　农作物病害统计

| 农作物 | 总病害数量 | 主要病害数量 | 次要病害数量 |
|---|---|---|---|
| 谷类 | 110 | 37 | 73 |
| 豆类 | 109 | 26 | 83 |
| 油料植物 | 80 | 24 | 56 |
| 蔬菜 | 94 | 32 | 62 |
| 水果 | 55 | 28 | 27 |
| 纤维植物 | 33 | 18 | 15 |
| 甘蔗 | 24 | 9 | 15 |
| 香料 | 31 | 8 | 23 |
| 总数 | 536 | 182 | 354 |

资料来源：Sirajul Islam：Banglapedia，National Encyclopedia of Bangladesh. Dhaka：Asiatic Society of Bangladesh，2003，p. 96.

尽管自然灾害、病虫害、耕地退化等问题严重，但孟加拉国政府重视在发展农业的同时也试图保护好环境。在 1999 年版的《国家农业政策》中的第 17 章就明确提出：要让环境不因化肥、杀虫剂的使用，农作物的种植而受到污染。

由于海平面升高及土地污染等方面的原因，孟加拉国有些地区（包括沿海地区）存在水涝及盐渍化问题，这不仅会对农业生产活动造成影响，还会严重影响整个地区的生态系统。政府对此也采取了一些阶段性的手段，如让农民采取作物轮种及农渔结合的方式；研究培育耐盐的农作物新品种；计划出台国家环境保护、水资源保护政策；在南部因对虾养殖导致土地盐碱化的地区，减少对虾的养殖量及把此项措施写入国家渔业政策。

---

① 联合国粮农组织数据库：http：//faostat. fao. org/site/424/DesktopDefault. aspx？PageID = 424#ancor。

## 三　孟加拉国农业发展的机遇

### （一）农业历史悠久，历代国家领导人重视发展农业

在《大唐西域记》中，玄奘记述了数十个位于印度次大陆的王国，其中有三个被专家认为在今日孟加拉国境内，如奔那伐弹那国、羯朱嗢祇罗国和三摩呾吒国。书中描述这些地区风景优美，物产丰富，"稼穑滋植花果繁茂"。其经济发达而且农业自足，是当时印度次大陆较发达的农业区之一。元代游历家汪大渊对该地区大加赞扬，称："岁以耕植为业，故野无旷土，田畴极美。一岁凡三收收榖，百物皆廉……气候常热。"①

孟加拉国历届领导人都很重视农业的发展。谢赫·穆吉布·拉赫曼（Sheikh Mujibur Rahman）执政后即着手搞土改，从齐亚·拉赫曼（Ziaur Rahman）执政后，孟加拉国开始引进和推广高产品种和现代耕作方法，汇入了发展中国家绿色革命的潮流。随后的艾尔沙德（Hussain Muhammad Ershad）政府进一步加大了对农业和农村发展投资的力度。1996 年哈西娜（Sheikh Hasina）政府上台以后，为解决农村的隐性失业问题，大力宣传推广达卡大学经济学教授尤努斯于 1983 年首倡的"乡村银行"模式，鼓励贫困农民利用小额贷款实现自我就业，促进农村扶贫事业的可持续发展。哈西娜政府执政期间，不断出台有利于农业发展的政策法规，从制度上给农业发展提供相应的保障。（具体本文第一节第三点已有详细叙述。）在上一届任期，哈西娜就表示，降低物价、减少贫困是孟加拉国政府的首要任务，要为农业提供更多的小额信贷、农业津贴以促进农业生产。② 2014 年，哈西娜开始了她新一届任期，发展农业依然是此届政府的重要任务，哈西娜直接指示农业部长，要按时按质完成每一个农业发展计划。③ 哈西娜在出访中、印等国过程中，均指出要加强双方农业方面的交

---

① 张宪一：《中孟交往的历史与传说》，http：//bd. china-embassy. org/chn/zmgx/gxgk/t823711. htm。

② "Hasina：Reducing prices, alleviating poverty first priorities for Bangladesh's new gov't. ", http：//news. xinhuanet. com/english/2008 – 12/31/content_ 10586977. htm，2008 – 12 – 31.

③ "Be more active to execute development projects：PM", http：//thebangladeshtoday. com/national/2014/07/be-more-active-to-execute-development-projects-pm/，2014 – 07 – 24.

流与合作，并多次把加强双边农业合作写进合作备忘录。

## （二）自身具有一定的发展潜力

从自然条件来看，孟加拉有着肥沃的土壤、多种多样的生物物种、充足的水资源，因此农业仍然是大有发展的领域。孟在高附加值农作物、水果及花卉的种植方面具有相对优势，但农业仍有很大潜力可挖。实际上，如果能够吸引大量的外部投资，孟加拉国农业发展就会有新的飞跃。[①]

孟加拉国农业在某些作物方面优势突出，其黄麻出口位居世界第一。孟加拉国黄麻纤维绵长柔韧有光泽，产量高，质地优，价格便宜，在国际市场上具有较大的市场竞争力。以 2011 年为例，孟加拉国出口黄麻 420441 吨，出口量世界第一，价格为 590 美元/吨，为世界最低价格，其出口量是相邻产麻大国印度的 17.3 倍，价格每吨比印度便宜 92 美元，比中国便宜 1874 美元，比意大利便宜 3496 美元，比英国便宜 6330 美元。[②]孟加拉国优良的黄麻种子、先进的黄麻栽培技术都是孟加拉国的优势。

孟加拉国是世界上主要的水稻产区之一，气候适宜，水资源丰富，水稻品种优良，20 世纪 80 年代就成为世界第四大水稻生产国，21 世纪初就成为世界第三大水稻生产国。[③] 从理论上看，孟加拉国大部分地区种植水稻可以一年三熟。但目前远远还未实现三熟，还有很大的提升空间。

孟加拉国国土面积小，人口增幅快，人口密度高。2011 年，每平方公里土地面积人数达 1174 人，人口增长率达 1.2%，在看到众多人口给经济发展带来的负担的同时，我们也看到，孟加拉国有着丰富的人力资源，劳动力成本低，市场巨大。近年来随着工业化程度的加大，大米价格下跌，自然灾害的损害，使农业发展受到了影响，但孟农业依然在随着 GDP 的增长在增长。如 2010 年，农业的增长率为 5.2%；2011 年，农业的增长率为 5%；2012 年，农业的增长率为 3.1%；2013 年，孟加拉国

---

① 《孟加拉国农业概貌与农业投资分析》，中国商品网，http：//ccn. mofcom. gov. cn/spbg/show. php？id =3778。

② 联合国粮农组织数据库：http：//faostat. fao. org/desktopdefault. aspx？pageid =342&lang =en&country =16。

③ 刘建：《孟加拉国》，社会科学文献出版社 2010 年版，第 120 页。

GDP 增长率为 6%。[①] 依目前的情势来看，农业在未来几年内依旧是孟经济的主导，农业依然在以增长的速度在发展。

### （三）国际援助项目与政府扶持

孟加拉国是世界中低收入国家，贫困人口比重大，据统计，2010 年，贫困人口为 6684 万人，贫困人口占总人口比重的 31.5%，贫困人口发生率为 15%。[②] 国际社会对孟加拉国的贫困问题非常重视，同时也看重其庞大的市场，扩大在孟加拉国的影响力，给予孟加拉国许多项目支持，以帮助其发展国内经济，解决贫困问题。国际援助总额近年来增长较快，多以项目援助的方式实施。从 1971 年孟加拉国独立以来，到 2011 年 6 月，孟加拉国从国际上接受的各项援助累计达到 543.7 亿美元。[③] 2013 年，孟加拉国共获得 27.86 亿美元的外援，比 2012 年增加了 31%，2011 年为 17.77 亿美元。2013 年外援中的 99% 都是项目援助，只有 1% 是食品援助。[④] 由于农业发展对孟加拉国经济具有举足轻重的作用，因此该国得到的援助有相当部分是直接或者间接用于支持农业项目的。另外，这些国际援助主要来源于国际组织和金融机构，以及一些发达国家的官方发展援助。如世界银行、亚洲开发银行、国际开发协会、国际货币基金组织、伊斯兰开发银行、欧佩克国际开发基金、美国、日本、英国、荷兰、中国、沙特阿拉伯等。

在国内方面，孟加拉国央行每年对农业提供上千亿塔卡的项目支柱，近年来支持的金额越来越高，用于解决孟的粮食危机及贫困，2013 年，共提供 1413 亿塔卡，比 2012 年提高了 7.6%。孟央行还对农业贷款提供各种优惠政策，如贷款优惠、减少审批手续等。如 2013 年，孟央行规定所有孟加拉国的私人银行和外国银行必须把其放贷总额的至少 2% 用于农业贷款，农民所需填的贷款表格要尽量简化，以让文化水平不高的农民能够看得懂，对于因收割农作物需要贷款的申请必须在 10 个工作日内给予

---

①　2013 Annual Report. Bangladesh Bank. http：//www. bangladesh-bank. org/pub/publictn. php, p. 11.

②　国家统计局：《国际统计年鉴 2013》，中国统计出版社 2013 年版，第 243 页。

③　陈利君：《孟加拉国投资环境》，云南出版集团公司 2013 年版，第 205 页。

④　Bangladesh Bank："2013 Annual Report.", http：//www. bangladesh-bank. org/pub/pub-lictn. php, pp. 92 - 93.

解决等。2013 年，孟各银行共对农业放贷 3105 亿塔卡，比 2012 年增加了 19.6%。在今后几年，孟银行还将继续加大对农业的扶持。

总体来看，孟加拉国经济虽然比较落后，农业人口科技化水平低，工业不发达，经济正处于从以农业为主向以工业、服务业为主转变的发展阶段。尽管当前孟加拉国农业发展面临着重重困难，但是，近年来，孟加拉国经济增长逐渐快速，国际社会对其关注度也越来越高。孟政府对农业发展寄予了深切厚望，出台各方面有利于农业发展的政策，并通过与各国的交往寻求农业合作。加上孟加拉国独特的自然条件，农业发展的前景还是非常广阔的。

（作者：云南省社会科学院东南亚南亚编辑部　助理研究员）

# 三　南亚地区的国际关系

# 从地缘政治视角看当今中印关系

## 张晓东

1991 年随着苏联的解体标志着冷战时代的结束，世界也由此进入新的国际关系重建时代。在后冷战时期，世界地缘政治发生了深刻变化，全球力量重新分化组合，各国的地缘战略也随着国家利益和国际格局的变化而不断调整。当今，随着我国综合国力的日益增强，周边地区的形势和相关国家的状况也正在发生着深刻的变化。印度是我国的一个重要邻国，其综合国力的发展也相当迅速，中印关系也成为世界最为重要的双边关系之一。在这样一种形势下，从地缘政治的视角考察当今的中印关系对我们而言具有相当重要的意义。

## 一　中国和印度的地缘状况及战略价值

要从地缘政治角度研究中印关系，我们首先应该对中国和印度的地缘状况分别进行考察。

欧亚大陆被麦金德称为"世界岛"，而中国就位于这个"世界岛"的东部，领土即紧靠麦金德所说的欧亚大陆的"心脏地带"，部分领土还属于"心脏地带"。中国又处于欧亚大陆地缘战略区和太平洋地缘战略区的交汇边缘地带。在陆地上，中国背倚亚洲内陆，拥有 960 万平方公里的陆地疆土和 2.2 万公里长的陆地边界，与东北亚、东南亚、南亚、中亚毗邻；在海洋上，中国拥有约 300 万平方公里的海洋国土，有 1.8 万公里的海岸线，面向广阔的太平洋，与西太平洋地区毗邻。可以说中国"位居世界最大的大陆与最大的海洋的边缘"，在地缘政治意义上，中国具备陆权大国和"心脏地带"大国的天然素质，同时具备海权大国和"边缘地带"大国的基本条件。另外，中国还控制着亚洲内陆丰富资源的东南出口，欧亚大陆桥以中国为东端点，欧、亚、美之间最繁忙的航海线和航空线都需经过中国附近的水域和空域。① 总之，中国既是一个陆地大国，也是一个海洋大国，是一个在地缘上有着海陆复合型特征的典型国家。陆地和海上邻国共同构成了中国周边地缘安全体系，他们环绕在中国的外围，形成一个相对完整的环形体系，一方面为中国对外交往和发展提供了多方位的选择，另一方面造成了中国安全环境的半封闭状态，向外自由发展的空间受到一定程度的限制。②

中国的地缘安全环境中包含着海陆权二元结构，中国的安全局势受此影响深刻。中国同时面临在陆上和海上维护国家安全和保卫领土的完整和安全的任务。在世界大国中，中国的周边环境是最复杂的。中国领导人不得不应付与邻国间的许多问题、争端和冲突。中国是世界上除俄罗斯之外邻国最多的国家。与中国接壤的国家分别是朝鲜、俄罗斯、哈萨克斯坦、吉尔吉斯斯坦、塔吉克斯坦、蒙古、阿富汗、巴基斯坦、印度、尼泊尔、不丹、缅甸、老挝和越南。尽管中国已与这些国家达成了边境协议，但这并不意味着边境紧张状况将不再发生。同时，在南海和东南海域，中国还与几个国家或地区相邻，它们是韩国、日本、菲律宾、印度尼西亚、马来西亚和越南。③ 在中国的这些邻国中，有不少是举足轻重的大国，如俄罗斯、印度和日本；中亚和南亚的哈萨克斯坦、吉尔吉斯斯坦、塔吉克斯坦、阿富汗、巴基斯坦这几个国家都不同程度地存在不稳定或宗教极端势力活动猖獗等问题；中国与印度、日本、越南、菲律宾等国家存在领土争端；另外，朝鲜和韩国所在的朝鲜半岛是世界上安全问题最为突出的地区之一。

正是由于上述复杂的周边环境和地缘因素，使中国的发展和意图被某些国家误解或者刻意歪曲。在某些分析人士看来，中国实力的增长将对外界构成双重挑战：一方面，它会对那些邻近国家产生巨大的地缘政治压力，尽管中国已表达了基于和平原则以互利方式解决任何领土争端和资源纷争的愿望；另一方面，实力增长所显现出的积极参与国际事务的愿望又会被既已存在的海权国家认为是构成了威胁。④ 正是基于这样的认识，近

---

① 姚全：《新世纪世界地缘政治形势特点与中国的地缘战略选择》，载《襄樊学院学报》2011 年第 7 期。

② 陆俊元：《中国地缘安全》，时事出版社 2012 年版，第 92 页。

③ 刘从德主编：《地缘政治学导论》，中国人民大学出版社 2010 年版，第 192 页。

④ 同上书，第 194—195 页。

年来美国从海洋地缘上加强了围堵中国的态势。美国学者认为，为了阻止中国海上力量突破第二岛链，美国已经制定了"海峡阻滞战略"。一旦发生突发性海上安全冲突事件，美国将立即封锁东亚海域，阻止中国和其他敌对国家海军进出具有战略意义的东亚各大海峡，包括南海边缘的马六甲海峡、龙目海峡、望加锡海峡、翁拜海峡等，东北亚地区则主要是台湾海峡和朝鲜海峡。[①] 可见，中国所处的地缘环境决定了我们在处理好与周边国家关系的同时，还必须加强海洋意识，建设强大的海上力量，以维护国家的正当利益和完成和平发展的目的。

印度国土面积297.47万平方公里，居世界第七位，是南亚次大陆最大的国家。印度南北长3119公里（伸入印度洋部分约长1600公里），东西宽2977公里。其东北部同中国、尼泊尔、不丹接壤，东部与缅甸为邻，东南部与斯里兰卡隔海相望，西北部与巴基斯坦交界，孟加拉国则三面与印度接壤。在海洋方面，印度东临孟加拉湾，西濒阿拉伯海，海岸线长约6000公里。

印度的地缘环境非常优越。南亚地区在地形和气候上都是一个独立的地理单元，封闭的地理位置使印度受其他陆上强国攻击的概率大大降低。从海权论的角度来看，印度具有自身特殊的战略优势。印度洋作为连通太平洋和大西洋之间的桥梁，扼守着东西方交通要冲，是当今最繁忙、最重要的海上贸易线路之一，其中印度洋上的石油贸易航线对世界发达国家的经济繁荣有着决定性的战略意义。印度只要有足够强大的远洋海军，就可以无限扩大自己的影响。位于印度洋中心的独特地理位置为印度发展海权，走海上强国之路提供了便利。更为重要的是，印度洋虽然面积广阔，但却被亚洲、非洲和大洋洲三大洲所包围，有三条主要海上通道使它和别的水域相连，即马六甲海峡、好望角和苏伊士运河。这三条险要的水道扼守着印度洋航运的咽喉，为印度加强对印度洋的控制增添了便利。[②] 在南亚地区，印度居于次大陆的中央，与除两个岛国（斯里兰卡和马尔代夫）以外的所有国家接壤；但印度以外的所有南亚国家都互不接壤。它的西北方是巴基斯坦，北边是尼泊尔、不丹，东边是孟加拉国，南端海上两侧为岛国斯里兰卡和马尔代夫。次大陆的四国都与印度接壤而他们之间没有共

---

① 蔡鹏鸿：《中国地缘政治环境变化及其影响》，载《国际观察》2011年第1期。
② 胡伟：《从地缘政治角度看印度的大国战略和影响》，载《和平与发展》2010年第5期。

同的边界。致使南亚国家的毗邻关系呈现以印度为中心的局面。优越的地缘位置，加上相对辽阔的国土和雄厚的国力使得印度在南亚地区享有无可争议的战略优势，并可以此为基点追求其世界大国的地位。总之，三面环海、海陆兼备的地理位置，进可攻退可守的优越地形，较强的软硬国力，丰富的资源，不断提高的综合国力，对地区和世界越来越大的影响，这都说明了印度的地缘政治优势。

但印度的地缘环境优势的表面下也隐藏着不足，这大大地限制了印度的全方位大国发展道路，使印度在更多的时候处在两难困境的抉择之中。就南亚地区而言，相对封闭的地区地形为印度带来了天然的屏障，虽然减少了外敌入侵的可能性，却使印度的陆权扩张异常艰难。横亘于北部的高大山脉让印度和亚洲其他地区联系大大减少，从而使印度对区域外的影响降到了极低的程度。① 另外，南亚复杂的地区形势又使印度周边的环境相当恶劣。众所周知，南亚地区在文化、意识形态与种族方面具有纷繁的多样性，存在各不相同的宗教、语言和风俗习惯。南亚地区的复杂性和危险性还在于这一地区集中了各种不稳定的因素，包括领土争端、种族分歧、宗教对立、恐怖主义、政治对抗和核对峙。南亚各国之间的关系也相当复杂，而且印度与其南亚邻国的矛盾也很多，其中影响最大的就是和巴基斯坦之间纠缠不休的克什米尔问题。为此，印度与巴基斯坦发生了多次战争，并造成了双方的长期对立。随着巴基斯坦和印度一起跨过核门槛，印度的国家安全面临更为微妙和复杂的形势。此外，印度与斯里兰卡在泰米尔人问题、与尼泊尔在边境开放和移民问题、与孟加拉国在恒河水域资源共享和移民问题等方面的分歧与争执也从未停止过。在南亚各国内部，除印度有相对平稳的民主政府外，其余国家大多数时间处于不同的政治派别与军方势力的政权纷争中。因此，南亚地区的各种冲突与复杂的政治经济问题牵连一起，呈现给世界的就是一幅纷乱复杂的景象。这样一种地缘情况必然对印度成为世界大国的诉求产生一定的影响。

另外，从全球地缘的角度来看，南亚次大陆的地理位置相对孤立。考察历史发展的规律可以看出，一个国家所处的位置如果远离世界地缘政治的核心区域，其在国际政治中所起的作用就必然受到很大的限制。综览全球，法国自拿破仑横扫欧洲时起，便一直想做欧洲中心。只因其

---

① 胡伟：《从地缘政治角度看印度的大国战略和影响》，载《和平与发展》2010 年第 5 期。

在欧洲所处的地理位置如同印度在亚洲所处的地理位置，所以一直没能如愿以偿。南非的综合国力相比非洲大陆，就好比美国综合国力相比当今世界，只因其位于非洲大陆最南端，便难以主导非洲事务。美国要是位于加拿大所在的位置地理，即便其他条件一个不变，也很难设想它能在身边搞个什么拉美后院。中国在整个亚洲大陆的位置虽然有些偏东，但仍不失为亚洲的当然中心。而印度呢，它偏安亚洲西南一隅，北部受青藏高原压制，南部受印度洋围困，西部有宿敌巴基斯坦，腋下还有一个同其有民族、宗教、资源纠纷且是世界最贫困国之一的孟加拉国。相比中国，其在亚洲的战略回旋余地实在狭小。[①] 可见，南亚地区在世界地缘政治中的位置也使得印度在国际上发挥其作用的愿望和大国雄心受到了一定程度的限制。

最后，印度位于印度洋的中心，在拥有对外发展和扩张优势的同时，也存在着如何抵抗外部势力从海上对印度洋施加影响的困难。当年葡萄牙、法国和英国殖民者就是通过海路入侵印度次大陆的。印度战略家潘尼迦对此总结道，"认真研究一下印度历史上的各种力量，就可以毫不怀疑地认识到，谁控制印度洋，谁就掌握了印度。……对于印度这样一个由于地理因素几乎全靠海上贸易过日子的国家，这种来自海上的控制，更好比是用手掐住脖子"。[②] 与中国相似，在防守陆地边界的同时，其领土三面环海的事实也使印度必须发展海上力量。从这一点来看，如果没有足够强大的海上力量作为支撑，海陆兼备的地缘特点同样也有可能成为印度的软肋。

## 二 印度的地缘战略对中国的影响

从现存的安全战略来看，印度的国家安全依然是传统意义上的安全，基本立足点是维护国家领土完整、主权独立，确保国家生存和发展、国家的和平与稳定不受侵害。为保证印度的外部安全，印度依据其地缘政治优势在三个层面制定其国家安全战略，即称霸南亚、控制印度洋、向世界大

---

① 刘品元：《印度崛起的潜在条件及制约因素》，载《南亚研究季刊》2004 年第 3 期。

② ［印度］潘尼迦：《印度和印度洋——略论海权对印度历史的影响》，世界知识出版社1966 年版，第 81 页。

国迈进，构筑安全圈，维护本国的安全利益。① 具体而言，印度对威胁的判断受两大地缘政治现实的影响：来自陆上的压力和来自海上的压力。

在处理与邻国的关系方面，古印度孔雀王朝时期的首辅大臣兼战略家考底利耶（Kautilya）在《政事论》中提出过一种著名的"曼荼罗理论"。"曼荼罗"意指一系列的圆圈或圆环，而曼荼罗理论是指一个国家周围是由包括友好国、中立国和敌对国组成的"曼荼罗圈"。根据曼荼罗理论，一个国家被友好国和敌对国所组成的圆圈所环绕。其中，紧邻的第一个圈的国家（即最直接邻国）总是被视为不友好的敌人，而随后第二圈的国家（邻国的邻国，也就是敌人的敌人）则被视为友好国。在考底利耶看来，这些圆圈是动态的，一个国家在扩大实力的同时应该努力削弱其紧邻国家的力量，此外还应该与第二圈的友好国家建立联盟以维持力量的平衡。② 在古代和中世纪，对印度的入侵来自陆上，主要是西北部。16 世纪以后，海上威胁开始显现，英国势力通过印度洋进入印度次大陆，并最终在次大陆实施了殖民统治。在摆脱了英国的殖民统治之后，南亚地缘政治环境发生了变化，巴基斯坦被认为是印度的威胁之一。而最让印度担心的则是巴基斯坦与区外大国建立战略关系，以弥补自身的力量劣势，从而导致南亚地区出现"均势政治"。③

长期以来，不论中印关系呈现紧张还是缓和与友好状态，如何处理中印双边关系都是印度国家安全战略与策略的重要内容。冷战结束后，在积极与中国发展各领域关系的同时，印度也有防范中国的一面。在安全方面，印度认为：（1）从地缘政治因素考虑，中国势力可直接向南亚渗透，必须在南亚地区排除中国的不利影响，警惕中国与巴基斯坦的友好关系以及对印度形成战略包围的可能性；（2）从双边关系考虑，中国是与印度接壤且与印度存在领土争端的唯一的大国，必须对中国的军事动态保持高

---

① 闫向莉、崔健：《地缘政治在印度安全战略中的作用》，载《内蒙古民族大学学报》（社会科学版）2007 年第 3 期。

② Pravin Chandrasekaran, Kautilya: Politics, Ethics and Statecraft, *Munich Personal RePEc Archive* (*MPRA*), MPRA Paper No. 9962, posted 12. August 2008 01: 03 UTC, http: //mpra. ub. uni-muenchen. de/9962/1/MPRA_ paper_ 9962. pdf.

③ M. Tully and Z. Masani, From Raj to Rajiv : Forty Years of Independence (London: BBC Books, 1988), p. 145；转引自宋德星《南亚地缘政治构造与印度的安全战略》，载《南亚研究》2004 年第 1 期。

度警惕；（3）从长远发展考虑，中国国力的迅速增长对印度形成巨大压力，对印度的未来发展构成威胁。因此，遏制与防范中国成为印度安全战略的重要组成部分。印度在对华地缘战略方面的具体策略包括：在发展军事力量的目标上，印度瞄准中国的国防力量。印度曾明确表示，印度的国防现代化应与中国保持同步，国防水平不能低于中国。[1] 基于上述认识，印度在军事战略方面把中国视为战略上潜在的作战对手，对中国采取名为"北防"的威慑防御战略，在中印边境建立大纵深、立体化的防御体系，并保持相对军事优势以达到阻遏中国的目的。此外，为提供战略威慑能力，印度还加速发展包括核武器在内的对华战略打击力量。[2] 在对外关系方面，印度则着重采取借重大国的力量牵制中国的战略。冷战时期，印度利用中苏矛盾努力发展印苏关系，与苏联结成同盟对付中国。冷战结束后，俄罗斯与中国的关系恢复正常。印度转而利用美国担心中国挑战其全球优势地位的心理积极发展与美国的关系，提升与美国的战略合作水平来达到其目的。

从印度的对华地缘战略可以看出，在中印双边关系方面，印度的长远目标追求的是一种均衡状态，即通过各种战略手段以实现中印之间的力量平衡。进一步看，由于两国之间本来就存在互信程度不高和领土争端等问题，印度的这样一种对华战略显然不利于中印关系的顺利发展。其实，作为同时崛起的发展中大国，两国在建立世界政治和经济新秩序方面有着相似的目标和看法。另外，正如两国领导人多次指出，世界有足够的空间供中印共同发展。与世界上的其他双边关系一样，中印关系中不可避免会存在一些竞争因素，但这并不意味着必然走向对抗。

从地区层面来看，尽管有越来越多的印度学者注意到中国的南亚政策"逐渐从最初的政治与战略关注转向现在的经济交往的现实方法"，但印度的决策者仍认为中国构成了印度最大的战略和安全担忧，成为印度未来外交政策最大的政治挑战。印度之所以对中国在南亚的意图存在误解，首先是因为中国维持与印度在南亚的对手巴基斯坦的战略关系。其次，印度认为中国正在扩大和深化与南亚较小国家以及印度邻国的安全关系，包括

---

① 卫灵：《印度安全战略及中印安全关系》，载《中国人民大学学报》2005 年第 6 期。

② 曹永胜、罗健、王京地：《南亚大象：印度军事战略发展与现状》，解放军出版社 2002 年版，第 113、114 页。

尼泊尔、斯里兰卡、不丹、孟加拉国和缅甸等，目的是在印度的周边建立又一种平衡力量。[1] 从独立以后印度的战略实践来看，印度在南亚地区实施的是以控制南亚为基础的地缘战略，即避免区外强国对南亚地区事务的干涉，并加强对本地区国家的控制。在这样一种战略观念主导之下，印度自然认为中国与印度在南亚进行的互动是一场"零和游戏"，中国与南亚其他国家关系的任何进展都会被印度解释为其损失。其实，中国与巴基斯坦、尼泊尔和不丹等南亚国家有着漫长的共同边界线，彼此之间的关系也有着悠久的历史和文化根源，在政治经济上也有着很多共同的利益。不论印度怎么看待中国与其南亚邻国的关系，上述事实是无法改变的。另外，英国撤出次大陆之后，南亚地区一直是一个不太稳定的地区，既有印巴之间的核竞赛和领土争端，也存在着各种各样的民族和种族冲突，还存在极端主义和恐怖主义泛滥与毒品走私等问题。中国与南亚直接相邻，南亚地区的局势对中国必然要产生影响。因此，中国对这一地区的关注其实是必然和不可避免的。在中国的对外政策中，与周边国家发展全方位合作向来是重中之重。因此，中国对南亚地区的关注和与南亚国家（包括印度）发展关系基本上是从无法回避的地缘事实——即这些国家是中国的重要邻国——来考虑的。因此，印度如果在考虑其国家利益的同时，也设身处地地考虑一下中国的切身利益，就能够理解中国与南亚国家发展友好关系的真实原因了。总而言之，中国与南亚国家共同发展友好关系是基于上述不得不考虑的利益和现实，而并非是为了挤压印度在南亚战略空间。

东南亚地区因其特殊的地缘政治环境成为大国博弈的重要地区，它不仅是太平洋进入印度洋最重要的战略通衢，马六甲海峡还是仅次于霍尔木兹海峡的世界第二大海上能源通道。鉴于其重要的战略地位，为防止被大国操纵，东盟国家推行"大国均衡"战略，积极鼓动域外大国介入。20世纪90年代初，印度拉奥政府正式提出了印度的"东向"（Look East）战略，其手段主要是通过政治对话和交往等手段发展与东盟国家的经济关系，加强与东盟国家的安全防务合作，以达到提升印度在东盟国家中的影响力和制衡中国的作用。进入21世纪后，随着经济的快速发展，中国在东盟国家的影响力也大幅度提升。不过，在中国与东盟整体关系全面发展的同时，中国与东盟少数国家间仍存在领土争端。出于地缘战略的考虑，

---

① 张贵洪：《竞争与合作：地区视角下的中印关系》，载《当代亚太》2006 年第 12 期。

近年来印度也有了试图借东盟国家的"大国均衡"在东南亚地区制衡中国的战略考量。

对中国而言，东南亚既是战略缓冲地带，也是对世界政治经济格局发挥重要影响的战略支点，具有特殊的地缘战略价值。近年来中国与东盟的友好关系得到巩固和加强，在东南亚地区的影响也逐渐加大。这促使印度不断加快其"东向"步伐。政治上，印度与东盟正式确立了"10＋1"合作机制，签署了"和平、进步与共同繁荣伙伴关系协定"。经济上，印度倡导并成立了"孟印缅斯泰经济合作组织"，实施了印度—东盟自由贸易区货物贸易协定。军事上，印度不断加大与东南亚国家的军事合作，互访不断增多，层次不断提高，从一开始的军事交流逐步扩大到"全面防务合作"。[1] 在东盟国家中，印度与越南关系的发展尤其引人注目。越南与印度在政治上保持着传统的密切关系，近年来防务合作也不断加强。可以说，印度和越南的关系是印度自实施"东向"政策以来印度与东盟国家关系中取得明显进展和全面深化的一对双边关系之一。总之，自印度推出"东向"战略迄今的十几年间，已明显拉近与东南亚地区之间的互动联系。"东向"政策的实施极大地改善和加强了印度与东南亚国家的关系，提升了印度在这些地区的影响力。然而，由于印度在一定程度上是从与中国竞争的角度来发展与东盟国家的关系。因此从客观上来讲，印度与东盟国家的合作也在一定程度上削弱了中国在东南亚的影响力。另外印度的"东向"战略为某些南海周边国家拉拢区域外大国干预南海争端、牵制中国的战略提供了除美日之外的又一个选择。这无疑为南海争端带来了新的复杂性，并增加了问题解决的难度。[2]

控制印度洋是印度地缘战略的一个重要方面。早在20世纪60年代，潘尼迦就有如下言论，如果在适当的地方布置下海空军基地，造成一个围绕印度的钢圈，又在圈内建立一支力量强大、足以保卫内海的海军，那么对于印度的安全与昌盛大有关系的海洋就可以受到保护，变成一个安全区。[3] 经济资源因素也是印度重视印度洋的主要动因。印度洋的自然资源非常丰富，世界已探明石油，天然气储量的40％分布在印度洋，印度洋

---

[1]　刘少华、高祖吉：《印度崛起对中国地缘政治的影响》，载《南亚研究》2011年第2期。

[2]　郭渊：《地缘政治与南海争端》，中国社会科学出版社2011年版，第212页。

[3]　［印度］潘尼迦：《印度和印度洋——略论海权对印度历史的影响》，世界知识出版社1966年版，第9页。

的渔业资源占世界总量的 16.5%。对这些资源的开发利用，印度不仅可以解决资源不足的问题，还能带动其经济的发展。因此印度政府把印度洋视为其发展的基地，把发展海洋经济作为其增强综合国力的一项基本国策，甚至作为国家战略筹划的重要内容。[①] 冷战结束后，随着印度洋在世界地缘政治中的地位上升和印度国力的增强，加紧推行控制印度洋的战略在印度政治家和战略家的规划中占据了越来越重要的位置。近年来，印度的海洋安全战略明晰化，即控制印度洋，威慑区外大国染指。同时，大规模地扩充海军实力，积极向印度洋挺进，尽最大努力把印度洋变成印度的"内湖"。[②]

众所周知，中国进口的石油相当部分要经过印度洋运输至国内。中国从 1996 年开始成为石油和石油产品净进口国。2012 年中国进口原油 2.8 亿吨，石油对外依存度达 58% 左右。2013 年，中国已经超过美国成为全球最大的石油净进口国。目前，我国 80% 以上的原油进口都要经过印度洋。[③] 估计到 2020 年，中国光是从中东地区进口的石油将占进口石油总量的 80%。过分依赖中东和非洲地区的石油使印度洋航线成为中国石油运输的"生命线"。此外，中国作为出口导向型经济体，生产的大部分商品要通过海运方式出口到海外市场。其中，中国与欧洲和非洲贸易也同样依赖印度洋航线。对印度洋运输线的高度依赖，使得印度洋对中国经济安全具有了重大的意义。这使得我们不得不对印度的印度洋战略及其对中国的影响保持高度关注的同时，也必须在一定程度上增加我们在印度洋的战略存在。

## 三　美国的地缘战略对中印关系的影响

作为世界上实力最强的超级大国，美国的影响力遍及全球。在谈到中印关系时，无处不在的美国因素也是一个绕不开的话题。

在冷战时期，美国与苏联为争夺欧亚大陆的控制权争斗了近半个世纪。美国学者斯拜克曼在其著作《和平地理学》中提出地缘政治的"边

① 郑励：《印度的海洋战略及印美在印度洋的合作与矛盾》，载《南亚研究季刊》2005 年第 1 期。

② 时宏远：《印度的印度洋安全战略》，载《平原大学学报》2006 年第 3 期。

③ 房永智：《国家利益需要中国海军驶向印度洋》，载《中国青年报》2014 年 2 月 7 日。

缘地带"学说，认为欧亚大陆的沿海地区是处于心脏地区与海权国家之间的边缘地带或中间地带（中国和印度都处于斯拜克曼划分的"边缘地带"），是海上强国与陆地强国之间发生冲突的地带。因此，"谁统治边缘地带，谁就能控制世界的命运"。冷战后，美国的地缘战略与冷战时期相比没有本质的变化，仍然是以控制亚欧大陆边缘地带为重点，所不同的是，它要借苏联解体的大好时机，加速向欧亚大陆腹地推进，进而完全控制欧亚大陆，成为 21 世纪全球地缘战略的唯一赢家，建立美国单极领导下的"世界新秩序"。为此，美国决策层认为要控制欧亚大陆，就必须阻止一个占主导地位和敌对的欧亚大陆国家的出现，以及确保没有任何国家或国家的联合具有把美国赶出欧亚大陆或大大地削弱美国关键性仲裁能力的作用。①

　　长期以来欧亚大陆一直是世界政治的中心，是全球范围内大国地缘政治争夺的重心。苏联解体后，大国在欧亚核心区的争斗似乎有所降温，但欧亚大陆在全球地缘政治格局中的总体地位并未根本改变，它仍是全球地缘政治的中轴。② 保持美国在国际上唯一的超级大国地位，维持单极世界秩序成为冷战后美国战略思维的终极目标。因此，阻止一个占主导地位的欧亚大陆大国的出现也就成为了美国地缘战略的重要议题。进入 21 世纪后，中国和印度的发展和崛起是欧亚大陆地缘政治中最为令人瞩目的事件。在中印两国中，中国由于其仅次于美国的世界第二大经济规模和社会主义国家的身份让美国极为担忧，使得美国将中国视为维持其世界霸权的最大障碍。与中国相比较，美国对印度的看法则完全不同。在美国当今最为重要的地缘政治思想家布热津斯基的理论中，印度是目前欧亚大陆新政治地图上关键的五个"战略棋手"（其他四个分别是中国、俄罗斯、法国和德国）之一。他认为，"印度把自己视为一个潜在的重要全球性角色，印度还认为自己是中国的竞争对手"。在布热津斯基看来，"印度无疑是南亚最强大的国家，在某种程度上是那个地区的霸主。印度还是一个半公开的核国家。……但印度目前的图谋同美国在欧亚大陆的利益没有重要冲突"。③ 由于美国的地理位置远离欧亚大陆，通过拉拢印度遏制中国，实

　　① 蒲宁：《地缘战略与中国安全环境的塑造》，时事出版社 2009 年版，第 248 页。

　　② 陆俊元：《全球化时代的地缘政治形态分析》，载《世界地理研究》2007 年第 2 期。

　　③ ［美］兹比格纽·布热津斯基：《大棋局：美国的首要地位及其地缘战略》，中国国际问题研究所译，上海人民出版社 2010 年版，第 39 页。

施"离岸平衡"战略自然就成了美国对付中国的地缘战略选择。

2000 年，美国总统克林顿的印度之行是冷战后美国总统首次访问印度，印美关系开始大幅改善。2001 年，布什上台伊始，就把印美关系提升到"战略伙伴"的地位，这与布什把中美关系定位为"战略竞争关系"形成强烈反差。布什认定印度是美国的"天然盟友"，是维护亚太安全的关键性因素，是"具有全球性地位的新兴大国"。2002 年 9 月，美国发表的《国家安全战略报告》赋予了美印关系以新的内涵，"印度有潜力成为 21 世纪的其中一个最伟大的民主国家，政府也要相应地努力转变我们的双边关系"。2004 年，印美启动"战略伙伴关系后续行动"（Next Step in Strategic Partnership，NSSP）计划，两国同意扩大在非军事核活动、民用空间项目和高技术贸易领域三方面的合作。2005 年，印美两国签署了一份为期 10 年的"印美国防关系的新框架"协议，在这份国防合作协议中，美国给了印度一系列类似准盟友的待遇。此外，美国在军事领域给予印度的一系列优惠措施，与美国竭力阻止欧盟解除对华军售形成了强烈对比。① 2006 年，两国签署了民用核能合作协议。2010 年，美国和印度举行了首次战略对话，印美在反恐、情报交换、防务合作、空间技术等领域都展开了积极合作。2011 年 7 月，美国国务卿希拉里·克林顿访问印度，参加第二论美印战略对话，对话涉及情报、反恐、防务、科技、农业、能源、贸易和投资、气候变化、教育、医疗等一系列重要议题。在对话过程中，希拉里重申了美国对印度成为经过改革的联合国安理会常任理事国的支持，并强调了美印民用核能合作的重要性。② 2012 年 5 月，美国国务卿希拉里在访问印度时也曾表示，"美印双边关系的战略基础推动两国利益更加趋同"。同年 6 月，美国国防部部长帕内塔在访问印度的过程中强调印度是美国实现亚太战略东移的关键伙伴，美印安全合作有利于美国调整在亚太地区军事部署，并把印度称为美国新的地区"平衡战略"中的"关键国家"。

美国在欧亚大陆的地缘战略在一定程度上给中印关系的发展带来了消极影响，使得中印关系面临新的变数和复杂性。首先，美国的战略对中印

---

① 樊明方、卢素格：《中印战略合作伙伴关系中的美国因素》，载《云南社会科学》2008 年第 1 期。

② Ministry of External Affairs of India, *Annual Report* 2011 – 2012, p. 90.

战略伙伴关系的良性发展造成了不利影响。可以说，发展与印度的关系是美国这个区域外国家为了阻止中国和印度这两个同属亚欧大陆的重要国家进行合作而在全球地缘政治棋盘上下的一步棋。换句话说，美国加强其与印度合作的根本目的不过是想让印度成为美国遏制中国的战略工具，而不是打算促进印度的发展。美国是全球实力超群的超级大国，与美国的关系对中印两国都是相当重要的。因此，印度政府将美国借重印度遏制中国的"离岸平衡"战略视为印度的战略机会。为此，印度也采取措施凸显其对美国的地缘政治价值。与美国的拉拢相呼应，近年来印度在对外交往中将与美国的外交关系置于优先的位置。奥巴马一上台，印度就通过各种渠道和方式加大对美工作力度，使得印美关系得到进一步提升，由先前的"战略伙伴关系"提升到"全球战略伙伴关系"。因此，从实际的角度看，美国的图谋对中印两国之间的战略伙伴关系的发展还是造成了一定的消极影响。其次，美国"拉印制华"的战略从政治上和外交上也会对我国产生消极影响，它将进一步引发大国关系调整，挤压我国外交活动空间，使西方国家越来越突出印度作为"世界上最大的民主国家"的特色，逐步将印度视为维持亚洲安全与稳定的重要力量之一，淡化我国在亚太地区的战略地位和作用。印美关系深化，还将进一步打破南亚战略平衡。印度在南亚的地位进一步加强，巴基斯坦的地位将进一步边缘化，这也会在一定程度上弱化我国在南亚的影响力。① 再次，印美军事合作的升温在客观上给中印边界问题的解决带来了不利影响。在近年来的印美关系中，军事合作是一个颇为引人注目的领域。2012 年 6 月，美国国防部部长帕内塔访印时宣布，美国将继续向印出售最好的防务装备，并将按照印方的意愿将双方目前的买方和卖方关系逐渐改变为在生产、技术和发展等领域进行合作的全面关系。② 在这方面，印度充分利用美国欲与之建立"战略合作伙伴"之机从美国得到了不少军事技术和武器装备，大力加强了军事部署和战略武器的升级换代，还加强了对"争议领土"的控制和印中实际控制线地区的监视和军事部署。③ 可见美印军事合作在一定程度上使得印度

---

① 殷宗华：《从地缘政治层面分析美国的"拉印制华"战略》，载《学理论》2010 年第 35 期。

② India in 2012, *Asia Survey*, Volume 53, Number 1, January/February 2013.

③ 殷宗华：《从地缘政治层面分析美国的"拉印制华"战略》，载《学理论》2010 年第 35 期。

强化了其在中印边界问题上的立场和态度，从而加大了这个问题解决的难度。最后，美国"拉印制华"战略从地缘战略层面也加大了中印两国在太平洋和印度洋地区协调彼此的利益和进行合作的难度。从客观上来说，中国和印度在太平洋和印度洋区域都有着不同程度的利益。作为邻国和发展中的大国，中印两国今后也必然要在这两个区域进行协调与合作。2007年，美国、印度、日本和澳大利亚在孟加拉湾举行了该地区有史以来规模最大的联合海军演习。近年来，美国、印度多次在太平洋举行代号为"马拉巴尔"的大规模海上联合演习。2014年7月，美印再度举行联合海上军事演习，日本也获得了参加演习的邀请（此前日本曾在2007年和2009年两次获邀加入）。可以说，这些演习的目的是非常明显的，美国拉印度频繁举行海上军事演习的目的无非是把印度纳入美国在西太平洋构筑的围堵中国的海上战略体系，牵制与阻遏中国进入印度洋。[1] 在这样的情况下，中印两国在太平洋和印度洋区域进行协调和合作也就变得更为困难了。

## 四　结论

地缘因素是大国、强国制定国家战略和外交政策的基本依据，是一个国家实现本国战略目标的重要外部条件，也是一国按照自己的利益与外部世界进行有机联系的基本纽带。地缘政治的形成与发展，决定于世界经济科技的发展水平，受制于国家的整体战略。[2] 从前面的论述来看，中印关系的发展确实面临不少挑战。随着信息化和全球化趋势的迅猛发展，世界的政治经济格局也处于迅速变化的发展之中。为了适应这一趋势，各国的国家战略也在不断调整，国家之间关系的性质也在不断地变化。21世纪，伴随着整个全球经贸联系的日益加强和各国在经济上的相互融合与相互依赖的加深，国家利益的概念和内容也在变得更为丰富。从安全角度来看，应对金融危机、应付气候变化、解决资源短缺这些紧迫的全球经济问题也摆在了各国政府的面前。另外，恐怖主义和

---

① 蒲宁：《地缘战略与中国安全环境的塑造》，时事出版社2009年版，第318页。
② 杨运忠、丛向群：《论新世纪世界地缘政治的历史性重组》，载《当代亚太》2001年第4期。

极端势力活动猖獗、毒品走私和跨国有组织犯罪泛滥、大规模杀伤性武器扩散在一定程度上使传统的军事威胁在各国安全考量中的地位有所下降。目前，这些变化正在改变世界格局和力量对比，这一趋势自然也会为中印关系的未来创造新的可能性。

对中印关系而言，两国关系的核心问题随着两国国力与国际地位的上升也很可能转变，其方向现在还很难确定，但可以肯定的是中印关系中的政治方面将仍然是比较脆弱的，建立相互信任的进程仍然是缓慢的。但是，在世界形势变化的趋势中，中印进一步加强战略伙伴关系仍然是可能的。从全球范围来看，中印对建立国际秩序的要求具有相似性。冷战结束以后，世界秩序发生了巨大的变化。原先两霸争夺的大格局演变为"一超多强"的架构趋势。发达国家的传统优势有所减弱，新兴国家的地位有所加强。中印等新兴国家要求更多的话语权。但是这远远不够，因为中印两国在国家上都还没有取得与其人口与幅员相应的规则制定权。中印都反对强权政治，反对单极世界，反对某些国家主宰世界并对其他国家发号施令或施加压力，不赞成少数国家对其他国家动辄进行制裁的做法。① 在地区安全领域，双方尽管仍然存在一定的猜疑和互不信任，但中国与印度都希望自己的周边稳定，这个重要的事实决定了双方在无论是南亚还是亚洲其他地方，都存在着一定的共同利益，当重大的足以影响地区稳定与安全的事件发生时，两国协调彼此的立场不但是可能的，而且甚至是必要的。②

中印两国是邻居，这是一个无法改变的事实。而且，两国同时崛起的事实也给双边关系带来了一定的不确定性。但是，如果两国关系的发展出现重大问题，唯一的得利者只可能是远离欧亚大陆的霸权国家。相反，两国关系的友好发展则不仅有利于两国的福祉，而且对世界的未来也有着重要的积极意义。近年来，中国奉行"睦邻、安邻、富邻"的周边外交政策，坚持"和平、发展、合作"的战略方针，为中国与包括印度在内的邻国发展全面合作创造了基础。可以肯定地说，不论存在怎样的问题，两国的政府和人民都是希望两国能够和平相处、共同繁荣的。在这样一种共识之下，我们应该顺应历史发展的潮流，突破地缘政治争夺的限制，以经

---

① 马加力：《中印关系的回顾与展望》，载《和平与发展》2010 年第 4 期。

② 赵干城：《中印关系的地缘政治特点与发展前景》，载《南亚研究季刊》2010 年第 1 期。

贸关系的发展为基础增加政治领域的互信和合作，真正在全球范围内发展两国的战略伙伴关系，并共同为建设一个持久和平、共同繁荣的和谐世界而努力。

（作者：云南省社会科学院南亚研究所　副研究员）

# 美巴关系与巴基斯坦的反恐斗争

## 童宇韬

　　"二战"结束以来，美巴关系的发展从来都不是一帆风顺的。20 世纪 50 年代，美国和巴基斯坦之间的关系被描述为一种"开关伙伴关系"（on-off partnership），两国的关系在不同的时期总是能够保持一段时间的稳定，但由于各种原因，两国之间的良好关系却又总是难以维持。[1] 在苏联入侵阿富汗期间，鉴于美巴两国在反对苏联入侵问题上拥有共同利益，巴基斯坦被美国描述为"联盟关系最为紧密的盟友"（Most Allied Ally）。[2] 然而，随着冷战结束与苏联解体，两国在国家利益上的分歧日益明显，并且最终影响了两国关系的发展。这一时期，美国在南亚地区逐渐倾向印度而给其与巴基斯坦的关系带来了十分消极的影响。"9·11"事件之后，美国发动的阿富汗战争将巴基斯坦置于了全球反恐斗争的前沿。巴基斯坦作为美国反恐战争的前沿国家，迅速在美国的政治议程中占据了重要地位，因此美巴两国关系又得以迅速发展。

　　然而，近年来美巴关系波折不断。由于美国对巴基斯坦与伊斯兰恐怖主义组织作战的意愿和能力产生了怀疑，使美巴关系不断恶化。特别是 2011 年美国在巴基斯坦境内击毙了"基地"组织首领本·拉登以后，美巴关系更是跌入低谷。两国之间的全面战略伙伴关系这一概念也随之受到了侵蚀。[3] 美巴双方的很多官员和学者都认为"战略伙伴关系"（strategic partnership）一词已经不能准确说明当前的美巴关系，目前的美巴关系仅

---

　　[1]　World Affairs，"US and Pakistan: a troubled relationship"，10 January，2012，from: http://www.worldaffairsjournal.org/content/us-and-pakistan-troubled-relationship.

　　[2]　Muhammad SaleemMazhar&Naheed S. Goraya，"An Analytical Study of Pak-US Relations: Post Osama（2011－2012）"，*South Asia Studies*，Vol. 27，No. 1，January-June 2012，p. 78.

　　[3]　Economist Intelligence Unit，"Country Report Pakistan"，March 6th，2013，pp. 5－6.

仅是一种"交易"（transactional）关系。①

　　总体而言，反恐是当前美巴关系中的核心问题，美巴两国在反恐问题上的合作与分歧值得我们深入研究。多年以来恐怖主义在巴基斯坦造成的恶劣影响不但深刻影响着巴基斯坦未来的稳定与和平，也影响着美国的地区利益和安全，反恐在未来美巴两国的关系中依然会占据重要的地位。本文将对美巴两国在反恐问题上的合作与分歧进行梳理和分析，并展望未来美巴两国关系发展的前景。

## 一　美国与巴基斯坦在反恐上的合作

　　"9·11"事件之后，美国发动了阿富汗战争以打击"基地"组织和塔利班政权。鉴于巴基斯坦的地缘位置及其对阿富汗的影响力，美国需要获取巴基斯坦对反恐战争的支持。然而，两国的合作从一开始就具有不平等的特点，巴基斯坦与美国的合作从某种程度上说是被迫做出的决定。2006年9月，穆沙拉夫在接受美国哥伦比亚广播公司采访时透露，"9·11"事件之后时任美国副国务卿的理查德·阿米蒂奇曾威胁，如果巴基斯坦不立即支持美国打击阿富汗塔利班政权，允许美国使用巴基斯坦的军事基地发动军事打击，就将把巴基斯坦"炸回石器时代"。② 鉴于巴基斯坦与阿富汗塔利班政权多年的合作关系，以及塔利班政权与"基地"组织无法分割的紧密关系，巴基斯坦在当时的局势下所拥有的选择并不多。要么被美国及其盟友当做支持恐怖主义的政权而遭受打击，要么与美国一道打击塔利班和"基地"组织，最终巴基斯坦选择了后者。巴基斯坦放弃多年来对阿富汗塔利班政权的支持，转而加入美国的反恐战争，主要是迫于美国的强大压力以及对自身国家利益的权衡。可见，美巴两国在反恐

---

　　① Richard Haass, the president of the Washington-based US Council on Foreign Relations, said "this relationship is going to have to become more of a transactional relationship, more of a performance-based relationship", quoted from Fiancial Times, James Lamont, Farhan Bokhari, "US to slim down Pakistan civilian aid programme", from: http://wap.ftchinese.com/story/001038929/en. CSIS, "The Future of Cooperation Between the United States and Pakistan", A Report of the CSIS Program on Crisis, Conflict, and Cooperation, October 2013, p. VII.

　　② Eric S. Margolis, "Pervez Musharraf had little choice", Daily Times, October 2, 2006. BBC News, US 'threatened to bomb' Pakistan, Friday, 22 September 2006, from: http://news.bbc.co.uk/1/hi/world/south_ asia/5369198. stm. Retrieved on 10 - 01 - 2011.

上的合作一开始就不是基于两国的共同利益，而是基于美国的战略需要以及巴基斯坦的政策权衡，是一种不平等的合作关系。

以此为开端，美巴两国在反恐上的合作关系至今已持续了 12 年之久，虽然两国围绕反恐问题一直不断出现分歧和摩擦，但在过去的十多年里却在许多层面上展开了合作，主要表现如下。

1. 共同打击恐怖主义，在军事上不断加强合作

为了支持美国的反恐军事行动，巴基斯坦为美军提供了"无差别飞跃巴领空及着陆的权利，以便其开展所有必要的军事和情报任务，允许使用巴基斯坦的海军港口、空军基地和在边界上的战略据点"。① 具体来看，巴基斯坦为美军提供了伯斯尼（Pasni）、达尔本丁（Dalbadin）、沙姆西（Shamsi）和雅各布阿巴德（Jacobabad）四个机场用于后勤任务支持。② 英美媒体和美国参议员戴安娜·范斯坦曾揭露"掠食者"无人机就曾驻扎在沙姆西空军基地。直到巴基斯坦 2011 年要求美军撤出沙姆希空军基地时，该基地已租借给美军长达 10 年。③ 另外，巴基斯坦还帮助美国开展情报搜集任务，允许美国在南瓦济里斯坦、北瓦济里斯坦、吉德拉尔（Chitral，位于开伯尔—普什图省）、兴都库什山脉、佐布（Zhob，俾路支省北部）以及阿富汗坎大哈与巴基斯坦俾路支省之间的山区使用间谍飞机。还允许美国在巴基斯坦境内多个地点安装追踪设备以监控阿巴边境地区。④

除了为美国的军事行动提供支持，巴基斯坦政府还以实际行动打击巴境内的恐怖组织，配合美国在阿富汗的反恐行动。巴基斯坦曾把一批境内的极端伊斯兰组织定义为恐怖组织，采取行动打击这些组织的活动并抓捕了一批极端分子，还对境内恐怖组织集中的地区发动过多次大规模的清剿，并将逮捕的一些恐怖分子转交给美国。⑤ 数年里，巴基斯坦对这些地区的恐怖组织发起过数次清剿行动。

① Pervez Musharraf, In the Line of Fire（New York：Free Press, 2006），p. 205.

② "3 airports on standby for US：Secretary", *Daily Times*, July 19, 2006.

③ 钱铖、石斌：《"雄风"的阴影——美国无人机作战对当代战争伦理的挑战》，载《世界经济与政治》2013 年第 8 期。

④ Syed SaleemShahzad, "Stage Set for Final Showdown", *Asia Times Online*, July 21, 2004.

⑤ CRS Report for Congress, Removing Terrorist Sanctuaries：The 9/11 Commission Recommendations and US Policy, August 10, 2004. , pp. 7 – 8. From：http：//www. fas. org/irp/crs/RL32518. pdf.

　　再者，巴基斯坦向美国提供了相应的情报支持，以支持美国在全球的反恐斗争。2006 年 8 月，根据巴基斯坦提供的信息，一起策划袭击英美之间航班的恐怖袭击阴谋被挫败。时任巴基斯坦外交部发言人阿斯拉姆（Tasnim Aslam）称，在这起阴谋的破获过程中，巴基斯坦与英国通过协调在巴境内和英国逮捕了多名嫌疑人，并公开"在英国的逮捕行动是根据巴基斯坦、英国和美国之间的情报合作实现的"。①

　　同样，美国也为巴基斯坦提供了相应的军事支持。基于反恐战争的需要，多年来美巴军事和防务合作在两国关系中一直占有十分显著的地位，两国在武器装备现代化、训练、打击极端组织等方面都开展了很多合作。美国为巴基斯坦提供军事支持最主要的方式就是军事援助。根据来自美国国务院、国防部、美国国际开发署等美国政府相关部门的统计数据，从 2002 年到 2013 年，美国对巴基斯坦的援助拨款总额为 270.26 亿美元，其中与安全相关援助拨款为 69.12 亿美元。② 对巴基斯坦的援助中有很大部分来自"同盟支持基金"，这部分援助是用来补偿巴基斯坦维护同盟军队的基地和设施（例如沙姆西空军基地）方面的开支，以及补偿美国军队和承包商为巴基斯坦安全部队提供训练和服务的支出。而在美国政府的统计中来自"同盟支持基金"的拨款与安全援助和经济援助的拨款是并行统计的，上述美国对巴基斯坦的安全援助拨款数并没有将这笔拨款纳入，但事实上这笔拨款数额巨大，在 2002—2013 年间拨款总额为 107.05 亿美元，占这期间援助总额的 39.61%。③ 所以，综合考虑安全援助与来自"同盟支持基金"的拨款，美国对巴基斯坦援助中与安全相关的部分比重较大。

　　2. 美巴两国围绕反恐问题，在政治上互相支持和各取所需

　　对于美国来说，不仅需要利用巴基斯坦的地理优势来开展反恐，更需要作为伊斯兰国家的巴基斯坦支持它的全球反恐战略。在布什政府时期，美国发动的全球反恐战争有时带有强烈的反穆斯林色彩，"9·11"事件以后文明冲突理论在美国的政界和学术界颇有市场，甚至有观点认为反恐战争是以美国为首的西方基督教国家与阿富汗等伊斯兰国家之间的文明冲

---

① "Pakistan helped foil UK terror plot", *Daily Times*, August 11, 2006.

② Congressional Research Service for distribution to multiple congressional offices, "Direct Overt U. S. Aid Appropriations for and Military Reimbursements to Pakistan", October 24, 2013, from: http://www.fas.org/sgp/crs/row/pakaid.pdf.

③ Ibid.

突。2001 年 9 月 16 日，就在"9·11"事件发生几天之后，布什总统在谈话中使用了"十字军东征"一词来形容美国的反恐战争。[1] 所以，从政治上来说美国需要像巴基斯坦这样的伊斯兰国家作为反恐战争的盟友，以淡化反恐战争给公众造成的反穆斯林印象。另一方面，对于美国来说，巴基斯坦参与反恐战争不仅能够支持其在阿富汗的军事行动，也能利用巴基斯坦作为伊斯兰国家的资源和情报支持其在全球的反恐行动。

对于巴基斯坦来说，发展美巴关系使其能在政治上更容易获取西方国家的认同与支持。"9·11"事件发生时的巴基斯坦政府是穆沙拉夫执政下的军政府。穆沙拉夫在 1999 年 10 月发动政变推翻了谢里夫的民选政府建立了自己领导的政权。穆沙拉夫非民选的政府在"9·11"事件以前很难得到美国等西方国家的认同，西方国家甚至还施加压力敦促巴基斯坦重建民主政府。当美巴两国在反恐战争中展开合作之后这一情况就完全扭转了，英国首相布莱尔、德国总理施罗德等很多西方国家政要先后到访巴基斯坦，并承诺支持穆沙拉夫政权。[2] 有学者曾讽刺道："突然间，穆沙拉夫的形象从一个推翻巴基斯坦民主并执意与印度争夺克什米尔的人物变成了自由世界与恐怖主义斗争的重要伙伴。"[3] 布什政府非常明确地表达了对穆沙拉夫政权的支持，时任布什政府国务卿的康多莉扎·赖斯曾对媒体说，"'9·11'之后，穆沙拉夫极大地改变了这个国家的方向，并决定铲除极端分子。巴基斯坦在他的领导下，已经着力清除那些在苏联撤出阿富汗以后流窜至巴基斯坦的极端分子……他是反恐战争的良好盟友"。[4] 虽然巴基斯坦人民党在 2008 年的大选中获胜，重建了民选政府，但巴基斯坦军队的影响力依然很大，军方依然控制着巴基斯坦外交中的重要领域，并掌控着巴基斯坦的核计划。[5] 总的来看，在最初建立美巴合作之时，当

---

① The White House, "Remarks by the President Upon Arrival", for Immediate Release Office of the Press Secretary, September 16, 2001, from: http://georgewbush-whitehouse. archives. gov/news/releases/2001/09/20010916 – 2. html.

② Naeem Ahmed, "Re-defining US-Pakistan Relations", The Dialogue, Volume VII Number 3, p. 6.

③ Ahmad Faruqui, Ahmad Faruqui, Rethinking the National Security of Pakistan: The price of strategic myopia (Hampshire: ASHGATE, 2003), pp. xxi – xxii.

④ "U. S. not looking at post-Musharraf phase in Pakistan", *Daily Times*, September 28, 2006.

⑤ Naeem Ahmed, "Re-defining US-Pakistan Relations", *The Dialogue*, Volume VII, Number 3, p. 7.

时的巴基斯坦政府在政治上获取了来自美国的政治回报。

3. 反恐战争开始以后，美国加强了对巴基斯坦的经济援助

巴基斯坦在 1998 年 5 月进行的核试验，以及穆沙拉夫在 1999 年发动的推翻民选政府的政变，使美国等很多国家发起了针对巴基斯坦的一系列经济制裁。2001 年以后，由于巴基斯坦难以独自维持反恐战争的开支，美国国会不仅撤销了先前对巴基斯坦的制裁，还给予了巴基斯坦一系列数量可观的经济和军事援助。除了上文提及的军事与安全方面的援助之外，美国也对巴基斯坦的能源、医疗卫生、教育、基础设施和人道主义救援等领域给予了一系列援助。"9·11"事件之后，美国对巴基斯坦的援助迅速增加。美国对巴基斯坦的援助在 2000 财年的时候只有 3676 万美元，到 2001 财年就飙升至 1.877 亿美元，大约上升了 5 倍。① 根据来自美国国务院、国防部、美国国际开发署等美国政府相关部门的统计数据，2002—2013 年美国对巴基斯坦的经济援助总额约有 78 亿美元，其中 85% 都是通过经济支持基金（ESF）实现的。②

## 二　美巴之间在反恐问题上的分歧

2001 年以来，美巴关系基于在反恐问题上相互合作的需要而日益密切，然而经过 12 年艰辛的反恐战争，两国关系也恰恰是因为在反恐问题上的分歧而不时跌入低谷。不可否认，美巴两国关系中存在深刻的分歧，并且缺乏互信。近年来，美巴关系波折不断，一些偶然和突发事件不断挑战着美巴双边关系发展。具体来看，美巴关系围绕反恐问题主要存在以下几个问题。

1. 美巴在反恐问题上互信不足

美巴两国由于反恐而开展合作，而恰恰两国又在反恐问题上缺乏互信，这对两国关系的损害最大。近年来，美国官方和媒体都不断指责巴基斯坦在背后支持阿富汗境内的塔利班势力。一份美国国务院的电文曾指责在反恐战争开始以后，巴基斯坦依然像过去那样为塔利班提供了大量的燃料、资金和物资方面的援助，并且还为塔利班提供技术帮助和军

---

① CRS Report for Congress, "Pakistan: U. S. Foreign Assistance", July 1, 2013, pp. 10 – 11.

② Ibid.

事咨询。① 2012 年，美国国会研究处的专题报告曾明确提到，"美国政府公开的文件指出，如果没有巴基斯坦联邦直辖部落地区作为庇护所，阿富汗塔利班不可能在 20 世纪中期重新崛起"②。

然而，对于巴基斯坦来说，反恐战争给巴基斯坦的国内安全与稳定带来了极大的负面影响，巴基斯坦本国也出现了塔利班化的趋势。反恐战争开始以后，就有不少阿富汗塔利班和"基地"组织的极端分子穿过阿巴边境流窜至巴基斯坦，这些极端分子对巴基斯坦的稳定与安全造成了严重的影响。2007 年 12 月，拜图拉·马苏德在南瓦济里斯坦特区建立巴基斯坦塔利班。③ 巴基斯坦联邦直辖部落地区聚集了"基地"组织、阿富汗塔利班、"东突厥斯坦"伊斯兰运动极端分子、乌兹别克斯坦伊斯兰运动、伊斯兰圣战组织、利比亚伊斯兰战斗组等十多个极端组织。④

多年来，巴基斯坦政府对盘踞在边境部落地区和开伯尔—普什图赫瓦省的极端分子已经开展了数次清剿行动。另外，多年来的反恐战争也给巴基斯坦造成了巨大的人员伤亡和经济损失，并让巴政府付出了相当大的国内政治代价。巴基斯坦《论坛快报》的报道称，根据巴情报部门向最高法院递交的报告，2001—2008 年大约有 24000 名巴基斯坦军人和平民死于反恐战争，而 2008—2013 年的伤亡则更加惨重，大约有 25000 人死于巴政府与塔利班叛乱分子的斗争。⑤ 而一些西方学者则估计，2004—2013 年巴基斯坦大约有 14780—43149 人死于反恐战争，同期内还有超过 40000 巴基斯坦人在各方的冲突中受伤。⑥ 另外，巴基斯坦还为反恐战争付出了非常巨大的经济代价。2010—2011 年的《巴基斯坦经济调查》中

---

① U. S. Department of State, Cable, "Pakistan Support for Taliban", Document 34 – State 185645, Sept. 26, 2000, Secret, 4pp. Available at http：//www. gwu. edu/—nsarchiv/NSAEBB/ NSAEBB227/index. htm#34, retrieved on 12/02/2011.

② K. Alan Kronstadt, "Pakistan-U. S. Relations", *CRS Report*, May, 2012, p. 27.

③ Anti-defamation League, "Profile：Tehrik-e-Taliban Pakistan", from：http：//www. adl. org/ main_ Terrorism/ tehrik_ e_ taliban. htm? Multi_ page_ sections = sHeading_ 2.

④ Gunaratna, Rohan&Iqbal, Khuram, *Pakistan：Terrorism Ground Zero*, Reaktion Books, (2011), London, p. 29.

⑤ The Express Tribune, "Pakistani victims：War on terror toll put at 49, 000", March 27, 2013, from：http：//tribune. com. pk/story/527016/pakistani-victims-war-on-terror-toll-put-at-49000/.

⑥ Costs of War, "Pakistan：18494 – 48782 Civilians Killed in Undocumented War", from：ht-tp：//costsofwar. org/article/pakistani-civilians.

指出，在2001—2011年间反恐战争给巴基斯坦造成了约为679.3亿美元的经济损失。① 2012年的数据则认为2001—2012年间巴基斯坦为反恐战争所承担的经济损失为780亿美元。② 2012—2013年的《巴基斯坦经济调查》中更是明确指出，目前巴基斯坦与极端分子的战争使巴基斯坦本来就艰难的经济雪上加霜，而毫无减缓迹象的反恐战争不但给巴基斯坦经济造成了无法挽回的损失，还破坏了巴国内大众之间的和平与和谐。③ 再者，巴基斯坦政府为反恐战争而付出的政治代价也是难以估量的，巴基斯坦大众对反恐战争的反感以及战争本身所带来的社会分裂都会对巴基斯坦的稳定造成持久的影响。对于普通的巴基斯坦人来说，让自己的军队与自己的人民作战是一件令人惊异的事情，而且巴基斯坦人普遍相信这是因为政府迫于美国的压力而采取的行动。④

尽管巴基斯坦为反恐付出了巨大的代价，但美国则认为巴基斯坦政府在反恐战争中没有尽力，不是真心想清除恐怖分子，而是想继续为来自阿富汗的塔利班和"基地"组织极端分子提供庇护。特别是在对盘踞在联邦直辖部落地区的武装组织"哈卡尼网络"的清剿问题上，美国对巴基斯坦的批评十分激烈。2011年10月20日，在巴基斯坦外长希娜·拉巴尼·哈尔主持的美巴联合记者招待会上，美国国务卿希拉里·克林顿公开表明，巴基斯坦政府应当在打击武装分子的问题上与美方更加合作一些。⑤ 希拉里还说到，"你不能在你的后院里放一条蛇，却指望它只咬你的邻居"⑥，这句话非常明确地暗示了巴基斯坦与"哈卡尼网络"之间存

---

① Hindustan times, "Pakistan suffered ＄67bn losses in war against terror", June 20, 2011, from: http://www.hindustantimes.com/world-news/pakistan-suffered-67-bn-losses-in-war-against-terror/article1-711509.aspx.

② Xinhua News, "Pakistan loses 78 bln U.S. dollars in war on terror", February 8, 2012, from: http://news.xinhuanet.com/english/world/2012 – 02/08/c_ 131399165.htm.

③ Ministry of Finance, Pakistan, "Pakistan Economic Survey 2012 – 13", pi. From: http://finance.gov.pk/survey/chapters_ 13/executive%20summary.pdf.

④ Muqarrab Akbar, "Pakistan at Crossroads: War against Terrorism", *the International Journal of Interdisciplinary Social Sciences*, Volume 6, Issue 3, 2011, p.158.

⑤ The Express Tribune, "Work Hard to squeeze Haqqanis, Clinton tells Pakistan", October 21, 2011, from: http://tribune.com.pk/story/278815/us-wants-pakistan-to-take-strong-steps-on-afghan-militants/.

⑥ Ibid.

在联系。① 2012 年 6 月，美国国防部长莱昂·帕内塔在访问阿富汗时更是对巴基斯坦发出了严厉的警告，"我们的耐心已经到了极限。巴基斯坦必须采取行动不为哈卡尼网络提供庇护，不让恐怖分子使用巴基斯坦的领土作为庇护所对美军发动袭击，这一点十分重要"。②

然而，巴基斯坦对这一问题则持有完全不同的观点。首先，巴基斯坦认为自己在打击恐怖组织和极端分子方面有自己的策略，并不是单纯使用武力解决问题。巴基斯坦认为自己在北瓦济里斯坦所采取的打击"哈卡尼网络"的措施是谨慎合理的。③ 其次，巴基斯坦认为美国对其支持恐怖主义的指责是缺乏根据的。有巴学者指出，巴基斯坦政府和绝大多数民众都不可能是塔利班思想的支持者，因为巴基斯坦是一个议会民主制国家，巴基斯坦的主流意识形态与塔利班的意识形态并不相符。巴基斯坦的主流价值观念坚持赋予妇女权利，而塔利班思想则不承认妇女的权利；巴基斯坦社会的主流是推进现代文明，而塔利班思想则反现代文明；所以巴基斯坦政府和大众不可能支持塔利班，美国的怀疑是缺乏根据的。④ 在美国的很多人认为，穆沙拉夫不太愿意改革伊斯兰宗教学校，是为了维护与巴基斯坦伊斯兰政党之间的良好关系，进而维护自己的政权和权力。⑤ 然而，巴基斯坦方面则认为这种观点是缺乏根据的，因为穆沙拉夫早在 2002 年 1 月份就把包括虔诚军、穆罕默德军和先知之友在内的五个组织定义为恐怖组织，此举还造成了巴基斯坦国内的广泛不满。⑥ 再者，巴基斯坦普通民众对反恐战争的态度早已十分消极，巴政府不可能在反恐问题上继续忽略民众的意愿。从反恐战争一开始，巴基斯坦民众就对美国在阿富汗的行动不抱好感。美国发动的阿富汗战争在巴基斯坦并不受欢迎，

① Naeem Ahmed, "Re-defining US-Pakistan Relations", *The Dialogue*, Volume VII Number 3, p. 9.

② Reuters, "US losing patience with Pakistan, says Panetta", Jun 7, 2012, from: http://www.reuters.com/article/2012/06/07/us-usa-afghanistan-panetta-idUSBRE85605V20120607.

③ Ayesha Siddiqa, "Pakistan's Counterterrorism Strategy: Separating Friends from Enemies", *The Washington Quarterly*, 34 (Winter 2011): 151.

④ Muqarrab Akbar, "Pakistan at Crossroads: War against Terrorism", *the International Journal of Interdisciplinary Social Sciences*, Volume 6, Issue 3, 2011, p. 159.

⑤ Washington Post, June 13, 2004.

⑥ BBC News, 13 January, 2002, from: http://news.bbc.co.uk/1/hi/world/south_asia/1758534.stm.

"9·11"事件之后不久，美国国务院情报与研究局的调查结果显示，在2001年6月巴基斯坦民间对阿富汗奥马尔政权的支持率已从38%上升到了46%。① 大部分巴基斯坦人不认为塔利班是地区稳定的威胁。这项调查还显示，在巴基斯坦与阿富汗相邻的一些地区，由于地理和文化上的相近以及受到美军在阿富汗行动造成平民伤亡的信息影响，对塔利班的支持更是呈增长趋势。② 一些美国学者认为巴基斯坦在反恐方面做得不够多，而许多巴基斯坦人则认为巴基斯坦为了美国在反恐战争中已经陷得太深。③

综上所述，在反恐问题上美国质疑巴基斯坦的反恐意愿，甚至怀疑巴基斯坦表面反恐，实际上支恐；而巴基斯坦则认为自己已经为反恐付出了巨大的代价，反恐不能再过多地威胁自身的国家利益，而美国的指责、怀疑对已为反恐付出沉重代价的巴基斯坦来说更像是一种背叛。同时，也正是因为美国对巴基斯坦反恐诚意的怀疑，才促使美国在反恐问题上不断采取单边行动，并因此进一步加强了巴基斯坦对美国的疑虑和愤怒，进而不断恶化双边关系。

### 2. 美巴两国的国家利益具有差异性

美巴两国在反恐上的合作可以说从一开始就是一种妥协与让步的结果，两国通过在反恐议题上相互交易、各取所需而维持一种伙伴关系。然而以两国之间的妥协和让步维持的合作关系并不能掩盖两国在反恐问题上的利益差异，这些国家利益上的差异才是造成两国关系冲突和摩擦的根本原因。具体来看，美巴两国在反恐战争中的利益差异主要有以下几个方面。

首先，美巴两国对待阿富汗问题是有差别的。二战结束以后，阿富汗和巴基斯坦在领土问题上一直存在分歧，两国围绕"杜兰线"问题曾经一度在外交上展开激烈交锋。由于领土争端，当巴基斯坦寻求加入联合国时阿富汗是唯一投反对票的国家。④ 1973年，亲苏联的穆罕默德·达乌德

① Assistant Secretary of State for Intelligence and Research Carl W. Ford, Jr. to Secretary of State Colin Powell, "Pakistan-Poll Shows Strong and Growing Public Support for Taleban", November 7, 2001, from: http://www.gwu.edu/—nsarchiv/NSAEBB/NSAEBB227/35. pdf.

② Muqarrab Akbar, "Pakistan at Crossroads: War against Terrorism", the International Journal of Interdisciplinary Social Sciences, Volume 6, Issue 3, 2011, p. 156.

③ Ibid, p. 159.

④ Zeb, Rizwan, "War against terror: Lessons for Pakistan", Journal of South Asian and Middle Eastern Studies, Spring (3), 2002, p. XXV.

汗发动政变获得政权后，更是推行反巴基斯坦的大普什图族路线，他积极支持巴基斯坦境内的俾路支反政府武装，为其提供武器和庇护。① 而在苏联入侵阿富汗之后，巴基斯坦与美国、沙特等国一道，积极支持阿富汗的抗苏运动。苏联撤军以后，阿富汗逐渐滑向内战，很多国家都在阿富汗内战中有自己的代理势力，巴基斯坦也不例外。然而，巴基斯坦最先支持的军阀希克马提尔并未能最终控制住阿富汗的局面，最后巴基斯坦选择支持塔利班，并使其最终获得阿富汗的政权。塔利班执政对巴基斯坦来说是战后第一次在阿富汗出现了对巴基斯坦友好的政权，并且该政权与印度没有联系。② 因此，在"9·11"事件之前巴基斯坦给予了塔利班政权很多外交和经济上的支持。

一直以来，巴基斯坦都认为阿富汗的和平与稳定符合巴基斯坦的利益，并致力于让阿富汗成为对巴基斯坦友好的邻国。有学者总结到，巴基斯坦在看待阿富汗问题上有五个基本点：第一，阿富汗事关巴基斯坦的安全；第二，从历史的角度来看，巴基斯坦对阿富汗政策中的一个重要因素是印度；第三，巴基斯坦从前对塔利班政权的支持是出于地缘政治和安全方面的考虑；第四，阿富汗问题不能没有巴基斯坦的参与；第五，阿富汗问题不只是阿富汗的问题，而是能影响整个地区的问题。③

然而，美国在对待阿富汗问题上的出发点和巴基斯坦截然不同。冷战期间，阿富汗是美国对抗苏联扩张的一个舞台，冷战结束以后美国对阿富汗的关注度也随之下降。"9·11"事件之后，由于反恐，阿富汗才回到了美国决策者的视野里。当前，对于美国来说优先关注的是维持阿富汗的稳定，防止美国撤军以后阿富汗重新成为滋生恐怖主义的巢穴，并巩固美国多年反恐战争的成果。总而言之，美国在看待阿富汗时，核心问题是反恐，重要关注点在于阿富汗的稳定，长远考虑是要维持美国对阿富汗的影响与控制。然而，巴基斯坦在处理反恐问题时，还要着眼于阿富汗未来的战略发展态势，避免反恐影响或削弱巴基斯坦对阿富汗的战略影响力。巴基斯坦不能接受塔利班倒台之后的阿富汗出现其政权对巴基斯坦不友好甚至倾向印度的情况。

---

① Harrison, Selig, *In Afghanistan's shadow*, (1981), Washington, DC: CEIP.

② Rizwan Zeb, "Pakistan and Afghanistan, 2014 and Beyond: Not Friends, Not Yet Enemies?", *Journal of South Asian Development*, 2013. 8 (2), p. 165.

③ Ibid.

其次，巴基斯坦同样担心印度在阿富汗不断增加的影响力。巴基斯坦认为印度在阿富汗的出现不仅会损害巴基斯坦在阿富汗的战略和经济利益，还会损害其在中亚地区的利益。① 有学者认为，印度和阿富汗在 2011年 10 月签署了《战略伙伴关系协定》增加了阿富汗与巴勒斯坦关系的脆弱性。所以，在美军即将撤离阿富汗的背景下，巴基斯坦不希望将自己置于战略险境。鉴于这样的考虑，巴基斯坦为了维护自己的地缘政治利益就不能完全切断自己与阿富汗塔利班和其他武装组织之间的联系。② 目前来看，美国对 2014 年以后在阿富汗问题上的地区合作安排也让巴基斯坦十分担忧。2012 年初，美国在美印战略对话期间宣布将举行正式的美—印—阿关于阿富汗问题的三边对话。9 月，三边会议在纽约举行，这是三个国家关于阿富汗问题的第一次正式对话。有学者指出，这一机制的创立说明奥巴马政府认可印度在阿富汗重建中的贡献及将要继续发挥的影响力，也希望借助印度适当平衡巴基斯坦对阿富汗的影响力，防止在 2014年后出现巴基斯坦独大的情况。③

再次，在对待巴国内的某些武装组织的问题上两国也存在差异。有学者指出，巴基斯坦出于自己的国家利益并不愿意与巴境内的武装分子形成全面对抗的态势。巴基斯坦惧怕当美军撤出该地区以后，美国将抛弃巴基斯坦，甚至将巴基斯坦列入支持恐怖主义的名单，导致巴基斯坦处于腹背受敌的战略险境。所以，巴基斯坦拒绝接受美国所有可能会损害其长远战略利益的要求。④ 2012 年 2 月，"哈卡尼网络"的行动指挥官拉杰丁·哈卡尼首次承认了巴基斯坦安全部队与"哈卡尼网络"之间存在"和平协定"⑤，据报道称该协议规定，"哈卡尼网络"领导的武装组织不攻击巴基

---

① Naeem Ahmed，"Re-defining US-Pakistan Relations"，*The Dialogue*，Volume VII Number 3，p. 10.

② Ibid.

③ 邵育群：《2014 年后美国的阿富汗政策及中美互动》，载《南亚研究》2013 年第 3 期。

④ Naeem Ahmed，"Re-defining US-Pakistan Relations"，*The Dialogue*，Volume VII Number 3，p. 9.

⑤ Amir Mir，"SirajHaqqani exposes military-militants peace deal"，*The News International*，February 14，2012，from：http://www.thenews.com.pk/Todays-News-2-92666-Siraj-Haqqani-exposes-military-militants-peace-deal.

斯坦军队，而重点攻击驻在阿富汗的北约部队和国际安全部队。①

对于巴基斯坦民间来说，由于文化和宗教的联系，很多武装组织在巴基斯坦民众中的形象并不像在西方民众中的形象那样邪恶。以塔利班为例，塔利班在巴基斯坦普通普什图族人中的形象并不都是非正义的。前美国中央情报局驻喀布尔的主任格拉汉姆·福勒指出，塔利班基本上全都是普什图族人，他们中的很多还是极端的民族主义者，将塔利班视为在阿富汗重建普什图政权的基本载体。阿富汗战争和过去的历史经验展示了这些普什图族人只有在受到外敌入侵时才团结一致。在他看来，与其他组织相比塔利班更像一个普什图人组织。② 从这一角度来看，并不是伊斯兰的意识形态激励塔利班极端分子与美国作战，而是他们的民族主义以及一种民族单一化的感受使他们走向极端，他们是为了他们的普什图兄弟而战。③ 这也部分说明，为什么巴基斯坦塔利班等极端组织在巴基斯坦能够获得生存的土壤。

3. 美巴两国的关系具有不平等性

美国作为超级大国，在美巴关系中总是处于居高临下的姿态，从反恐战争开始，美国就一直将自己的利益置于巴基斯坦的国家利益之上，不时逼迫巴基斯坦无条件服从美国的需要。近年来，美国基于反恐的需要和对巴基斯坦的不信任，已经开始公开侵犯巴基斯坦的主权。无人机袭击问题、美军越界行动问题、戴维斯事件、阿伯塔巴德事件、萨拉拉事件等都表现了美巴关系的不平等性。这种不平等性，体现了美国对巴基斯坦国家利益和主权的蔑视和不尊重。

首先，以无人机事件为例，巴基斯坦政府和民间虽然对美国的无人机袭击多次表示抗议和不满，但美国为了自己的反恐利益，依然在进行着无人机攻击行动。根据美国对外关系委员会的报告中综合来自新美国基金会、漫长战争纪事以及总部设在伦敦的侦查新闻局的数据显示，美国在2004—2012年间，对巴基斯坦境内发动的无人机攻击次数为325—358次

① Amir Mir, "SirajHaqqani exposes military-militants peace deal", *The News International*, February 14, 2012, from: http://www.thenews.com.pk/Todays-News-2-92666-Siraj-Haqqani-exposes-military-militants-peace-deal.

② Graham E. Fuller, Obama's Policies Making Situation Worse in Afghanistan and Pakistan, from: http://www.huffingtonpost.com/graham-e-fuller/global-viewpoint-obamas-p_ b_ 201355. html.

③ Muqarrab Akbar, "Pakistan at Crossroads: War against Terrorism", *the International Journal of Interdisciplinary Social Sciences*, Volume 6, Issue 3, 2011, p.157.

不等，造成的死亡人数大概为2572—3019人，而其中平民死亡人数估计为142—681人。① 虽然无人机袭击给巴基斯坦带来了巨大的损失和伤亡，但巴政府事实上没有能力敦促美国改变其行为模式。无人机袭击可谓是美国不尊重巴基斯坦主权的典型例子。

另外，还有三起事件更是凸显了美巴关系的不平等性，也反映了美巴在反恐问题上缺乏互信。2011年1月27日，一名美国情报机构的成员雷蒙德·戴维斯在巴基斯坦第二大城市拉合尔射杀了两名巴基斯坦人。戴维斯在逃离现场后不久就被当地警方拘捕。事件发生后，美巴两国政府各执一词。美国政府称戴维斯是美国驻巴基斯坦拉合尔领事馆的雇员，享有外交豁免权，应当受到《维也纳外交关系公约》的保护。而巴基斯坦政府则认为不论戴维斯是否享有外交豁免权，都应当由巴基斯坦法庭作出决定。经过双方不断的争执之后，巴基斯坦迫于美国的强大压力，最终同意美国根据巴基斯坦法庭所遵循的伊斯兰法律对被害人家属进行赔偿后，便将戴维斯送回美国。这起事件被巴基斯坦民间视为美国对巴主权的侵犯，引起了巴民众对政府的广泛批评。②

在戴维斯事件发生四个月之后，又发生了一起对美巴关系造成剧烈震荡的事件。2011年5月1日，美国在没有事先告知巴基斯坦的情况下出动特种部队突袭了位于伊斯兰堡以北约110公里外的阿伯塔巴德的一座院子，并成功击毙了"基地"组织首领本·拉登。这次事件引起了美巴两国关系的剧烈震荡，并表现出了两国关系中深刻的不信任问题。对于巴基斯坦来说，美国在不通知巴政府的情况下发起突袭行动不但严重侵犯了自己的主权，而且美国的行为还引起了巴基斯坦民间的强烈愤慨。巴民众不仅对美国侵犯巴主权的行径非常愤慨，也对巴基斯坦军方和政府的无所作为表示失望。美国宣称不事先将突袭行动告知巴政府就是为了避免巴方内部将消息泄露而导致任务失败。这本身就表现了美国对巴基斯坦在反恐问题上的不信任。此次事件对早已缺乏互信的美巴关系造成了更加严重的损害。

本·拉登被击毙半年之后，又一次事件最终把美巴关系降到了反恐战争以来的最低点。2011年11月26日，在巴基斯坦和阿富汗有争议的边

---

① Micah Zenko, "Reforming U. S. Drone Strike Policies", Council Special Report No. 65, January 2013, p. 13.

② UmbreenJavaid, "Partnership in War on Terror and Mounting Militant Extremism in Pakistan", South Asian Studies, Vol. 26, No. 2, July-December 2011, p. 231.

境地区萨拉拉（Salala），发生了驻阿富汗的北约士兵与巴基斯坦士兵交火的事件。北约部队使用作战飞机攻击了两个巴基斯坦边检站，造成了24名巴基斯坦士兵死亡。被攻击的两个边检站位于巴基斯坦联邦直辖部落地区的默罕默德部落区下辖的萨拉拉地区（距离阿巴边界大约有2.5公里）。① 阿富汗和美国政府声称北约士兵没有首先开枪，而巴基斯坦政府则认为这起"无缘无故"的事件侵犯了巴基斯坦的主权。② 随后，巴基斯坦关闭了驻阿富汗的北约部队通过巴基斯坦的运输补给路线，这使得美国不得不依赖北方补给线路和空运对驻阿部队进行补给，为此美国每个月的运输成本增加了近1亿美元。③ 巴基斯坦在关闭补给路线7个月之后才决定重新开启。④ 有学者指出，萨拉拉事件对于已经备受挑战的美巴关系来说是一个决定性的时刻，它不仅促使两国关系发生了变化，还创造了重新定义美巴关系的机会，让两国重新评估双边关系对于自身的重要性。⑤

总体而言，美国对巴基斯坦主权的侵犯，以及对巴基斯坦国家利益的忽视是导致美巴两国关系不断波动的主要原因。如果美国不能调整自己在美巴关系中的姿态，不断激怒巴基斯坦政府和人民，恶化双边关系，将对两国之间的合作产生十分恶劣的影响，并进而损害美国在该地区的整体利益。

## 三 美巴关系的前景

综上所述，一直以来美巴关系的重点都是在防务和安全领域。历史证明，美国只有因为一些第三方因素才会关注巴基斯坦，例如苏联入侵阿富

---

① UmbreenJavaid, "Partnership in War on Terror and Mounting Militant Extremism in Pakistan", South Asian Studies, Vol. 26, No. 2, July-December 2011, p. 232.

② FarhanBokhari, "Pakistan blasts 'unprovoked' NATO attacks," CBS News, November 26, 2011, from: http://www.cbsnews.com/news/pakistan-blasts-unprovoked-nato-attacks/.

③ Tom Peter, "Pakistan opens NATO supply line in boon to U. S. forces in Afghanistan," *Christian Science Monitor*, July 3, 2012, from: http://www.csmonitor.com/World/Asia-South-Central/2012/0703/Pakistan-opens-NATO-supply-line-in-boon-to-US-forces-in-Afghanistan-video.

④ Eric Schmitt, "Clinton's 'Sorry' to Pakistan Ends Barrier to NATO", *New York Times*, July 3, 2012, from: http://www.nytimes.com/2012/07/04/world/asia/pakistan-opens-afghan-routes-to-nato-after-us-aplogy.html? pagewanted = all.

⑤ SadikaHameed, "The Future of Cooperation Between the United States and Pakistan", a Report of the CSIS Program on Crisis, Conflict, and Cooperation, October 2013, p. 1.

汗或是反恐战争。当前，美巴双方都已认识到美巴关系对维护自身利益十分重要；另一方面，双方关系中又存在互信不足、利益不一致、缺乏平等性的问题。美巴关系的重要性不会在短期内减弱，但两国存在的问题也不可能迅速得到解决。

美巴两国很多官员和学者认为，在 2014 年美国从阿富汗撤军以后美巴两国之间的关系与目前的状况可能大致相似，但这些学者对于 2014 年以后两国可能开展合作的领域与范围却存在着相当大的分歧。总体而言，大多数官员和学者认为巴基斯坦将依然是美国关注的重点，原因主要在于：第一，巴基斯坦拥有核武器；第二，冲突和动荡在本地区扩散并不符合美国的利益，美国特别关注到巴基斯坦的地缘位置有着在中亚与南亚地区之间缓冲不稳定因素的作用；第三，由于基地组织和其他极端组织在巴基斯坦拥有庇护所，这些组织可能在巴基斯坦计划和发动针对美国的袭击，对于一些极端组织来说，巴基斯坦可能逐渐成为阿富汗的"替代品"；第四，巴基斯坦对美国来说是一个不断增长的消费品市场；第五，巴基斯坦正在发生着一场民主政治思想与伊斯兰政治思想之间的辩论，美国需要密切关注巴基斯坦的政治发展方向。[①] 综上所述，由于巴基斯坦依然关系到美国的切身利益，美巴两国由于反恐而建立起来的互动关系不太可能因为美国从阿富汗撤军而迅速结束。

另外，阿富汗问题将继续是美巴关系中的重要议题。对于巴基斯坦来说，阿富汗是十分重要的邻国，巴基斯坦与阿富汗有很多历史和宗教上的联系，而且过去 30 年的历史证明了阿富汗的和平与稳定意味着巴基斯坦的和平与稳定。如果美国的撤离最终带来的是阿富汗陷入内战与混乱的话，这就意味着巴基斯坦也将深受其害。另外，如果阿富汗政权逐渐演变为一个对巴基斯坦不友好的政权，就像在历史上很多时期那样，巴基斯坦的安全也将受到威胁。很多巴基斯坦官员和学者认为，2014 年以后美军需要继续在阿富汗保留相当的军事力量以确保阿富汗的稳定，他们质疑阿富汗国家安全部队是否有足够的能力来维护阿富汗的稳定。[②] 当然，也有部分巴基斯坦官员和学者认为美国不应该在阿富汗驻留任何军事力量，美

---

① Sadika Hameed, "The Future of Cooperation between the United States and Pakistan", a Report of the CSIS Program on Crisis, Conflict, and Cooperation, October 2013, p. 12.

② Ibid. , p. 17.

国在阿富汗问题上的继续卷入只会进一步损害美巴关系的发展，甚至个别巴方官员和学者认为美方在阿富汗驻留部队就是为了用来攻击巴基斯坦的。[①] 可以预见，美巴两国都认为阿富汗的稳定至关重要，但两国围绕阿富汗问题的争执和摩擦将还会不断发生。

再者，美国未来对该地区的政策安排也将深刻地影响到巴基斯坦的利益。2014 年美军撤出阿富汗以后，美巴两国的合作将取决于美国对南亚地区的整体政策和美国的利益。对于美国来说，未来的首要任务是在撤军后维持地区的稳定，所以阿富汗问题、巴基斯坦国内安全形势都将继续是美国关注的重点，并且美国以后可能继续在反恐方面对巴基斯坦施加压力。有报告指出，西方国家未来对巴基斯坦的援助将以巴基斯坦政府对解决恐怖主义问题做出相应的努力为条件。[②] 同时，美国也希望整合盟友和伙伴的力量共同维护本地区的稳定，参与阿富汗的重建。在政治上，美国会更加重视印度的作用并敦促印巴两国改善关系。在经济上，美国希望整合地区内国家的力量。美国提出的"新丝绸之路计划"（New Silk Road Initiative）就旨在推动地区内经过阿富汗的贸易通道和基础设施合作。对于巴基斯坦来说，巴基斯坦既是反恐战争的支持者，也是反恐战争的受害者，反恐战争给巴基斯坦带来了很多难以评估的负面影响。未来，巴基斯坦一方面需要担心其国内的不稳定因素，另一方面又要担心自己在美国未来的地区安排中逐渐被边缘化。显然，美巴关系中所固有的以美国利益为导向的不平等性将继续存在，对于巴基斯坦来说，如何平衡和利用与美国之间的关系，如何避免美巴关系带来的负面影响，将是一个重要的战略问题。

（作者：云南省社会科学院南亚研究所　研究实习员）

---

① CSIS Roundtable Islamabad, January 2013; Khurshid Ahmad, chairman, Institute of Policy Studies, CSIS interview, Islamabad, January 2013. Sadika Hameed, "The Future of Cooperation between the United States and Pakistan", a Report of the CSIS Program on Crisis, Conflict, and Cooperation, October 2013, p. 17.

② Economist Intelligence Unit, "Country Report Pakistan", March 6th, 2013, pp. 5 – 6.

# 缅甸民主改革后的印缅关系

## 胡潇文

　　印度和缅甸一直都保持着较为密切的联系，缅甸民主改革后，鉴于其重要的地缘位置和政治走向，缅甸在印度的外交政策中占据了越来越重要的地位。缅甸对于印度来说有三重重要性。第一也是最重要的一点，就是缅甸的地缘位置决定了其对印度有重要的地缘战略价值；第二，印缅两国在能源和基础设施建设领域有着诸多合作项目；第三，两国需要共同应对跨境民族问题。缅甸具有卓越的战略位置，其东靠中国，连接东南亚地区，是中国维护周边和平稳定的重要支点；西面毗邻安达曼海和孟加拉湾，是东南亚、东亚国家南下印度海洋的重要陆上通道和关口，也是中国进入印度洋的重要通道；当然，缅甸的石油和天然气资源对于印度的能源安全和经济发展的意义同样也是不言自明的。同样，缅甸是印度解决其东北部分离主义问题的重要合作对象，更是平衡和制约中国"南下"的重要角色。鉴于美国战略东移和印度东向政策的深入，印度有着与缅甸发展关系的强烈愿望就显得顺理成章了。

　　2003 年 8 月，缅甸军政府宣布了七点民主路线图计划，从此开启了缅甸的民主进程之路。此后几年，缅甸分别于 2008 年 5 月通过《缅甸联邦共和国宪法》，2010 年进行大选，2011 年 3 月正式成立新政府，从而完成了军政府向民选政府移交国家权力的过程。在这段时期内，国际形势也在经历巨大变化，美国战略重心东移，印度东向政策深入。与此同时，中印两国都有着与缅甸发展关系的强烈愿望。而且，中印在印度洋上存在的经济和战略利益交织愈发复杂，竞争关系也愈发凸显。

　　印缅关系是印度对外关系中重要的一环，它呈现出一种两面性。一方面印度对缅甸军政府的独裁统治予以谴责，支持以昂山素季为代表的民主派；另一方面印度又保持与缅甸在众多领域的合作。2011 年 3 月缅甸新政府成立后，印度在第一时间对其表示承认和支持，使缅甸对外关系逐渐打开新的局面，且印缅关系的发展也成为外界关注的重点。2011 年 5 月 27 日，印度总理辛格访问缅甸，成为 1987 年以来首位访问缅甸的印度总理，由此实现了两国关系的突破性进展。众多国外知名媒体指出，印度希望通过加强与缅甸的贸易和能源关系的方式来与中国争夺影响力。

## 一 印缅政治交往：从摇摆不定逐渐走向明朗

20 世纪 80 年代，印缅关系由于缅军政府的上台而陷入低谷。从 90 年代开始，鉴于缅甸对印度的战略重要性，印度对缅恢复接触政策，并从支持以昂山素季为首的民主派转变为与军政府进行接触，进而发展较为全面的印缅双边合作。但是，一开始这种做法受到西方国家的指责，称这将造成西方国家对缅制裁的失效并阻碍缅甸的民主化道路。同时，昂山素季本人也曾多次指责印度政府对推进缅甸的民主化进程没有发挥应有的作用。在种种压力下，印度政府对缅政策显得谨慎而又有些摇摆不定。随着缅甸内部政治格局的重构和民主化的推进，各国开始放松或解除对缅甸的封锁，印度对缅甸政策也渐显明朗。在西方国家对缅甸采取更为积极的政策的同时，对印度保持与缅甸关系的指责也逐渐减少。与此前印度对缅甸政策相比，目前这个阶段印度对缅政策显得更加明朗和积极。

在政治互访方面，双方交往逐步推进，并突破多个"第一次"。例如，2000 年，缅甸"和发委"副主席貌埃率团对印度进行访问，被认为是印缅关系"破冰之旅"。2001 年，时任印度外长的辛格对缅甸的访问是自 1987 年拉吉夫·甘地总理访缅以来印度政府部长级官员对缅甸的首次访问，辛格在访缅期间赞扬了仰光政府为恢复民主而采取的措施。[①] 2003 年 1 月，缅甸外长吴温昂访印，两国决定建立外交磋商机制，并开始军事方面的合作。2004 年 10 月，缅甸"和发委"主席丹瑞大将和副主席貌埃上将访问印度，这是军政府自 1988 年上台以来缅甸最高领导人首次访问印度。2006 年 3 月，印度总统卡拉姆访缅，与缅方签署包括能源合作协议在内的若干双边协议。2007 年 1 月，印度外长穆吉克访缅，对缅方

---

① 李晨阳、瞿建文：《试论 1998 年以来印度与缅甸关系的发展》，载《南亚研究》2005 年第 2 期。

2006 年提出的一系列军事装备采购要求做出了积极回应。2008 年 4 月，貌埃第二次访问印度，双方就开采石油、天然气等问题交换了意见。2011 年 10 月缅甸新政府成立后，缅甸总统吴登盛访印并有多名部长随同。这是吴登盛就任后首次对印度进行访问，访问期间双方签署了两项协议。根据协议，印度方面延长了给予缅甸三个新项目 5 亿美元优惠设备贷款额度的期限，并延长了对这三个项目提供技术和资金援助的期限。① 2012 年 5 月，印度总理辛格访问缅甸，这是印度总理时隔 25 年后首次访问缅甸。辛格表示，此次访问将勾画出印缅两国未来合作的路线图，印度欲与缅甸分享议会民主的经验，并祝缅甸在新体制的建设中获得成功。访问期间，印度与缅甸共签署了内容涵盖边境地区发展等领域的 12 项合作协议；辛格还与反对派领导人昂山素季进行了会面，这被看作是新德里欲与缅甸的民主活动家重新修好的一个明确信号。同年 12 月，印度外长库尔希德再访缅甸，与缅甸总统及缅甸外长吴温纳貌伦会谈。2013 年 2 月，印度人民院议长梅拉·库马尔（Meira Kumar）率领议会代表团对缅甸进行访问，并会见了缅联邦议会议长兼人民院议长吴瑞曼。②

　　另一方面，政治交往的深入还体现在印度积极帮助缅甸推进民主化进程。新政府成立后，缅甸逐步进行民主化改造，在这个过程当中，印度多次强调愿意支持和帮助缅甸推进民主化。虽然在双方签署的各类协议中经贸合作占据了主导地位，但在议会、人权委员会和媒体等交往方面印度也开始与缅甸进行一些制度性层面的接触及合作。2012 年辛格访问缅甸时强调，印度将竭尽所能帮助缅甸进行民主化建设，这是印度近年最为强烈地表达要帮助其他国家促进民主的意愿。③ 同时，一些印度评论家还认为，鉴于印度与缅甸政府和缅甸全国民主联盟都有较好的关系，印度可以成为协调两者关系的最好的外部因素，印度的一些相关机构（如印度选举委员会）都能够为缅甸新兴发展的民主提供帮助。印度外交部已经为缅甸的两家媒体机构提供了培训项目。另一些评论还认为，印度还可以在促进缅甸和西方国家之间的关系方面扮演积极的角色，也可以为西方国家

　　①　Ministry of External Affairs：India-Myanmar Relations 2011.

　　②　India's Ambitious in Burma. Asian Survey，Vol. XLVIII，NO. 6，Novernmber ／ December 2008.

　　③　India PM's visit to Myanmar historic milestone：statement，Greater Mekong Subregion Agricultural Information Network，28 May 2012. http：／／www. gms-ain. org／Z_ Show. asp？ ArticleID = 1836.

在缅甸投资提供帮助。① 然而，鉴于缅甸反对派领导人昂山素季一直不满印度政府为缅甸提供的军事帮助，印度未来在缅甸民主进程中的实际作用也还将是有限的。最后，缅甸民主进程的推进可能为印缅边界地区不稳定局势的缓和起一种积极的作用。印缅边境地区是印度纳加兰武装叛乱分子活动的主要区域，这个叛乱组织分支众多且诉求不一。早先，印缅两国曾经采取联合行动对付发生在两国边界的叛乱武装分子活动。同时，印度还帮助缅甸训练军队以帮助其镇压反叛的武装力量。但是由于缅甸军政府的迟疑和缅甸能力的有限，这类联合行动最终都收效甚微。② 2012 年，印度总理辛格访问缅甸期间，双方在联合公报中重申要打击恐怖主义和叛乱活动，加强安全部队合作，加强边境管理，确保边境地区的安全与稳定。③随着缅甸民族改革的深入和社会的调整，未来印缅两国在边界区域的合作和交往有可能会有积极的改善。还有分析指出，印缅或许可以基于纳加文化圈的这一理念找到促进两国边界交流的新途径。

## 二 印缅经贸关系：发展与困难并存

印缅的双边贸易额在近 10 年内飞速增长，从 1995 年的 2 亿多美元快速增长到 2012 年的 19 亿美元左右，并且呈现印度对缅贸易的逆差不断增加的局面（见表 1）。缅甸出口到印度的主要以农产品为主，包括豆类、木材等，而印度出口到缅甸的主要是初加工的钢材和药品。

表 1 　　　　　　　　　印缅双边贸易额　　　　　　　　单位：百万美元

| 年份 | 印度对缅出口 | 印度对缅进口 | 总贸易额 | 贸易差额 |
| --- | --- | --- | --- | --- |
| 1995 | 54.74 | 164.57 | 219.31 | - 109.83 |
| 2000 | 83.16 | 261.99 | 345.15 | - 178.83 |
| 2006 | 139.95 | 781.93 | 921.19 | - 641.98 |
| 2007 | 185.43 | 809.94 | 995.37 | - 624.51 |
| 2008 | 221.64 | 928.97 | 1150.61 | - 707.33 |

---

① Gareth Price. India's Policy towards Burma. Chatham House. June，2013，p.5.

② Ibid.，p.6.

③ 《缅甸和印度将加强多领域合作》，新华网，2012 年 5 月 28 日。

续表

| 年份 | 印度对缅出口 | 印度对缅进口 | 总贸易额 | 贸易差额 |
|------|------------|------------|---------|---------|
| 2009 | 207. 97 | 1289. 8 | 1497. 77 | - 1081. 83 |
| 2010 | 320. 62 | 1017. 67 | 1338. 29 | - 697. 05 |
| 2011 | 545. 38 | 1324. 82 | 1404. 76 | - 779. 44 |
| 2012 | 544. 53 | 1404. 76 | 1949. 28 | - 860. 23 |

资料来源：Ministry of External Affairs：India-Myanmar Relations 2013.

从整体来看，印缅经济关系的进展主要取决于以下几个因素。

第一是合作机制。为了推进经济合作，印缅签订了多项协定和备忘录，以此形成了机制层面的保障。印度工业联合会和缅甸工商联合会分别于 2000 年和 2001 年签署了谅解备忘录。为了共同推进两国经济的发展，双方于 2003 年成立联合贸易委员会（Joint Trade Committee），该委员会至今已经举行了四次会议。2004 年，缅甸工商总会（UMFCCI）和印度工业联合会（CII）签署了一份协议，决定成立一个联合特遣小组，以促进双方的经贸交流（在此交流机制下，双方经常互派访问团和商会人员进行常规互访）。此外，2008 年两国还签署了双边投资促进协议（Bilateral Investment Promotion Agreement）和避免双重征税协定（Double Taxation Avoidance Agreement）。同时，印度和缅甸都是 2009 年印度—东盟货物贸易协议（India-ASEAN Trade in Goods Agreement）的签署国，印度还给予缅甸最不发达国家免税条款的待遇。2012 年辛格访问缅甸期间，双方还共同发起了联合贸易和投资论坛（JTIF）。第一届论坛于 2013 年 6 月在仰光举办，该论坛吸引了双方众多企业高层管理人员的参加。[1] 机制是经济发展的长远的较为固定的保障，在目前已经形成的机制框架下，印缅保证了双方常规性、不间断的经济互动和合作交流。

第二是边境贸易。边贸是印缅经济交流的一个重点。缅甸与印度东北部毗邻。由于文化和种族的相似性，长期以来印缅两国相邻的边境区域来往密切，且存在着大量的非法贸易和走私活动（这些非法贸易和走私活动的数额远远大于合法交易的数额）。[2] 为了推进边境地区的经济发展，

---

[1]　Ministry of External Affairs of India：India-Myanmar Relations 2013.

[2]　Thiyam Bharat Singh. A Study on Indo-Myanmar Border Trade. http：//www. dgciskol. nic. in/vaanijya0907/B% 20Vaanijya% 20Article. pdf.

印度打算加强与缅甸的边境贸易并推进对其与缅相邻地区的管理和控制。在这样的背景之下，印缅边境贸易活动日益受到双方的重视。印缅早在1994 年就签署了边境贸易协定，协议规定两国边境地区主要是采用边境贸易方式开展双边贸易，但仅允许就 12 种商品进行交易。① 2008 年 10月，第三次印缅联合贸易委员会会议就边境贸易的扩大达成共识将允许交易的商品增加至 40 种，并决定增加第三个边贸口岸。同时，双方还同意将已有的两个边境贸易口岸升级为常规贸易口岸。2012 年 11 月，印度政府决定在对缅甸的边境贸易中增加 22 类商品，使两国之间的边境贸易项目清单从以前的 40 类增加到 62 类。② 截至目前，双方建成了两个边境贸易口岸，即莫雷—德穆（Moreh-Tamu）和佐科达—伊（Zokhatar-Rhi）口岸，而第三个边境口岸（即 Avakhung-Pansat/Somrai）尚在筹划之中。另外，印度联合银行（United Bank of India）还与缅甸外贸银行（Myanma Foreign Trade Bank）、缅甸经济银行（Myanma Economic Bank）和缅甸商业与投资银行（Myanma Investment and Commercial Bank）签署了旨在促进边境贸易合作的谅解备忘录。在 2012 年访缅期间，印度总理辛格表示，印度期待与缅甸建立"更强的贸易与投资联系和共同开发边境地区"。2012 年 11 月，印缅边界地区联合贸易委员会第一次会议在印度曼尼普尔邦的莫雷举行。2010 年，印缅边贸交易额为 1280 万美元。在 2013 年，双方边境贸易额大幅度提高到了 3600 万美元。③

第三是能源合作。缅甸有巨大的能源储量，2012 年的数据显示缅甸天然气储量达 7.8 万亿立方英尺，石油储量 21 亿桶。油气出口已经成为缅甸出口创汇的重要组成部分。缅甸还拥有巨大的水能资源，水力发电是缅甸的主要电力来源。除此之外，缅甸还是东南亚五个重要的能源出口国之一。④

早在 1993 年印度就计划和缅甸展开能源合作，但直到 2002 年这一计划才得以落实。当时是印度最大的两家国有公司——印度石油天然气公司

① 吴兆礼：《印缅关系：积极合作 进展显著》，《印度洋地区蓝皮书 2013》，社会科学文献出版社 2013 年版。

② "Indo-Myanmar trade: India adds 22 new items", REDIFF, November 20, 2012, http://www.rediff.com/money/report/indo-myanmar-trade-india-adds-22-new-items/20121120.htm.

③ Ministry of External Affairs of India: India-Myanmar Relations 2012, 2013.

④ ADB. Myanmar in Transition: Opportunities and Challenges. 2012.

和印度燃气公司与韩国大宇公司共同投资开发缅甸的若开地区油气地块。2005 年，他们获准开发阿拉干区域的油气 A－3 区块，同时，第三家印度公司艾萨石油公司进入缅甸，开发阿拉干区域的 A－2 和 L 区块。据《缅甸时报》2004 年 2 月报道，缅甸于 2004 年 8 月开始从印度阿萨姆邦的炼油厂购买柴油。缅甸计划每年从印度购买 500 万吨柴油，印度表示愿意满足缅甸的要求。印度政府目前已经获得了缅甸 A1 号海上天然气田 30% 的股份，并准备投资 20 亿美元修建穿越孟加拉国国境的 900 公里长的天然气管道（该管道始于缅甸若开邦的首府实兑市，经孟加拉国陆地境内通往印度的加尔各答市）。2005 年 2 月上旬，缅甸、印度和孟加拉国的能源部长在仰光达成了修建经孟加拉国到印度的天然气管道的共识。2005 年 4 月，印孟缅三国正式签署了 A1 号天然气田开发的相关协议，该气田预计拥有 6 万亿立方英尺具有商业开采价值的天然气储量。通过这项协议，缅甸从中可获得可观的出口收入。2007 年，印度石油部长与缅甸签署了 1.5 亿美元的合同，该合同授予印度开发三个新的区块。可以说，在西方国家对缅甸进行封锁期间，印度就获得了在缅甸油气领域进行开发的竞争性优势。[①]

第四是互联互通及基础设施。印度一直以来都积极参与缅甸的基础设施建设项目。目前正在实施中的印度国家高速公路项目第三阶段计划中，曼尼普尔邦拥有建设优先权。该计划将改造和提升因帕尔一直到印缅边界的莫雷—德穆路段。作为亚洲高速公路的签约国，从因帕尔一直到印缅边界的莫雷—德穆交界处都属于亚洲高速路的范畴，故此段道路将严格按照亚洲高速路的标准来建设。其他路段改进计划还有阿萨姆边境—缅甸边境路段（史迪威公路）。在印度实施的另外一项重要计划——东北部道路交通加速发展特别计划下，从米佐拉姆邦的隆莱（longlai）至缅甸边境将建立一条新的双车道高速路，以支持缅甸加拉丹联运过境运输计划（Kaladan Multi-modal Transit Transport Project）的执行。[②] 印度与缅甸有关的道路建设项目还包括 160 公里长的德穆—葛列瓦—吉灵庙公路（Tamu-Kalewa-Kalemyo）改造和缅甸境内的 Rhi-Tid-

①　Renaud Egretean, India and China Vying for Influence in Myanmar—A New Assessment, India Review, Vol. 7, No. 1, January－March, 2008, p. 56.

②　Planning Commission Government of India. Report of Task Force on Connectivity and Promotion of Trade and Investment in NE States. Oct, 2006.

dim 公路改造。

在印度对缅基础设施建设的支持方面，加拉丹联运过境运输项目（Kaladan Multi-modal Transit Transport Project）是其中最引人瞩目的一项。2008 年 4 月，缅甸国家和发委副主席貌埃副大将访问印度期间，双方签署了两国政府间加拉丹河流域全面开发运输合作框架协议。该协议项目投资额约 54 亿卢比，印方已表示出资实施。据该协议，缅甸西北地区的重要港口城市实兑和印度东北地区的主要城市加尔各答之间将建造一条运输通道。具体内容包括：将实兑改造成为一座港口贸易城市，加拉丹河沿线河流实施运河修筑、河道疏浚和公路建设等项目，以建设一条从实兑通往印度米佐拉姆（Mizoram）邦的便利运输通道。目前对印度米佐拉姆邦的运输只能通过尼泊尔和不丹与印度相连接的狭窄内陆通道进行。[①] 这一项目的实施意味着外界可以向印度东北的偏远地区进行物资运输，从而带动该地区的发展。同时，印度投资 1.35 亿美元对缅甸实兑港进行改造，以将其建成一座港口贸易城市。根据双方协议，实兑深水港建设项目于 2008 年底开始实施，加拉丹联运过境运输项目计划于 2014 年完工。该计划按照行政区域划分为缅甸段和印度段。缅甸段的建设由印度外交部主管，印度内陆水路管理局（Inland Waterways Authority of India）则具体负责实施，预计花费为 545.85 亿卢比；印度段即米佐拉姆邦境内的通道建设由印度公路交通及高速公路局（Department of Road Transport and Highways）管理，米佐拉姆邦公共事务部（Public Works Department, Govt. of Mizoram）负责实施，预算为550 亿卢比。[②]

印缅政府还根据边界发展合作备忘录进行了密切合作。印度答应自 2013 年起之后的 5 年内每年向缅甸提供 500 万美元的资助，并计划第一年在克钦邦和那加人自治区内建设 21 所小学，17 个卫生服务中心和 8 座桥梁。此外，印缅还合作建设工业培训中心等。[③]

然而，印缅两国经济关系的发展也并非一帆风顺。随着两国合作领域

① 中国驻缅大使馆参赞处：《缅甸与印度将合作实施加拉丹河运输线路全面开发计划》，http://mm.mofcom.gov.cn/article/ddgk/zwjingji/200804/20080405485120.shtml。

② 印度东北地区发展局：《加拉丹河运输线路计划》，http://www.mdoner.gov.in/content/introduction-1#status。

③ Ministry of External Affairs of India: India-Myanmar Relations 2012, 2013.

的日益扩展，一些困难和阻力却也逐渐显现。

第一是印缅双边贸易结构单一。印度从缅甸进口的商品有 2/3 是大豆类产品，而缅甸从印度进口的很大一部分产品是药品，并且这些药品几乎都是由印度大制药公司如印度瑞迪博士实验室有限公司和印度南新公司生产的。在缅甸当地的市场上，印度的产品并不像中国产品那样随处可见。[①]

第二是印缅边境地区的交通连接建设滞后。从 2001 年起，印度就坚持要承建德穆—卡里瓦—曼德勒公路的（Tamu-Kalewa-Mandalay road）卡里瓦到曼德勒段。该路段由印度军方承建，竣工后印度政府将其命名为"印缅友谊路"，印度政府的初衷是通过对这一路段的改造，使得印度与缅甸实现交界地区的公路连接，并借此促进缅甸方面打开由卡里瓦至缅甸内陆的高速公路。[②] 但由于缺乏有效的经费支持和缅甸边境地区的不稳定性，缅甸方面在后期的维护过程中并没有履行自己的责任。该路段目前路况较差，而所有的维护和重建工作又落到了印度一方。故印度至今没能像中国一样与缅甸建立起一条连接印缅的顺畅贸易通道，这也导致印缅边境贸易始终不能像两国所期望的那样达到一个较高的水平。[③] 根据印缅联合工作组的一份报告，虽然随着印度开放口岸的增多，印缅边贸总额将会逐步增长，但是，边境安全问题将始终是双方深入发展边贸的一个阻碍。报告还披露，缅甸的德穆口岸虽然繁荣，却充斥着大量来自第三国的产品（包括中国的电器产品、韩国的塑料制品、日本的硬件和设备以及泰国的纺织品和日常消费品），而印度和缅甸生产的产品并不多见。而相比德穆口岸，印度的莫雷口岸则相对萧条，因为印度东北部长期存在的边境冲突、非法移民等问题阻碍了贸易的发展。曼尼普尔通往印度内陆的主要国家高速公路（N39 国道）还经常被当地的分离主义组织或反政府武装封锁，再加上经常性的断电、断水使得通过莫雷进行的边境贸易受到极大的

---

① Renaud Egreteau, India's Ambitions in Burma: More Frustration than Success? Asian Survey, Vol. 48, No. 6 (November/December 2008), p. 948.

② Morgan Hartley and Chris Walker, Burma's Second Chance For Trade With India, http://www.forbes.com/sites/morganhartley/2013/03/26/burmas-second-chance-for-trade-with-india/3/26/2013.

③ Renaud Egreteau, India's Ambitions in Burma: More Frustration than Success? Asian Survey, Vol. 48, No. 6 (November/December 2008), p. 945.

阻碍。而根据曼尼普尔工商业行政管理局的报告分析，曼尼普尔的边贸下降，是由于当地市场不遵守法律、高速公路设置过多收费站、对木料进口的限制以及进口商品品种有限等多重原因。①

第三是在能源合作方面，很多评论认为两国合作的预期并不理想。2005 年以来，印度在与缅甸的能源合作中挫折不断。首先是在与由韩国公司牵头的开采缅甸沿海天然气资源的三边合作项目的谈判中进展不顺。此外建设缅甸 A－1 和 A－3 采区到印度的天然气管道项目在印度国内引起激烈争论，也影响到了印度与缅甸和孟加拉国的关系。2005 年 1 月，印度试图与缅甸政府签署一项协议，规定从若开气田开采的天然气全部运往印度，但最终由于印度国内决策缓慢、孟加拉国对管道借道该国提出条件、印度东北部的安全风险以及中国提出更为优惠方案等因素的影响，缅甸政府不得不重新考虑该协议的可行性。最终，在若开气田开采项目一事上缅甸把目光转向了中国，其结果不仅证明了中国与缅甸的良好关系，而且也让印度有了一种挫败感。②

第四是印度很多投资者对在缅甸进行投资缺乏积极性。尽管缅甸民主进程不断推进，但是很多印度投资者还是认为缅甸缺乏有效的金融体制和稳定的经济环境，也缺乏有效的法律法规对外国人在缅的商业活动进行规范和保护。③

第五是印度在缅甸的经济投资并未给当地带来太大的利益。2012 年，印度在缅甸西部港口城市实兑兴建港口，希望能借此打通缅甸边境通商之路。一开始，缅甸工业部表示这项工程将对两国都产生有利的结果。但实际上港口施工工程大多数由印度工人完成，而整个项目却只雇用了 600 名缅甸工人。此外，这个工程是由印度第四大私营集团爱萨集团主持，其技术工人、工程师以及工程设备全部来自印度。④ 这样一种合作方式自然也引起缅甸当地企业和人民的不满和抱怨。

① Thiyam Bharat Singh. A Study on Indo-Myanmar Border Trade. http：//www. dgciskol. nic. in/vaanijya0907/B% 20Vaanijya% 20Article. pdf.

② Gurpreet S Khurana, China-India Maritime Rivalry, Indian Defence Review, Vol. 23：4, October-December 2009, p. 3.

③ India's Ambitious in Burma. Asian Survey, Vol. XLVIII, NO. 6, Novernmber/December 2008.

④ Ibid.

## 三　印缅军事关系和安全合作：发展迅速，逐步深入

相比政治和经济关系，印缅之间的军事合作则相对突出。特别是在缅甸新政府成立后，两国之间的军事高官互访频繁。这在一定程度上可以看出两国军事安全合作不断深入的发展趋向。

一方面，最近几年印缅双方的军方互访与交流频繁，两国军事关系发展节奏加快。从印度方面情况来看，最近几年均有军方高级将领出访缅甸。例如，2011 年 5 月，印度国防部副部长率团访问缅甸；8 月，印军参谋长联席会议主席和海军总参谋长访问缅甸；2012 年 1 月，印度陆军总参谋长访问了缅甸；11—12 月，印军参谋长联席会议主席兼空军总参谋长布朗恩上将（N. A. K. Browne）访缅；2013 年 1 月初，印度派出了包括国防秘书、海军副总参谋长等在内的高访团访问缅甸，与缅甸总统吴登盛会面并就国防安全问题进行了详谈；1 月 21—22 日，印度国防部长安东尼率领由国防秘书夏尔马、陆军东部军区司令部司令、印度海军副总参谋长等将领构成的高级代表团对缅甸进行了访问，期间与缅方商讨了印缅双边军事合作事务，其内容涉及提升边境管理和加强缅甸军队的能力建设等，例如印度帮助缅甸培训空军官兵驾驶俄制"米格－35"直升机以及为缅军提供海上巡逻机、海军炮舰、轻型火炮、迫击炮、榴弹发射器、步枪等武器装备。10 月 30 日，印度陆军总参谋长比克拉姆·辛格上将访问缅甸并与总统吴登盛会面，吴登盛就印度对缅甸在建设现代化军队和为缅官兵提供奖学金以用于军队人力资源发展方面给予的帮助向印方表示感谢。在为期两天的访缅行程中，辛格上将还会见了缅甸国防军总司令敏昂莱（Min Aung Hlaing）和国防军副总司令兼陆军司令梭温（Soe Win），与缅军高级将领就缅甸军队的现代化和印缅边境地区的防务安全等问题进行了广泛而深入的讨论。[①]

在印军高级将领频频来访的同时，缅甸也自 2012 年以来频繁派出军方高官访问印度。例如，2012 年 8 月，缅甸国防军总司令敏昂莱访问印度，参观了位于加尔各答的印度陆军东部军区司令部；2013 年 7 月，缅

---

① 吴兆礼：《印缅关系：积极合作　进展显著》，《印度洋地区蓝皮书 2013》，社会科学文献出版社 2013 年版。

甸海军参谋长杜拉德瑞中将访印，双方就利用印度军事机构和武器装备对缅甸海军官兵提供培训进一步达成了共识，签署了印度帮助缅甸建造近海巡逻舰的合作协议，此外缅甸还表示考虑引进印度国产潜艇的先进声纳和雷达技术；2013 年 12 月，缅甸陆军总司令梭温访问印度，与印度陆军东部军区司令部司令达尔比尔·辛格（Dalbir Singh）就加强两国军事关系和防务安全合作的相关问题进行了讨论。[①]

另一方面，印缅两国在边界地区的安全合作也日渐深入。印缅边界的叛乱活动此起彼伏，而且印缅两国边境地区的反政府地下武装组织暗中联系，相互支持。这些分裂组织的存在俨然成为缅甸向印度要求援助与军火的最好筹码。此外，印度东北部的部分地区还是缅甸不法分子贩毒和走私军火的天堂。两国边境地区存在的这些问题无疑在当地播下了动荡和不稳定的种子。印度方面认为，除了在发生贸易冲突关闭边境的时候，缅方几乎未采取任何措施来应对严重的走私行动。另外，流入印度的缅难民常常与印度当地居民发生冲突。[②] 从两国边境地区的上述情况来看，印缅就边境安全问题进行合作似乎是不可避免的。从 2002 年起，印度开始向缅甸转让轻型武器，支持缅方对付反叛分子。最初印度仅限于向缅方提供用于对抗反政府武装的武器，但后来的武器转让范围进一步扩大到由印度国有的巴拉特电子有限公司生产的 105 毫米火炮及多用途机载监视收音机等装备，此外还包括雷达等其他军用设备。2004年丹瑞大将访问印度时，印度提出要与缅甸建立有效的反叛乱合作机制，特别是针对那加人的反政府武装组织——那加兰民族社会主义者议会 K 派（NSCN-K）。此后，缅甸保安军负责对抗盘踞在印缅交界加兰山附近的印度反叛组织，而印度方面则负责提供情报和信息。但是，就目前的情况而言，印度虽然向缅甸转让了不少武器装备，并积极支持缅方打击边境地区的叛乱活动，但印度的这些举措成效并不显著，两国边境地区的安全局势依然不容乐观。

此外，21 世纪以来印缅两国的海军交流与海上合作也在不断增加。

---

① 吴兆礼：《印缅关系：积极合作　进展显著》，《印度洋地区蓝皮书 2013》，社会科学文献出版社 2013 年版。

② Ministry of External Affairs（India），Joint Statement Issued on the Occasion of the State Visit of H. E. Senior-General Than Shwe，Chairman of the State Peace and Development Coun-cil of the Union of Myanmar to India（25 - 29 October 2004）（New Delhi），October 29，2004.

例如，2002 年 12 月，印度的一支小型舰队首次被允许在缅甸的迪拉瓦港停靠；2003 年 5 月和 2004 年 5 月，印度海岸警卫队的两艘船都只被允许在此口岸停靠。2003 年 9 月，印缅首次海上联合军演在印度安达曼海进行；2005 年和 2006 年，在米兰联合军演中，印缅同为参与国并在军演中进行了合作。[①]

## 四 结论

总体来说，缅甸民主改革后的印缅关系呈良好态势，双方的政治关系逐步深入发展，军事联系更加密切，经济关系也在不断改善。虽然也存在前文提到的一些问题，但印缅关系在总体上仍然呈现出一种不断提升的态势。但是，今后印度与缅甸的关系究竟能够发展到什么样的程度还是一个很难判断的议题。具体来看，印缅关系的发展未来将受到以下几个因素的影响。

第一是缅甸在发展对外关系时经常呈现出的矛盾性。在 20 世纪，由军政府统治的缅甸长期保持一种相对封闭的状态。进入 21 世纪之后，尽管缅甸也希望同其他国家合作以发展其经济，但是其政府和国民通常对外来影响持一种怀疑和警惕的态度。因此，尽管印缅关系在不断深化，但是印度庞大的人口数量和文化经济有时也会被缅甸人视作一种潜在的威胁，而这正是印度方面低估了的阻碍印度进入缅甸的一个重要因素。这种现象不仅发生在印度与缅甸的关系中，其实中国在与缅甸发展关系时也遭遇过同样的事情。

第二是缅甸国内政治的发展状况。军政府政策和民主改革路线实施情况必然也会对印缅关系产生影响，因为缅甸外交政策的变化根本上取决于其国内民主改革的进程和实施步骤，也取决于缅甸政府与其反对派斗争的情况。可以说，印缅关系的发展必然会受到这些问题的影响，也必然会随着缅甸国内政治形势的发展而变化。

第三就是大国因素的影响。目前，中国与缅甸一直保持着一种比较密切的合作关系，而美国在亚太再平衡战略的背景下也越来越重视发展与缅

---

① Renaud Egretean, India and China Vying for Influence in Myanmar – A New Assessment, India Review, Vol. 7, No. 1, January – March, 2008, p. 43.

甸的关系。同样，缅甸也清楚印度加强印缅关系的主要目的之所在。对于这样一种形势，缅甸必然会采取大国平衡战略以使得缅甸的国际利益能够达到最大化的程度。因此，国际形势的变化和其他国家与缅甸关系的发展同样也会对印缅关系的未来发展产生一定的影响。

（作者：云南社会科学院东南亚南亚编辑部　助理研究员

　　　印度尼赫鲁大学国际关系学院　在读博士）

# 日本与尼泊尔关系评析

## 涂华忠

日本与尼泊尔有着悠久的历史文化关系，早在公元 6 世纪，发源于尼泊尔的佛教就经由中国、朝鲜传入日本，佛教对日本的宗教、社会、文化产生很大的影响。时至今日，日本与尼泊尔在上述各个方面仍然存在着许多共通性。1956 年日本与尼泊尔正式建立外交关系，双边关系发展迅速，2013 年日本与尼泊尔迎来建交 57 周年，尼泊尔在日本的南亚政策中的重要性日益凸显，日本与尼泊尔关系是发达国家与发展中国家关系中较有代表性的双边关系之一。本文拟就从国际政治学的角度，对日本与尼泊尔关系的形成、发展、动因及其挑战进行分析，并展望两国关系的发展前景。

## 一　日本与尼泊尔关系回溯

### （一）起步阶段（1899—1905）

虽然佛教维系着日本与尼泊尔之间上千年的历史文化渊源，然而两国历史上却并无直接往来。近代日本与尼泊尔的关系始于明治时代，日本著名学僧河口慧海（1866—1945）首次打开了日本与尼泊尔交往的通道，他是第一个进入尼泊尔的日本人。[①] 河口慧海是近代日本历史上一位著名的佛教学者和探险家，其在担任日本黄檗宗罗汉寺住持期间，深感学习佛教原典的重要性，并立志进入西藏收集原著以学习佛法。1899 年，时年33 岁的河口慧海经由印度、尼泊尔访问西藏，虽然尼泊尔并不是河口慧海学习佛法的最终目的地，然而河口慧海却是第一位到访尼泊尔的日本

---

① 参见廖劼《战后日本与尼泊尔关系探析》，苏州科技学院硕士学位论文，2011 年，第11 页。

人。在此后 10 多年时间里，河口慧海又三次到访尼泊尔，向尼泊尔大力宣传日本文化，使得尼泊尔上层开始逐渐了解日本。归国后，河口慧海撰写和翻译了大量的旅行记和佛教原著，如《西藏旅行记》《佛教和赞》《佛教中的长生不老法》《藏传印度佛教历史》等，详细地介绍了他尼泊尔、西藏之行的生动画面。① 纵观河口慧海一生，主要有三大成就：其一是开辟了日尼关系；其二是整理出了今天世界佛教界最通行的《大藏经》版本；其三是把喜马拉雅山介绍给了日本人，日本成为登山大国是从他开始的。② 河口慧海的这些著作成为当时日本国内直接了解尼泊尔的唯一窗口，也由此拉开了日本与尼泊尔进行交往的序幕，成为近代日本与尼泊尔关系的开拓者。

1902 年 3 月，在河口慧海的积极帮助之下，尼泊尔拉纳政府在国内选出了八名贵族子弟，派往日本学习先进科学技术。这批留学生分赴东京帝国大学（东京大学前身）、东京高等工业学校（东京工业大学前身）、东京农科大学（东京大学农学部前身）等学校学习军火制造、机械工程、采矿业、农业、应用化学和制陶业等尼泊尔国内急需专业。1904 年，由于受日俄战争及日英俄在亚洲复杂的利益纷争影响，这批留学生被要求离开日本，并于 1905 年年底之前先后回到了尼泊尔国内。③ 总体而言，尼泊尔赴日留学生虽然人数较少，然而这批留学生成为尼泊尔了解日本的先驱，并带回了一些先进的科学技术知识，由此打开了尼泊尔了解日本的窗口，也使得日本与尼泊尔之间的关系由单向交流变为双向交流。

## （二）休眠阶段（1905—1955）

1905 年这批留学生回到尼泊尔之后，尼泊尔暂时停止向日本派遣留学生，两国之间的联系突然沉寂下来。1913 年，河口慧海满怀希望的最后一次访问尼泊尔，然而这一次访问却并没有从根本上改变日益冷却的日尼双边关系。随着 1914 年第一次世界大战的爆发，国力日益强大的日本立即投入到瓜分世界殖民地与原材料市场的纠纷中，而东亚成为当时日本

---

① 参见秦永章《日本涉藏史——近代日本与中国西藏》，中国藏学出版社 2005 年版。

② 参见廖劼《日本与尼泊尔关系的开拓者——记日本学僧河口慧海》，《文学界》2011 年第 2 期。

③ 在ネパール日本国大使馆：「明治のネパール人留学生」，http：//www. np. emb-ja-pan. go. jp/jp/100th/part7. html。

对外侵略的主要焦点，远在喜马拉雅山脉南麓的尼泊尔逐渐淡出日本的视野。

这些留学生在回到尼泊尔之后，并没有沉寂下来，而是积极投身国内军工产业和机械工业等领域，并逐渐取得了一定成绩，获得了尼泊尔拉纳政府及国内民众的认可。在 1937 年，加德满都举办的首次产业博览会上，尼泊尔拉纳政府再次表示将要向日本派遣尼泊尔留学生，然而随着第二次世界大战的爆发，在英国政府的不断施压之下，尼泊尔不得不宣布断绝与日本的往来，两国关系彻底陷入了休眠状态。虽然在这一时期赴日尼泊尔学生曾经与日本的朋友有过书信往来，但是两国官方层面的交往则完全陷入停滞状态。在这批留学生归国后的 50 年时间里，两国双边关系几乎没有任何实质性进展，这一时期可谓是日本与尼泊尔关系的休眠时期。

### （三）发展阶段（1956—1991）

"二战"后，日本经济再度崛起，日本国民不断走向海外，喜马拉雅山脉南麓美丽的风景吸引了大批来自日本的游客，大幅攀升的日本游客成为推动日本与尼泊尔关系发展的客观原因。随着日本经济的迅速崛起和赴尼泊尔的游客不断增多，日本政府为探寻新的海外原材料生产基地及销售市场，从主观上也开始日益重视与南亚国家特别是与尼泊尔的关系。1956年 9 月 1 日，在双边高层的推动下，日本与尼泊尔正式建立外交关系，由此拉开了日本与尼泊尔再次交往的序幕，这也标志着日本与尼泊尔关系迈进了一个新的发展阶段。

在双方政府高层的关注之下，1965 年，尼泊尔大使馆在东京正式开馆，1968 年日本大使馆在加德满都开馆。[①] 日尼关系不断升温，双边往来日益频繁。随着日本经济的高速发展及其对世界原材料市场与销售市场的争夺，日本加大在发展中国家推行"雁行模式"理论，向东南亚、南亚等国不断推行经济扩张战略。由于尼泊尔得天独厚的地理位置，日本高层在建交后不断提升对尼泊尔的重视程度，1959 年日本政府正式拉开了 ODA（英文 Official Development Assistance 的缩写，即政府开发援助）政策的序幕，通过经济援助以达到剩余资本输出、抢占原材料市场和销售市

---

① 参见宋红豆《日本与尼泊尔关系的演变》，外交学院硕士学位论文，2010 年，第 11 页。

场的目的，并于 1980 年一跃成为尼泊尔最大的海外援助国。① 而尼泊尔对日本丰厚的援助也投桃报李，在国际舞台上不断表态支持日本重返世界大国地位，使得日本与尼泊尔关系发展迅速，这一阶段可谓是日本与尼泊尔关系的发展阶段。

### （四）成熟阶段（1991 年至今）

20 世纪 90 年代，新一波民主化浪潮席卷尼泊尔，尼泊尔比兰德拉国王面对国内此起彼伏的大规模民主化要求，宣布结束君主独裁的评议会制，尼泊尔向民主化道路迈出了重要的一步。日本对尼泊尔出现的民主化进程表示欢迎，在加强政府间合作的同时，也加快了对尼泊尔的援助步伐，希望通过经济援助巩固尼泊尔民主化成果。而多年来经济发展缓慢的尼泊尔，也亟须扩大海外援助，在尼泊尔的海外援助国中日本的地位日益重要。日本追随美国，为了遏制尼泊尔共产党（毛主义）的影响，不断推动尼泊尔在民主化道路上迈进，对尼泊尔辅之以大规模的经济援助，为日本与尼泊尔关系打下了坚实的经济基础。

除经济援助之外，日本还积极鼓励国内企业赴尼泊尔投资。截至 2011 年底，日本在尼泊尔有 45 家大中型企业，年投资额接近 3075 万卢比（约 42.3 万美元）。② 这对于企业规模较小，人均收入不足 500 美元③的尼泊尔人而言，可谓是一个天文数字。日本在成为发达资本主义国家之后，扩大对外贸易，对外输出剩余资本便成为日本政府执行其对尼泊尔政策的最大动力。随着日本对尼泊尔各项经济援助政策日益体系化、规范化、规模化，使得日本与尼泊尔双边关系有条不紊地沿着日本设想的道路前行，也推动着日本与尼泊尔双边关系日益走向成熟。

## 二 日本与尼泊尔关系动因分析

至 2013 年 9 月初，日本与尼泊尔迎来建交 57 周年。纵观两国建交以

---

① Institute for International Cooperation，*Country Study for Japan's Official Development Assistance to the Kingdom of Nepal*，Japan International cooperation Agency，2003，p. 4.

② 在ネパール日本国大使館：「図説ネパール経済 2012」，2012 年 5 月。

③ Asian Development Bank，"Key Indicators for Asia and the Pacific：Nepal"，*Country Report*，2012，p. 1.

来的历程，随着日本对尼泊尔的援助逐渐增加，日本对尼泊尔的影响也随之渗透到尼泊尔社会的各个领域。从根本上而言，日尼关系的日益升温源于日本经济的持续高速发展及日本不断扩大其国际影响的战略目标。日本对尼泊尔以经济援助为杠杆，辅之以其他政策，从而推动着日尼双边关系按照日本希望的模式向前发展。

## （一）经济因素

从经济角度出发，日本日益重视发展与尼泊尔的关系，是日本在发展中国家推行"雁行模式"理论，向发展中国家进行经济扩张的重要手段之一。2011 年底尼泊尔人口为 2662 万人。[①] 虽然尼泊尔市场由于人口较少缺乏广阔性和纵深性，但其作为南亚国家的重要一员，与其他南亚国家有着密切的经济联系，如果能够获得尼泊尔市场的接受，也间接意味着能够得到其他南亚国家的认可，而日本正是把尼泊尔当作是进入南亚国家重要的跳板之一，日本历届政府都毫不吝啬对尼泊尔的经济援助和各项投资，原因显然就是认为能够从对尼泊尔市场占有的过程中获得回报。

尼泊尔与日本的接近，源自于向经济技术大国日本学习的态度，希望能够通过日本以获得更多的经济援助，从而改善其落后的面貌。而日本政府对于尼泊尔提出的各项经济援助要求大都照单接受，包括卡利甘达基 A 水电站、库利克哈尼水电站、辛图利公路建设、特里布文国际机场改建、改善水利基础设施等均是在尼泊尔政府请求下由日本提供无偿援助的代表性项目。[②] 不容否认，历届尼泊尔政府都把日本的援助资金列入政府的年度财政预算之中。[③] 正是因为日本与尼泊尔在经济方面各有所需、各取所需，从而使得经济因素成为推动两国双边关系持续发展的不竭动力。

## （二）文化因素

从文化角度而言，由于佛教在两国文化中都打下了深刻的烙印，尼泊

① Asian Development Bank, "Key Indicators for Asia and the Pacific: Nepal", *Country Report*, 2012, p. 1.

② Embassy of Japan in Nepal, "List of Japan's ODA Projects in Nepal", 2010. http://www.np.emb-japan.go.jp/oda/odanepal.html.

③ Adhikari Bimal, "A History of Japanese Official Development Assistance to Nepal", *Research on Contemporary Society*, 2009, p. 73.

尔的文化遗产与日本的传统文化有着许多密切的联系，两国在宗教、文化、社会方面至今仍然存在着许多共通性，从日本的一些学者和官员的著作中我们可以发现这一端倪。日本学者神长善次的《丰富的亚洲价值》以及现任尼泊尔公使冈部高道于 2001 年 11 月 2 日在《崛起的尼泊尔》（*The Rising Nepal*）上发表的《身在日本的尼泊尔神祇》，都对日本与尼泊尔的文化遗产进行了详细的对比研究。① 日本加强与尼泊尔的交流，可以说从文化上而言，心理上有着相互容纳、相互接收的空间。文化传统的接近，有利于日本文化从漂浮不定的岛国心态去寻找大陆文化的源泉。

尼泊尔对于日本文化也存在着一种特殊的亲切感，两国无处不在的寺庙（或神社）和佛像，在宗教方面相仿的文化传统，都成为尼泊尔亲近日本的重要因素之一。1989 年，加德满都市与长野县松本市结为姐妹城市；1999 年，尼泊尔大规模庆祝日本学僧河口慧海访问尼泊尔 100 周年，2002 年，尼泊尔国王再次派遣了八名留学生赴日留学，以纪念尼泊尔留学生赴日留学 100 周年；2006 年，尼泊尔与日本举行建交 50 周年庆祝活动。② 从这一系列各种文化活动及庆祝活动中可以看出，尼泊尔对日友好的出发点，背后有着强劲的文化动力。

### （三）政治因素

经济上获得的巨大成功，也促使日本政府在国际舞台加快为获得与经济身份相匹配的政治地位而持续努力。截至 2008 年尼泊尔联邦民主共和国成立之前，日本与尼泊尔均存在着王室，两国政体上有着几分相似，加之传统文化的渊源和现实的相仿，使得两国有着许多共同关注的焦点和话题。日本王室与尼泊尔王室互访不下数十次，而两国高层也经常互访，1998 年尼泊尔首相柯伊拉腊首次访问日本；2000 年 8 月，日本首相森喜郎也首访尼泊尔，把双边关系推向了高潮。在高层的推动下，包括青少年、研究者、艺术家在内的民间交流项目也不断深化。

21 世纪以来，日本的外交政策逐渐由只重视经济转向经济与政治并重。对此，日本加大了对发展中国家的重视力度，在日本入常、海外

---

① 在ネパール日本国大使館：「明治のネパール人留学生」，http：//www. np. emb-ja-pan. go. jp/jp/100th/part10. html.

② 日本外務省：「最近のネパール情勢と日ネパール関係」，2011 年 12 月。

军事派遣等议题上，尼泊尔也自然成为日本的突破口之一，与尼泊尔相关的新闻也时常出现在日本各大新闻媒介之上。心态复杂的日本一直在寻找着机会以期望通过在尼泊尔发挥其作用而体现其在国际舞台上的话语权和影响力。从 2007 年 3 月到 2011 年 1 月间，日本一共向尼泊尔派遣了 24 名自卫队军事监督员。此外，在 2008 年尼泊尔举行制宪会议选举期间，日本还派遣选举观察团参与了该次选举。① 不论是日本向海外派遣自卫队还是选举观察团，不难发现尼泊尔都是日本迈向国际舞台的重要台阶之一。

## 三　日本与尼泊尔关系面临的挑战

长期以来，日本一直有着通过经济援助实现其政治企图的目的，在给予援助的同时又对对象国施加影响，在日本对尼泊尔关系中，这一特点尤为明显。在评估日本与尼泊尔关系面临的挑战时，不得不强调双边关系一直是从政治现实和地区实用主义出发的。目前，从政治局势到贸易不平衡、从日本游客大幅下滑到日本对尼泊尔 ODA 政策的调整，正成为日本与尼泊尔关系中面临的主要挑战。

### （一）政治局势

从 20 世纪 50 年代至冷战结束，外部势力的确对尼泊尔国内的形势发展变化起了一定的作用。由于尼泊尔特殊的地缘政治地位及角色，日本也一直关注着尼泊尔国内政治局势的发展。在冷战期间，日本从意识形态等角度出发长期追随美国，一直期望通过经济援助以达到影响尼泊尔政府的目的，以遏制尼共等左翼政党在尼泊尔政治影响的扩大。

进入 21 世纪以来，尼泊尔在未来地缘政治和市场争夺中的地位日益重要。日本外务省也不断推动对尼关系的发展，以期通过尼泊尔加快向南亚市场渗透的步伐。1996 年尼泊尔爆发内战以来，日本对尼泊尔的经济援助政策在一定程度上受到尼泊尔国内动荡不安的冲击。2006 年尼泊尔内战结束以来，随着尼泊尔国内政治危机的逐步化解，恢复和巩固尼泊尔的民主进程又成为日本关注尼泊尔的焦点及维持两国正常关系的基石。尼

---

① 日本外务省：「对ネパール民主化・平和構築支援」，2011 年 12 月。

泊尔国内政治局势左右着日本外交的实用主义，而日本对尼泊尔的政策，特别是经济政策，又在一定程度上影响着尼泊尔的国内政局。

## （二）贸易不平衡

日本与尼泊尔之间一直存在巨大的贸易不平衡的问题。依据日本驻尼泊尔大使馆 2010—2011 财政年度的统计数据显示，日本对尼泊尔出口约为 39.58 亿卢比（约 5448 万美元），进口约为 6.52 亿卢比（约 898 万美元），对日本贸易赤字达到了 33.06 亿卢比（约 4551 万美元）。此外，仅 2010—2011 财年，日本对尼泊尔的直接投资就达到了 3075 万卢比（约 42.3 万美元）。① 从上述数据不难看出，日本与尼泊尔的贸易存在着巨额差距，而随着全球经济一体化趋势的发展，双边贸易不平衡问题仍然有持续扩大的可能性。

尼泊尔在 2010 财政年度 GDP 增幅到达了 3.5%，然而 GDP 增幅仍然维持在较低的水平，在南亚八国中仅次于阿富汗，位列倒数第二名。作为一个传统的农业国家，尼泊尔农业在 GDP 中所占的比重高达 33.1%，总人口中有约 65.7% 从事农业生产。② 落后的农业生产使得尼泊尔在对外贸易中长期存在不平衡问题，而尼泊尔对日本的进出口贸易额差距过于庞大也使得双边贸易一直处于非良性运转的状态。如何实现双边贸易平衡，仍然是困扰日本与尼泊尔之间的一个重要经贸课题。

## （三）日本游客波动较大

旅游业是尼泊尔经济发展的重要支柱之一。近年来尼泊尔经济中旅游业的发展较有起色，尼泊尔政府也确定了吸引更多国际游客发展国内经济的目标。尼泊尔政府通过举办 2011 旅游年活动，吸引了不少外国游客，然而由于国内党派纷争不断，政局持续动荡，海外游客的人数也一直受到国内政局的影响。

喜马拉雅山南麓美丽的风景一直深受日本游客的青睐。1999 年日本赴尼泊尔游客曾经达到创纪录的 41070 人。然而由于受治安等原因影响，近年来，日本赴尼泊尔游客逐年减少，2010 年日本赴尼泊尔游客减少到

---

① 在ネパール日本国大使館:「図説ネパール経済 2012」，2012 年 5 月。
② 参见郭穗彦《南亚报告 2009—2010 年》，云南大学出版社 2010 年版，第 245 页。

20458 人，比 2009 年减少了 7.4% 左右。虽然日本经济稍稍回暖，2011 年赴尼泊尔的游客达到了 24729 人，比上一年度增加了 6.3%。[①] 然而，起伏波动较大的日本游客并不能为尼泊尔的旅游业带来稳定的增长。如何改善旅游环境，吸引更多的日本赴游客尼泊尔旅游，成为尼泊尔政府发展旅游业面临的重要课题之一。

### （四）日本对尼泊尔 ODA 政策

尼泊尔国土面积较小，生产力极为落后，长期依靠外援，自 20 世纪 50 年代伊始，外国援助一直是尼泊尔经济发展不可或缺的一部分。[②] 1956 年 9 月，日本与尼泊尔宣布正式建交之后，日本于 1959 年正式拉开了对尼泊尔经济援助序幕，时至今日，日本对尼泊尔的 ODA 政策已经走过了 50 多年的历史。日本试图通过 ODA 政策在国际舞台上争取发展中国家支持，经济落后的尼泊尔显然成为日本政府最佳的选择。而尼泊尔政府在国际舞台上表态对日本的支持，对其他发展中国家，特别是对同时受日本援助的其他南亚国家也具有一定的示范作用。

日本对尼泊尔的 ODA 政策，不仅是尼泊尔重要的外援之一，也是尼泊尔历届政府长期关注的一项重要政策。然而受制于国内外环境等因素，日本对尼泊尔 ODA 政策也一直处于调整状态。自 20 世纪 90 年代尼泊尔民主化以来，日本为鼓励尼泊尔在民主化道路上的步伐，加快了对尼泊尔 ODA 政策步伐，1980 年，日本一跃成为尼泊尔最大的 ODA 援助国。[③] 截至 2010 年年底，日本通过 ODA 政策无偿援助尼泊尔金额累计达 1867.97 亿日元，日元贷款金额累计达 638.89 亿日元，技术援助金额累计达 597.38 亿日元，总金额达到了 3104.24 亿日元。[④] 日本成为尼泊尔首屈一指的最大外援国。然而，由于尼泊尔政局不稳，加之政府存在着贪污、腐败等行为，使得日本扩大对尼泊尔 ODA 政策也存在着一系列不稳定因素。

---

① 在ネパール日本国大使館：「図説ネパール経済 2012」，2012 年 5 月。

② Adhikari Bimal, "A History of Japanese Official Development Assistance to Nepal", *Research on Contemporary Society*, 2009, p. 73.

③ Institute for International Cooperation, *Country Study for Japan's Official Development Assistance to the Kingdom of Nepal*, Japan International cooperation Agency, 2003, p. 4.

④ 日本外務省：「最近のネパール情勢と日ネパール関係」。

## 四　日本与尼泊尔关系走向

2005年11月13日，南亚区域合作联盟第13届首脑会议在孟加拉国首都达卡闭幕，在同意阿富汗加入的同时，此次会议也批准了日本成为南盟的第一批观察员。日本取得南盟观察员地位，不仅显示出日本把战略眼光投向南亚的正确性，也促使日本的南亚政策再一次升温。2006年日本外务省在亚洲太平洋事务局内新成立南亚科以协调日本与南亚等国的事务，标志着日本对外战略思想出现了重大的突破。随着日本与南亚国家经济关系日益升温，日本将会提出一系列针对南亚国家的战略，以扩大和保障日本在南亚等国的利益。日本走向南亚是日本发展的必由之路，而提升与尼泊尔关系也成为日本南亚政策的重要组成部分。

从日本的角度而言，在日本的传统安全战略中，南亚并非日本传统安全的重要战略区域，尼泊尔也并非是其中重要的一环。近年来，经济不断崛起的南亚日益成为世界关注的焦点，南亚区域经济合作的步伐也不断加快，最终促使日本也把战略重点日益投向南亚，而尼泊尔特殊的地理位置和政治优势，使得尼泊尔在日本南亚政策中的重要性日益突出，而尼泊尔也必将成为日本检验其南亚政策效果的重要国家之一。

从尼泊尔的角度而言，历史上，尼泊尔与日本有着悠久的历史文化渊源，两国在现实中不存在利益纠纷，并长期保持着良好的双边关系。政治上，虽然尼泊尔受制于种姓制度、等级制度、妇女问题、少数民族、大国因素等多重因素影响而导致国内各种矛盾突出，国内政治势力四分五裂，然而两国关系却并没有受政治局势带来的负面因素的影响。经济上，作为一个落后的内陆国家，尼泊尔在经济上高度依赖外来援助，如何保持与经济大国日本的友好关系是尼泊尔获得稳定外来援助的重中之重。

在日本驻尼泊尔大使馆转引亚洲开发银行公布的2011年国别数据中，在南盟8个国家中，与印度8.5%、阿富汗17.3%和马尔代夫9.9%的经济增长率相比较，尼泊尔GDP的增长率仅为4.6%，位居南盟倒数第二位。① 各项数据显示，尼泊尔经济十分落后，仍然面临着急迫的发展问

① 在ネパール日本国大使館：「図説ネパール経済2012」，http://www.np.emb-japan.go.jp/jp/pdf/nepaleconomy2012.pdf。

题。2011 年初，随着中国在经济总量上超越日本之后，日本外务省以更加焦虑的心态加快了其在南亚地区的布局。日本在积极实施走向南亚的同时，亟须得到尼泊尔等国的支持，而经济落后的尼泊尔，自然成为日本剩余资本输出和产业转移的首选目标。可以预见，今后尼泊尔必将成为日本实践其南亚政策的主要国家之一。

（作者：云南省社会科学院南亚研究所　助理研究员

清华大学　在读博士）

# 四　南亚地区的社会问题

# 印度波多人问题的历史考察

林延明 邓鸿麟

波多人（the Bodos，也写作 the Boros）属蒙古人种，操汉藏语系藏缅语族语言，迁入印度东北地区的时间较早，后逐渐发展成为今天阿萨姆邦最大的一支平原部落民，主要定居在该邦的科克拉贾尔县（Kokrajhar District）等地。目前波多人被印度政府划归为卡恰里人（the Kacharies）的主要支系之一，享受表列部落的相关待遇。自印度独立之后，波多人对自治的执着追求始终牵动着阿萨姆邦乃至整个印度东北地区民族问题敏感而脆弱的神经。关于波多人问题，国外学者的研究较为丰硕，但国内学术界的关注还颇为不足。本文忝为引玉之砖，尝试对波多人问题作一历史考察。

## 一 知识分子的崛起与民族意识的觉醒

历史上，波多人的先民属著名的波多—卡恰里族群集团（the Bodo-Kachari group），该集团较早从中国西藏等地南下，翻越喜马拉雅山脉边缘山麓，辗转到达印度东北地区后，穿梭于布拉马普特拉河两岸的河谷与丘陵，然后逐渐扩散至今天印度阿萨姆邦、北孟加拉地区（North Bengal）① 和孟加拉国部分地区。由于分布地域不同、生产生活方式差异以及人群彼此交往有限等原因，波多—卡恰里族群集团在漫长的古代时期发生了较为复杂的分化演变，集团中的不同群体向多个方向进一步迁徙，且在不同历史时期以不同的族称，统治或占据着印度东北地区的不同地方，由此逐渐分化出了众多支系，其中定居布拉马普特拉河两岸并逐渐向周边地区扩散的支系即发展成为日后波多人的主体。

在阿霍姆王朝的统治下，波多人深受种姓制度的迫害，尤其是其饮食

---

① 北孟加拉地区是英文文献中用以统称孟加拉国北部和印度西孟加拉邦北部的术语。

习惯和生活方式受到高种姓印度教徒的歧视，被认为是"不可接触者"，社会地位极其低下，日常生活尤为艰难。为了改变命运，不少波多人或改宗印度教，或被迫成为穆斯林，但却始终难以摆脱受歧视、受压迫的命运。18世纪英国殖民者征服阿霍姆王国之后，在其原有疆域的基础上建立英属印度阿萨姆省，波多人沦为被殖民者，边缘化的历史地位进一步加深。

1833年，部落联盟（Tribal League）宣告成立，波多人作为平原部落民的重要代表，在历史上首次接触并开始参与政治组织的相关活动。20世纪初，一批接受过西方教育的波多人逐渐成长为知识分子精英，并大力倡导在西方科学和理性主义的基础上对波多社会进行革新。1919年，波多学生联合会（Chatra Sanmelan）成立，并在不久之后发起了根除社会恶习和反对政治歧视的波多社会运动。到了被称为"比巴尔时代"（Bibar Age）的1924—1940年间，波多知识分子的数量显著增加、力量有所增强，他们对波多人命运的关注重点也逐渐从社会改良扩展至政治变革。

1928—1929年西蒙调查团（Simon Commission）到达阿萨姆期间，波多人向该调查团提交了若干备忘录，并提出了从为波多—卡恰里族群集团设立单独选区到波多人单独建邦等程度不同的各种政治诉求。1946年，英国派出内阁使团到达印度，波多人进一步明确表达了对本族自治问题的关切。印度独立前夕，英印当局以波多人与阿萨姆人主流社会没有区别为由，不针对波多人做出特殊政治安排，波多人表示强烈不满，其与国大党的关系也随之出现了严重裂痕。① 可见，到了印度独立前夕，波多人的民族意识已经觉醒，并且通过各种类型的活动积极追求本族政治权力和发展权益。

## 二 不满情绪的累积与自治运动的兴起

1947年8月15日，印度以自治领的形式获得独立，阿萨姆由原英属

---

① B. G. Verghese, *India's Northeast Resurgent: Ethnicity, Insurgency, Governance, Development* (New Delhi: Konark Publishers Pvt. Ltd., 1997), p. 30; S. P. Sinha, *Lost Opportunities: 50 Years of Insurgency in the North-east and India's Response*, New Delhi: Lancer Publishers & Distributors, p. 178; Bijoy Daimary, "The Boro Intelligentsia: It's Role in the Change and Transformation of the Boro Society", in *IOSR Journal of Humanities and Social Science (IOSR-JHSS)*, Vol. 12, Issue 6, Jul. – Aug. 2013, pp. 11 – 18.

印度的一个省正式成为印度国内的邦一级行政区，国大党组织邦政府上台执政。为保障部落民对其世居地的权益，阿萨姆邦政府颁布《阿萨姆土地收益条例》（Assam Land Revenue Regulations），规定非部落民无权在部落民占人口多数的地区占有或购买土地。上述政策措施适用于波多人占人口多数的地区，但实际上非法土地转让仍在继续发生，并且许多政府部门还以没有合适的岗位等理由拒绝聘用部落青年，波多人的就业渠道和发展机会进一步受阻。此外，在印度独立之初，波多人属不在表列的"平原部落民"，无法享受宪法第六表的相关特殊政策。故而，波多人在印度独立之初便对政府怀有相当的不满，而这种情绪累积发酵之后则引发了波多人执着的自治运动。①

1967 年 1 月 13 日，英迪拉·甘地针对东北地区复杂难解的民族问题向中央政府提议，在联邦制框架下和宪法许可范围内对阿萨姆邦进行政治重组，重组的方式则可考虑改建分邦，以此满足众多族群的自治要求。1月 15 日，波多青年学生组建全波多学生联合会（All Bodo Students Union, ABSU），热烈支持英·甘地的提议，并要求中央政府在阿萨姆平原为波多人创建单独家园。2 月 27 日，在全波多学生联合会的大力支持下，阿萨姆平原部落民议会（Plain Tribal Council of Assam, PTCA）宣告成立，提议中央政府为包括波多人在内的众多平原部落民创建一个名为"乌达亚恰尔"（Udayachal）的中央直辖区，同时给予平原部落民充分自治权。② 对此，印度中央政府和阿萨姆邦政府均未给予明确回复，结果导致波多人政治组织于次年煽动广大平原部落民联合抵制阿萨姆邦科克拉贾尔选区的补缺选举，致使该选区 138 个投票站中共有 117 个无人投票。

1973 年 10 月 9 日，波多人领袖率团赴高哈蒂与英·甘地会见，再次提出了单独建立"乌达亚恰尔"中央直辖区的诉求，此外还要求政府允许波多人等部落民以罗马字母作为本族语言书写文字。1975—1977 年，英·甘地政府在"无限制强化中央战略"的思路下，宣布印度东北地区进入"紧急状态"（the Emergency），并以加大军事打击力度的方式试图"冻结"该地区诸族群各种性质不一、诉求各异的运动。受此波及，波多

---

① Sanjib Baruah, *Durable Disorder: Understanding the Politics of Northeast India*, Oxford: Oxford University Press, 2005, p. 190.

② Col Ved Prakash, *Encyclopaedia of North-East India*, Vol. Ⅱ, New Delhi: Atlantic Publishers & Distributors (P) Ltd., p. 690.

人对印度政府更加不满，自治运动再掀波澜。1977 年，印度举行第六次大选，波多人主导的阿萨姆平原部落民议会断然与国大党分道扬镳，加入了以人民党（Janata Party）为首的反对党联盟。选举结果，国大党遭遇惨败，人民党成功上台执政。次年，人民党又获得阿萨姆邦地方选举的胜利。然而，由于人民党在中央的执政仅有短暂的 18 个月，阿萨姆平原部落民议会作为盟党分享的政治红利十分有限，波多人实现自治的目标仍似遥遥无期。

20 世纪 70 年代后期，因移民问题久拖不决，阿萨姆邦排外运动高涨，全阿萨姆邦学生联合会（All Assam Students' Union，AASU）领导发起了声势浩大的"阿萨姆运动"。1985 年，印度中央政府与全阿萨姆邦学生联合会签订《阿萨姆协定》（Assam Accord），"阿萨姆运动"宣告结束。然而，《阿萨姆协定》中有关保护和促进阿萨姆人政治地位和文化遗产的条款却遭到波多人领袖的强烈反对，并被解读为阿萨姆邦政府在包括波多人的广大部落民中强制推广阿萨姆语和阿萨姆文化的前奏。协定签署后不久，波多人领袖萨马尔·希拉马·乔杜里（Samar Brahma Chaudhury）认为，波多人实现建立"乌达亚恰尔"中央直辖区的理想遥遥无期，并提出要求邦政府为平原部落民建立自治区的替代方案，但这却同时遭到平原部落民与阿萨姆人的反对。前者认为，乔杜里方案违背了他们建立"乌达亚恰尔"中央直辖区的理想；而后者则强调，该方案与波多人以往的诉求并无二致，全体阿萨姆人应共同予以坚决抵制。此后，阿萨姆平原部落民议会在波多人当中的影响力迅速减弱，波多人单独建邦的诉求更加强烈，自治运动有了新的发展，波多人与周边族群的矛盾也逐渐趋向紧张。

## 三　斗争目标的明确与自治运动的发展

1985 年，阿萨姆人民委员会（Asom Gana Parishad，AGP）在阿萨姆邦组阁上台，但执政后却并未有效兑现竞选时关于依法制止外来移民侵占部落民土地的承诺。在波多人集中的科克拉贾尔等县，穆斯林移民的数量持续增加，侵占波多人土地的事件时有发生，波多人对人民委员会政府十分失望。在这种情况下，乌彭德拉·纳什·布拉马（Upendra Nath Brahma）在 1986 年当选全波多学生联合会的主席之后，随即领导波多人发起了以"平分阿萨姆"（Divide Assam Fifty-Fifty）为口号的新一轮自治运动，要求阿萨姆邦政府以布拉马普特拉河为界，将该河流南北两岸分别留给阿萨姆人和包括波多人在内的平原部落民，换句话说即要求阿萨姆改建分邦。

1987 年，全波多学生联合会领导的波多人自治运动又有高涨，例如发起所谓“群众民主革命”、向邦政府提交“九十二点备忘录”、在高哈蒂组织支持“平分阿萨姆”的学生集会等。[①] 从这一年开始，波多人的自治运动的领导力量完成了从平原部落民议会转向全波多学生联合会及其武装派系波多人民行动委员会（Bodo People's Action Committee，BPAC）的过渡。更为重要的是，波多人自治运动的斗争目标在不断强化和完善“平分阿萨姆”口号的过程中，逐渐发展成为建立名为波多兰（Bodoland）的波多人自治邦的政治诉求。

以波多兰为核心，波多人自治诉求的体系化程度在短时间内迅速加强，其主要内容包括：第一，在西起科克拉贾尔县西部边界（即阿萨姆邦与孟加拉国的分界线）、东至拉金普尔县（Lakhimpur District）东部边界的布拉马普特拉河北岸广阔地域，波多人要求单独建立波多兰邦，过渡形式则为建立波多兰中央直辖区；第二，在布拉马普特拉河南岸的波多人分布地区，分别建立尼拉恰尔（Neelachal）和拉隆（Lalung）两个自治县；第三，将居住在卡尔比—昂龙县（Karbi Anglong District）的波多—卡恰里族群集团诸部落列为表列部落。具体分析来看，在上述三个方面的诉求中，第一点是波多人的核心诉求，且不可改变；后两点则是附加要求，可以根据现实情况进行调整。[②]

1989—1991 年，全波多学生联合会与阿萨姆邦政府、印度中央政府就波多人自治问题举行了数论会谈，同意经由政治协商的方式共同推动波多人问题的最终解决。1991 年 2 月 25 日，上述三方依照第八轮三边会谈的决议，成立了负责处理波多人自治区的范围勘定等工作的三人专家委员会。1992 年 3 月 30 日，三人委员会在其提交的最终报告中建议，政府应为波多人建立自治区，但要依据族群分布的具体实际先后在自治区的中西

---

① 1987 年的一系列事件可参见：Col Ved Prakash, *Encyclopaedia of North-East India*, Vol. Ⅱ, New Delhi: Atlantic Publishers & Distributors (P) Ltd., pp. 692–693、696.

② N. S. Narahari, *Security Threats to North-East India: The Socio-Ethnic Tensions*, New Delhi: Mans Publications, 2009, p. 76; Col Ved Prakash, *Encyclopaedia of North-East India*, Vol. Ⅱ, New Delhi: Atlantic Publishers & Distributors (P) Ltd., p. 694.

部和东部先后成立地方自治议会，此外还应在上述两个地方自治议会之间的地域建立潘查雅特类型的较低层次自治机构。① 波多人领袖认为，三人专家委员会关于波多人自治区的报告建议既未考虑地域上的毗连性，也未保证波多人自治权的统一，故而与波多人的自治愿望不符。此后，波多人又与政府进行了多轮谈判，争议焦点则在于波多人自治区的地理界线，或者说自治区管辖的村庄数量。

1993 年 2 月 20 日，印度中央政府和阿萨姆邦政府与全波多学生联合会及其武装派系波多人民行动委员会，在未就波多人自治区的管辖范围达成最终一致的情况下，仓促签订了谅解备忘录，即《波多协定》（Bodo Accord）。根据该协定，印度政府方面承诺：第一，在布拉马普特拉河北岸，为波多人建立波多兰自治议会（Bodoland Autonomous Council, BAC），负责处理波多人的自治事务；第二，阿萨姆邦政府在邦财政预算中专门划拨支持波多兰自治议会开展工作的资金，而该议会在获得援助津贴的同时还有筹集资金和规范其辖区境内商贸活动的一定权限；第三，为尊重习惯法，波多兰自治议会对其辖区拥有司法审判权，并且阿萨姆邦的任何一般性法律必须在征得该议会同意的前提下，才能在波多人自治区境内推行。全波多学生联合会和波多人民行动委员会则承诺，立即采取措施放弃地下武装活动。② 然而，关于波多兰自治议会的管辖范围，也即波多人自治区的地理界线，《波多协定》并未做出明确、详尽的说明，只是规定阿萨姆邦的土地登记部门应详细审查全波多学生联合会和波多人民行动委员会提出的部落人口占 50% 及以上的村庄清单，并应充分考虑地域上毗连性，将一些部落人口不到 50% 的村庄也纳入波多兰自治议会辖下，这就为后来波多人与印度政府之间矛盾纠纷的酝酿和发展埋下了巨大隐患。

1993 年 10 月 28 日，阿萨姆邦政府单方面宣布波多兰自治议会下辖村庄数共计 2570 个。波多人领袖认为政府的宣告并不符合波多人建立自治区的最初愿望，纷纷表示反对和抗议。12 月 10 日，阿萨姆邦政府又发布正式官方通告宣布，波多兰自治议会的辖区总面积共计 5186 平方公里，

---

① B. G. Verghese, *India's Northeast Resurgent：Ethnicity，Insurgency，Governance，Development*, New Delhi：Konark Publishers Pvt. Ltd. , 1997, pp. 63 - 64；N. S. Narahari, *Security Threats to North-East India：The Socio-Ethnic Tensions*, New Delhi：Manas Publications, 2009, pp. 77 - 78.

② "Memorandum of Settlement（Bodo Accord）signed in Guwahati, Assam on 20 February 1993）", https：//peaceaccords. nd. edu/site_ media/media/accords/Bodo_ Accord_ - _ 1993. pdf.

下辖 29 个邦立法议会选区当中的 2570 个村；辖区总人口估计约有 214 万人，其中平原部落民仅占 38%；此外，阿萨姆邦北部距印度与不丹交界线 10 公里范围内的狭长边陲地带不被列入波多兰自治议会的管辖之下。[①]全波多学生联合会谴责邦政府的上述通告，尤其反对在波多兰自治议会辖下排除上述边陲地带的决定，同时还要求将布拉马普特拉河南岸的另外 515 个村庄也划入波多兰自治议会辖区。对此，阿萨姆邦政府作出解释说，距印不边界 10 公里内的边陲地带有诸多茶园、林区，若要划入波多兰自治议会辖区必须征得印度国防部和环境与森林部的同意；而布拉马普特拉河南岸的 515 个村庄既不与波多兰自治议会辖区毗连，也不属于部落民占当地人口多数的村庄，因此政府也不能接受波多人的要求。[②] 然而，全波多学生联合会却强调，地理上是否毗连以及部落民是否占村民人口多数都不重要，关键是波多人提出要求的村庄都处在波多人占优势地位的地区之内，也都是波多人的传统世居地，只不过现在已经被外来移民所渗透和侵占。[③] 这样一来，印度中央政府和阿萨姆邦政府与波多人之间对波多兰自治议会辖区范围出现巨大争议，直接导致政府难以有效执行《波多协定》，而且与波多人的进一步和谈也陷入僵局。

## 四　派系的分裂与和解的难题

在《波多协定》签署之后，由于政治诉求与斗争目标的差异，派系分裂成为波多人问题新的发展趋向，波多人内部迅速划分为要求分离建国的极端派和主张与政府和谈的温和派。对此，印度政府采取了区别对待的态度，努力推动波多人问题的和解。

一方面，以波多安全部队（Bodo Security Force，BSF）为主力的极端派强烈反对《波多协定》，并继续以武装暴力手段与政府对抗，试图实现波多人独立建国的目标。印度政府对此采取加大军事打击力度的方针，较为有效地控制了波多人分布地区的安全局势，较为典型的事例发生在

---

① B. G. Verghese, *India's Northeast Resurgent*: *Ethnicity*, *Insurgency*, *Governance*, *Development*, New Delhi: Konark Publishers Pvt. Ltd. , 1997, p. 66.

② Ibid.

③ Col Ved Prakash, *Encyclopaedia of North-East India*, Vol. Ⅱ, New Delhi: Atlantic Publishers & Distributors (P) Ltd. , p. 701.

1994 年。这一年，波多安全部队为改变波多兰自治议会辖区的人口结构，发起针对穆斯林移民等"外地人"和"外国人"的一系列种族清洗行动，引发了阿萨姆邦的大规模社会骚乱，仅在骚乱达到高峰的 5—7 月间就造成约 5400 名难民被迫逃往 26 个避难营避难。印度政府当机立断，发起"克朗提行动"（Operation Kranti），对活跃在巴尔贝塔县及其邻近地区的波多安全部队等叛乱组织进行专项打击，共计逮捕 215 名叛乱分子，缴获大量武器装备，迫使波多安全部队主席兰詹·戴马里（Ranjan Daimary）逃亡泰国曼谷。①

当然，在政府的打击之下，波多极端分子的分离主义运动和反政府武装活动并未得到根除。1994 年 11 月 25 日，遭到重创的波多安全部队更名为波多军（Bodo Army）并组建了政治派系波多兰民族民主阵线（National Democratic Front of Bodoland，NDFB）。波多兰民族民主阵线在建立之后迅速成为波多极端主义者的领导核心，继续追求波多人单独建国，明确提出建立"主权的波多兰"的斗争目标和"被解放的波多人只属于波多兰"的口号。在兰詹·戴马里返回印度并接任阵线主席一职后，该阵线不仅与阿萨姆都最大的分离组织，阿萨姆联合解放阵线（United Liberation Front of Assam，ULFA）相互勾结，策划并从事了一系列具有恐怖主义性质和黑社会性质的活动，而且还在波多人分布地区发起针对阿迪瓦西人（the Adivasis）② 等非波多人族群的清洗行动。为与波多人对抗，非波多族群也建立了自己的武装组织，例如阿迪瓦西人就组建了比萨突击部队（Bisa Commando Force，BCF）和阿迪瓦希眼镜蛇武装部队（Adivasi Cobra Militant Force，ACMF）。在这种情况下，波多人与阿萨姆邦其他族群的矛盾也迅速激化，导致暴力冲突事件接连不断。

另一方面，波多温和派则主张继续与政府进行政治谈判，争取更大的、更为明确的自治权，最终实现波多人问题的和解。印度中央政府和阿萨姆邦政府则利用波多自治议会成立后波多平民厌倦骚乱、渴望和平的契机，积极开展与波多温和派的接触和谈判，大力推进波多人问题的和解进程。

1994 年"克朗提行动"过后，阿萨姆邦政府利用邦内局势得到有效

---

① Col Ved Prakash, *Encyclopaedia of North-East India*, Vol. II, New Delhi: Atlantic Publishers & Distributors（P）Ltd., p. 703.

② 阿迪瓦西人即殖民统治时期英国人从印度内地引进阿萨姆的桑塔尔人、蒙达人（the Mundas）和奥拉昂人（the Oraons）部落民的后裔。

控制等有利契机再次单方面宣布，波多兰自治议会辖区增加 112 个村庄，加上 1993 年 10 月宣布的 2570 个，其下辖村庄数量增至 2682 个。① 但是，全波多学生联合会等波多人组织认为，政府此举仍未满足波多人关于自治区范围的要求。1996 年 6 月 18 日，波多解放猛虎部队（Bodo Liberation Tigers Force，BLTF）宣告成立，并在全波多学生联合会和波多人民行动委员会的支持下，以波多人单独建邦为最终目标，继续与印度中央政府和阿萨姆邦政府进行谈判。1997 年 7 月，全波多学生联合会以"波多兰自治议会三年以来的实践已经失败"为由，要求重新举行波多人与印度中央政府、阿萨姆邦政府的三方会谈，共同寻求波多人问题的最终解决方案。同年 9 月，印度中央政府召集三方会谈，次年将非波多人代表也纳入邀请之列，使三方会谈扩大为四方会谈，但由于在波多人是否能够单独建邦等关键问题上分歧过大，几轮会谈均无果而终。1999 年 4 月 1 日，阿萨姆邦政府发布通告，将波多兰自治议会管辖的村庄总数从 1994 年的 2682 个增加至 2941 个，增加了 259 个，接近波多人最初要求的 3031 个，但众多波多人组织对政府此举仍不满意，认为还有一些波多人分布地或世居地未被纳入波多兰自治议会的管辖范围，全体波多人同处一个自治区之下的目标仍未实现。②

显而易见，到了 20 世纪 90 年代末，波多人自治议会的辖区范围，或者说该议会管辖的村庄数量，已经成为了波多人与政府之间达成共识的争议核心以及波多人问题最终和解的最大难题。

## 五　新的协定与新的问题

总体而言，凭借 20 世纪 90 年代的政治谈判与军事打击双管齐下的策略，印度政府对波多人问题的处置已取得了较为显著的阶段性成果。进入 21 世纪之后，如何通过对话和谈判，在改良波多兰自治议会原有制度设计缺陷的基础上，找到一种既不超越宪法框架和联邦制规定又能最大限度满足波多人自治要求的解决方案，成为了印度政府推进波多人问题和解进

---

① Col Ved Prakash, *Encyclopaedia of North-East India*, Vol. Ⅱ, New Delhi: Atlantic Publishers & Distributors（P）Ltd., p. 703.

② Ibid., p. 710.

程的主要努力方向。

　　2001 年 3 月 28—30 日，在印度内政部长阿德瓦尼（Advani）的主持下，阿萨姆邦首席部长马汉塔与波多人代表就停火之后波多人问题的发展方向进行会谈。经过谈判，双方原则上就波多人自治的新方案达成一致。新方案的要点是：政府根据宪法第六表的相关规定，在阿萨姆邦境内划出波多人自治区，并为波多人建立名为波多兰地方议会（Bodoland Territorial Council，BTC）的新的自治机构；此外，对于波多人提出的在未来十年享受基础设施建设领域一揽子财政援助计划、波多语列入宪法第八表以及波多人自治区建立一所中央大学等要求，政府方面也表示将给予充分重视和考虑。① 2003 年 2 月 10 日，经过多次谈判，波多解放猛虎部队与印度政府在新德里签署了《波多兰地方议会谅解备忘录》（Memorandum of Settlement of the Bodo Territorial Council），也称《波多兰协定》（Bodoland Accord）。② 与 1993 年的《波多协定》相比，2003 年的《波多兰协定》的目标更加广泛，对波多人自治问题的规定也更加明确、具体和可行。

　　其一，针对波多兰地方议会的辖区范围，也即波多人最为关心的该议会所管辖的村庄数量，新协定明确规定为 3082 个，而对于其他一些是否应划入议会辖区的村庄或地区，新协定也对问题的处置方式作出了较为明确的规定，即新建勘定委员会③，根据部落民人口不少于当地人口总数的一半以及具备地理上的毗连性等标准，在中央政府、阿萨姆邦政府和波多人三方达成一致的条件下最终确定处理方案，且应以阿萨姆邦政府发布的正式官方公告为准。

　　其二，考虑到既要最大限度地给予波多人的自治权也要充分保障非波多人诸族群的合法权益，新协定规定，波多兰地方议会对涉及经济、社会、文化、教育等方面的 40 个领域拥有立法权，同时也将通过对宪法第六表进行细节方面必要修订的方式，使波多兰地方议会的成员人数和来源

　　①　Col Ved Prakash, *Encyclopaedia of North-East India*, Vol. Ⅱ, New Delhi: Atlantic Publishers & Distributors（P）Ltd. , p. 714.

　　②　《波多兰协定》的文本内容见："Memorandum of Settlement on Bodoland Territorial Council（BTC）", SATP, http://www.satp.org/satporgtp/countries/india/states/assam/documents/papers/memorandum_ feb02.htm；下文中引述该协定文本的地方不再重复注释。

　　③　该勘定委员会仍为三人委员会，由印度中央政府、阿萨姆邦政府和波多解放猛虎部队各指派一名成员构成。

范畴比之先前的波多兰自治议会均有所扩大。

其三，就满足波多人的自治愿望与认同要求而言，新协定对政府方面必须加以充分考虑和高度重视的行为义务也作出了较为明确的规定：一是"把生活在卡尔比—昂龙和北卡恰尔山区自治议会（NC Hills Autonomous Council）辖区的波多—卡恰里人列入阿萨姆邦的山区表列部落名单"；二是"将使用天城体书写的波多语列入宪法第八表"；三是在未来五年内，除划拨给阿萨姆邦的常规计划性财政援助外，中央政府还将为涉及波多人经济社会各领域的 15 类基础设施建设项目每年提供 10 亿卢比的财政援助，且援助金额的规模在五年期满后将进行重新评估；四是中央政府资助波多人在波多兰地方议会辖区境内建立一所中央技术学院（Central Institute of Technology），且最终将其升级为一所名副其实的大学。

《波多兰协定》签署后，波多解放猛虎部队宣告解散，其领袖和骨干新建波多兰人民进步阵线（Bodoland Peoples Progressive Front，BPPF），积极参与阿萨姆邦的主流政治进程。2003 年 12 月 6 日，2641 名波多解放猛虎部队成员向政府投降，同时降下反政府的红黄两色旗帜。次日，波多兰地方议会正式成立，阿萨姆邦政府宣布对 1987 年以来的波多反政府武装分子进行特赦。2004 年 1 月 7 日，印度国会通过宪法第九十二修正案，最终将波多语列入宪法第八表。同年 6 月，在阿萨姆邦先后新建巴克萨、奇朗和乌代尔古里三个县的基础上，印度中央政府明确规定，波多兰地方议会的辖区由相互毗连的科克拉贾尔、巴克萨、奇朗和乌代尔古里四个县构成，统称"波多兰领区县"（Bodoland Territorial Area District，BTAD），下辖 3082 个村庄，面积共计 27100 平方公里，约占阿萨姆邦总面积的35%。至此，波多人长久以来的自治愿望已基本实现，印度政府通过在联邦制和宪法框架内给予波多人最大限度自治权的政策路线初显成效，波多人问题也沿着趋向和解的轨道向前发展。

2005 年 5 月 25 日，印度中央政府经过不懈努力，与波多兰民族民主阵线达成了停火协议。2008 年，波多兰民族民主阵线发生分裂，兰詹·戴马里领导阵线极端分子组建反对和谈派（NDFB-Anti-talks Faction，NDFB-ATF），继续从事分离主义运动和反政府武装叛乱；而以宋塔格拉（B. Sungthagra）为首的支持和谈派（NDFB-Pro Talks Faction，NDFB-PTF））则承诺与政府合作，继续推进波多和平进程，并于 2009 年 9 月 23 日与政府达成停火协议。2013 年 11 月 29 日，在波多国民大会（Bodo National Conference）的多方努力下，反对和谈派最终也与政府签署了停火协议，波多人进行自治的基础进一步巩固。

不过，应该看到，在《波多兰协定》签署之后，一系列新的问题也迅速浮出水面，令印度政府颇为头疼。可以说，印度中央政府和阿萨姆邦政府对波多人问题的态度倾向，尤其是帮助波多人实现族群自治的若干政策措施，引起了阿萨姆邦其他少数族群的普遍不满，这些族群为保护自身权益提出了从仿效波多人享受自治权到要求阿萨姆改建分邦等各种性质的政治诉求。例如，米辛人、拉巴人和提瓦人（the Tiwas）分别对涉及1600 个、862 个和371 个村庄的本族聚居区提出了自治诉求，同时要求邦政府将上述村庄连成一片；卡尔比人和迪马萨人要求将卡尔比—昂龙县升格成为完全邦；海拉坎迪县（Hailakandi District）和卡仁甘杰县（Karimganj District）出现脱离阿萨姆邦的诉求倾向；阿萨姆穆斯林联合解放阵线（Muslim United Liberation Front of Assam，MULFA）则要求在阿萨姆邦穆斯林人口占多数的五个县单独成立穆斯林邦；等等。① 上述种种要求无疑对阿萨姆邦的政治稳定构成了明显威胁，同时也加剧了印度政治地方化、分散化趋势在东北地区的蔓延速度。

除了提出各种性质不一的诉求以外，阿萨姆邦的其他少数族群还纷纷建立了自己的武装组织，为谋求本族特殊利益和特定政治目标，或与波多人展开武力对抗，或从事反政府武装活动，其中较为活跃的组织例如全阿萨姆阿迪瓦西苏拉克沙大会（All Assam Adivasi Suraksha Samiti，AAASS）、卡尔比国民志愿者（Karbi National Volunteers，KNV）、阿萨姆穆斯林联合解放猛虎部队（Muslim United Liberation Tigers of Assam，MULTA），等等。显而易见，波多人自治愿望的实现，在很大程度上导致阿萨姆邦的其他少数族群出现了组织武装化和活动暴力化的倾向，从而使得该邦乃至整个印度东北地区的安全局势更加复杂和严峻。

值得注意的还有，由于对生存发展资源和政治经济权力的争夺加剧，波多人与穆斯林移民之间还频频爆发血腥暴力冲突，致使印度东北地区日益呈现出少数族群问题与移民问题相互纠结的难解之题。例如，2012 年 7

---

① N. S. Narahari, *Security Threats to North-East India: The Socio-Ethnic Tensions*, New Delhi: Manas Publications, 2009, p. 81；以及拙作《印度阿萨姆邦的移民问题》，载任佳主编《南亚国情研究》，中国社会科学出版社 2012 年版。

月初，波多人与穆斯林之间就因双方积怨和争执愈演愈烈，爆发了蔓延至阿萨姆邦全境的大规模暴力冲突，并且还引发了印度内地东北籍外出人员陷入恐慌并掀起返乡高潮等一系列连锁反应事件，致使印度出现全国性危机。①

## 结　论

通过本文的考察，我们不难得出关于波多人问题的以下几点结论：第一，就问题的性质而言，波多人在不同历史时期提出了表述各不相同的种种政治诉求，但这些诉求的核心与内涵始终紧扣"自治"二字，故而波多人问题的本质应理解为波多人与印度政府（包括中央政府与地方政府）之间关于政治权力如何进行合理分配的矛盾冲突，具体说来则包括波多人能否实现族群自治、怎样进行自治以及自治的地域有多广、自治的权力有多大等方面问题。第二，就问题的发展历程而言，波多人在历史上曾掀起过自治运动、排外运动、分离主义运动、反政府武装活动、恐怖暴力活动以及黑社会活动等性质不一的各种活动，但对族群自治的执着追求一直是波多人问题曲折发展的一条主线，最终波多人基本实现了族群自治的目标，而印度政府也在付出高昂政治成本与解决代价的同时，积累了如何与边疆少数族群实现权力合理分配的宝贵经验，维护了国家统一和领土完整。第三，就问题的未来走向而言，波多人在实现自治的条件下如何加快本族经济社会的发展、怎样妥善处理与其他族群的族际关系，而印度政府又是否会根据东北地区族群关系的新变化进一步调整宪法条款和联邦体制、能否在总结处置波多人问题经验教训的基础上形成治理国内边疆民族问题的新模式，这些都是值得我们持续跟踪研究和不断深入探讨的话题。

（作者：林延明，云南省社会科学院南亚研究所　助理研究员；

邓鸿麟，云南省社会科学院机关党委办公室　助理研究员）

---

① 有关 2012 年阿萨姆邦骚乱的情况及对其连锁反应事件的分析，可参见陈利君、林延明《印度阿萨姆邦骚乱及其连锁反应事件分析》，载《世界民族》2013 年第 4 期。

# 当前印度主要环境问题及治理措施

## 和红梅

环境与发展问题是人类社会文明进步的永恒命题。人类文明的演进史在某种意义上讲就是人类发展进程中一部探索如何正确处理人与环境关系的历史。特别是进入工业文明以来，随着地球资源的日益紧缺和环境问题的出现，如何实现环境资源的可持续利用、实现经济社会的可持续发展，已经成为世界各国高度关注的重大问题。印度是历史悠久的文明古国，现今又是全球最大的发展中经济体之一。21世纪以来，印度经济的强劲发展，带来了新的问题，即环境形势严重恶化，出现了难以控制的状态。目前，就印度而言，如何在实现社会经济快速发展的同时，确保环境资源的可持续利用面临着重大挑战。为此，本文将对印度环境问题现状、治理措施等进行阐述。

## 一　印度环境问题现状

当今世界上主要的环境问题有森林和农业土地退化、资源枯竭（水资源、矿产资源、森林资源等）、自然环境恶化，公共卫生，生物多样性缺失等。[①] 印度主要的环境问题包括水污染、空气污染、生物多样性问题及土壤侵蚀等。[②]

### （一）水污染问题

1. 水污染的原因

在印度，造成水污染有三个原因，主要原因是由于人口向城市集中产

----

① Environmental Issues, Law and Technology – An Indian Perspective. Ramesha Chandrappa and Ravi. D. R, Research India Publication, Delhi, 2009, ISBN 978 – 81 – 904362 – 5 – 0.

② India: "Country Strategy paper, 2007 – 2013", European External Action Service, European Union. 2007.

生了大量的污水及污染物，而印度缺乏充分的治理污染的能力，大部分污水处理厂由于设计不当或处理设备没有及时得到维修及缺电等原因，不得不停止运营①，造成城市生活废水未经过处理就直接向河流排放，从而导致了严重的水污染。根据世界卫生组织（WHO）的研究，在印度 3119 个城市（城镇）中，只有 209 个城市有部分污水处理设备，8 个城市拥有完整的污水处理设备，另外有 100 多个城市直接将未经过处理的污水排入恒河中。② 水污染最严重三条河流恒河、亚穆纳河（恒河最长的支流）、米提河都流经人口密集的地区，这三条河所经流域，污水要么就直接排入河流中，要么自然浸入土壤。该地区很多其他的无人回收的废弃物也污染了地表水和地下水。③ 其次，造成水污染的原因还有河流与湖泊附近的农业污染，比如在印度西北部的河流、湖泊和地下水中发现了农业化肥和杀虫剂的残留物。④ 再次，因缺乏限制工业废水排放的法令，很多工厂只需缴纳低廉的保证金就可将废水直接排入河流、湖泊及地下，造成严重的水污染。⑤

2. 水污染的现状

从 1993 年到 2005 年，亚穆纳河受污染程度提高了一倍。当前，恒河已被列入世界污染最严重的河流。有数据显示，流入恒河的污水中有80% 是两岸居民的生活废水，15% 是工业废水。根据联合国 2003 年发表的首个世界各国水资源评估报告，印度生活用水质量在全球被评估的 122个国家中排名倒数第三位。这份评估报告主要依据的是对各国地表及地下水质量、废水处理回收利用程度以及有关水资源保护、分配等方面的立法和执行情况等内容的考核。评估报告称，由于在水资源保护方面投入不足，印度每天有 200 多万吨工业废水直接排入河流、湖泊及地下，造成地下水大面积污染，所含各项化学物质指标严重超标，其中，铅含量比废水

① *Evaluation of Operation and Maintenance of Sewage Treatment Plants in the India* – 2007，CEN-TRAL POLLUTION CONTROL BOARD，Ministry of Environment & Forests. 2008.

② National Geographic Society. 1995. *Water*：*A Story of Hope.* Washington（DC）：National Geo-graphic Society.

③ *Evaluation of Operation and Maintenance of Sewage Treatment Plants In the india* – 2007，CEN-TRAL POLLUTION CONTROL BOARD，Ministry of Environment & Forests. 2008.

④ *Buddha Nullah the Toxic Vein of Malwa.* Indian Express. May 21，2008.

⑤ 《印度：河流成流动垃圾站　污染令人窒息》，http：//info. water. hc360. com /2007 /07 /11103487214 – 2. shtml。

处理较好的工业化国家高 20 倍。此外，未经处理的生活用水的直接排放
也加剧了水污染程度。

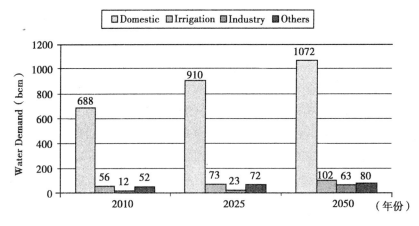

图 1　印度用水情况

资料来源：Source：Compendium of Environmental Statistics-India, 2007.

说明：图中数据按顺序分别是生活用水、灌溉用水、工业用水及其他用水。

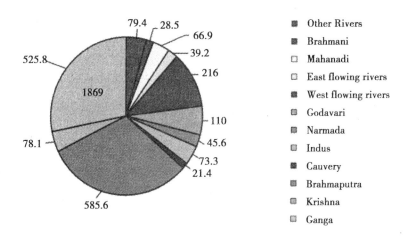

图 2　印度水资源类别

资料来源：Source：Compendium of Environmental Statistics-India, 2007.

说明：图 2 中数据从上到下分别是 1. 其他河流；2. 马哈纳迪河；3. 马哈纳迪河；
4. 向东流的河流；5. 向西流的河流；6. 哥达瓦里河［印度中部］（注入孟加拉湾）；
7. 讷尔默达河；8. 印度河（印度西北部）；9. 高韦里河（在印度南部，注入孟加拉
湾）；10. 布拉马普特拉河；11. 克利须那河；12. 恒河。

### 3. 水污染严重影响印度居民的健康

流经印度北方的主要河流——恒河已被列为世界污染最严重的河流之一。印度全国各县中，约25%的县地下水盐碱化，60%的县地下水硝酸盐含量超标，42%的县地下水氟化物过高，44%的县地下水铁含量过高。此外，印度近10%的县地下水含铅、铬、镉等重金属污染物，饮用含重金属污染物的地下水可导致儿童发育迟缓或患上肾病，成人可能因此患高血压、呼吸及消化道疾病或癌症。据报道，印度63个县的158个储水区的地下水含盐量过高，267个县的地下水含有氟化物，385个县的地下水的硝酸盐含量超标，53个县的地下水含砷，270个县的地下水铁含量过量。此外63个县的地下水含水层带有如铅、铬、镉等重金属元素，这些元素一旦聚集出现都可能对人体健康产生严重危害。当地居民饮用和烹饪时使用受污染的地下水已经导致了许多健康问题，例如腹泻、肝炎、伤寒和霍乱等。由于地下水污染严重，目前在印度市场上销售的12种软饮料，有害残留物含量超标。有些软饮料中杀虫剂残留物含量超过欧洲标准10倍至70倍。

### (二) 空气污染问题

#### 1. 空气污染原因

造成印度空气污染的因素有很多，主要包括以下几个方面：一是日益增长的人口造成二氧化碳排放量的增加。2011年，印度人口为12.1亿，预计到2050年，印度人口将达到16亿。[①] 1997年到2020年间，新德里的人口将增加至现有人口的1.9倍。印度人口占世界人口总量的17%，排放的二氧化碳占世界人类所排放二氧化碳量的5%。[②] 以孟买为例，目前孟买的人口是1.8亿，是世界上人口密度最大的城市之一。人口的剧增，导致了孟买城市机动车数量和工业行为的大幅增长，从而严重影响了孟买的空气质量。根据世界卫生组织（WHO）的报告，孟买是印度污染问题最严重的三大城市之一。二是机动车排污量增加。由于城市化加快，城市机动车数量越来越多。机动车排放的一氧化碳、铅、臭氧、苯等有害

---

① Oldenburg P. "India", Microsoft Encarta Encyclopedia, 2005.

② "CO_2 EMISSIONS FROM FUEL COMBUSTION HIGHLIGHTS, 2011 Edition". International Energy Agency, France. 2011, "Country Analysis Brief: India", U. S. Energy Information Administration. 2011.

物质成为了导致大气污染的"元凶"之一。[①] 2009 年，印度成为世界上排放二氧化碳量第三的国家。三是工业增长导致空气污染加重。随着印度工业的发展，越来越多的污染物排放到空气中。四是能源生产导致空气污染。空气污染的程度取决于一国的技术水平和污染控制力度，特别是在能源生产过程中的技术和控制。五是印度能源行业对煤炭工业的过度依赖造成了大量二氧化碳排放污染，而印度在对污染控制方面的技术水平是比较落后的。六是印度是世界上最大的生物燃料消费国，其农业废弃物燃烧也是导致空气污染的一大重要原因。

2. 空气污染现状

在印度，日益严重的空气污染问题越来越受到关注。由于印度日益增长的人口、城市化、工业化等原因，导致了印度的空气污染问题越来越严重。虽然印度政府于 1981 年颁布了《预防与控制空气污染法案》，2012年，印度环境治理绩效指数排名全球第 132 位，属于全球空气质量最糟糕的国家之一。[②]

印度的工业发展主要以煤炭为燃料，大量煤炭的使用必然引发大气污染。随着近年来印度城市汽车拥有量的增加，汽车尾气排放导致大气污染雪上加霜。有报道称印度大气污染 70% 来源于汽车尾气排放。以新德里为例，虽然新德里的绿化覆盖率非常大，工业区也远离市区，但走在新德里街头还是会时不时闻到空气中的异味。

据印度媒体报道，2013 年以来印度的大气污染问题愈加严重，城市PM2.5 值居高不下，11 月上旬新德里 PM2.5 的日平均浓度达到每立方米400 微克，是世界卫生组织环境基准的 16 倍，调查显示，印度有 1/3 的人口长期生活在二氧化氮、二氧化硫等对人体有害气体超标的环境中，由此导致的各种疾病引起的年死亡人数在 2010 年达到了 62 万人。显然印度面临的空气污染形势非常严峻。

3. 空气污染严重影响印度居民的健康

2006 年印度一家环境监测所的报告显示，从 2004 年到 2006 年，印

① Goyal, S. K., S. V. Ghatge, P. Nema, and S. M. Tamhane. *Understanding Urban Vehicular Pollution Problem Vis-a-Vis Ambient Air Quality - Case Study of a Megacity Delhi*, *India*. Environmental Monitoring and Assessment 119 (2005): 557 – 569. 12 Nov. 2006.

② Data Explorer: "Indicator Profiles - Environmental Performance Index", Yale University. 2012. Retrieved 5 September 2012.

度全国 13 个地区的空气中含有 45 种对人体健康有害的化学物质，其中 28 种有害物质严重超标，数千万人面临"中毒"危险。[1] 2010 年 9 月 3 日印度发布的环境报告（ESR）显示，2009 年孟买空气中颗粒物的含量明显高于上一年。[2] 空气污染容易造成人们患有哮喘、肺癌等呼吸道疾病。

### （三）土地退化的问题

土地退化的主要类型有水蚀、风蚀、化学退化和自然退化。土地退化会导致土地生产能力大大削弱，土地退化的主要原因有：（1）人类活动，如不可持续的农业土地利用、落后的土壤和水资源管理方式、森林砍伐、自然植被破坏、大量使用重型机械、过度放牧及落后的轮作方式和灌溉方式以及森林砍伐、农业活动、过度开采植被和工业活动。[3]（2）自然灾害，如干旱、洪水和滑坡也可造成土地退化。（3）由农业管理不善引起土地退化。全球土地退化评价（GLASOD）研究表明，由于农业管理不善，印度是风蚀最严重的地区之一。比如，在印度和孟加拉北部地区，土壤已经失去肥力，出现盐碱化。[4]

| 表 1 | 印度土地退化情况 | 单位：百万公顷 |
|---|---|---|
| 土地退化原因（类型） | | 退化面积 |
| 水蚀（water erosion） | | 93.68 |
| 风蚀（wind erosion） | | 9.48 |
| 水浸（water logging） | | 14.3 |
| 盐侵/碱侵（salimity/ alkalinity） | | 5.95 |
| 土壤酸化（soil acidity） | | 16.03 |
| 综合性原因（complex problem） | | 7.38 |

资料来源：印度国家土壤调查与土地规划局，2005 年公布的数据。（National Bureau of Soil Survey and Land Use Planning）

---

[1] 范纯：《印度环境保护法律机制评析》，《亚非纵横》2009 年第 5 期。

[2] The slow and steady change of Mumbai，http：//www. gits4u. com/envo/envo19. htm.

[3] 何道隆：《日趋严重的印度环境问题》，《南亚研究季刊》2000 年第 1 期。

[4] http：//www. unep. org/GEO/geo3/chinese/charptertwo/land/asia%20and%20percific/land% 20degradation. htm。

### （四）气候变化问题

2000 年，印度温室气体排放量在世界排名第六位，在发展中国家是仅次于中国的第二排放大国。首先，印度作为最大的煤炭消费国之一，电力行业对煤炭依赖度高导致了较高的二氧化碳排放量，增加了温室气体的排放。其次，印度人口数量庞大，随着制造业的大规模发展、城市化建设、基础设施的发展以及人民生活水平的不断提高，印度未来的温室气体排放必然大幅度增加，影响了气候变化。根据国际社会预测，到 2050 年，印度将成为世界第四大温室气体排放国。科学家发现，气候变化已经导致印度近海海平面上升和水资源短缺，对印度森林生态系统产生严重影响，全球变暖则严重限制了印度稻米产量的提高。[①]

### （五）生物多样性危机的问题

印度是一个生物种类繁多的国家，占世界生物多样性地区总面积的 8%。印度是公认的全球 17 个生物多样性最为丰富的国家之一，其拥有世界已查明物种数量的 7%—8%，特别是其拥有的高等植物物种的数量在世界排名第 9 位[②]。此外，世界共有 25 个生物多样性热点地区，其中有两个就分布在印度，印度还被认为是一些主要农作物物种的原产地中心。印度不但拥有极为丰富的生物资源，而且，还拥有极其丰富的与生物资源相关的传统知识和土著知识，这些知识包括印度的传统医药、农业知识、生物防治等领域，为印度人民的生存、发展和繁衍做出了巨大贡献。

印度生物种类繁多，但因几十年来的过度开发，一些植物、动物和微生物已经灭绝。另外，印度约有 317 种哺乳动物和 969 种鸟类，约有 1.6 万种植物。在印度，由于人类对动物，尤其是珍稀动物的大量捕杀；人为地破坏自然环境，无计划地利用和开发土地，导致了热带森林大面积减少，从而使动植物失去赖以生存的条件；制药和化学工业废弃物的排放，对动植物更是构成了极为严重的环境威胁。1993 年，根据国际自然与自然资源保护联合会的一项研究表明，印度有 172 种动物物种濒临灭绝，其

---

① 何道隆：《日趋严重的印度环境问题》，《南亚研究季刊》2000 年第 1 期。

② Annual Report（2011 - 2012），http：//nbaindia. org/uploaded/pdf/Annual_ Report_ 2011_ 12_ %20Eng. pdf.

中包括 53 种哺乳动物、69 种鸟类、23 种爬行动物。目前，印度有 1837 种动物物种和 5150 种植物面临灭绝危机。[①]

### （六）固体废物污染

1. 城市及农村固体废弃物的污染

在印度的城市建设中，由于垃圾处理设施建设滞后，很多城市产生了严重的环境问题，垃圾量增大，环境卫生恶化，损害居民健康。据统计，印度城市地区平均每年产生一亿多吨固体废弃物，固体废弃物在印度农村与城区都随处可见，是印度污染源之一。以孟买为例，孟买一个垃圾处理站（Deonar landfill site），已经堆积的垃圾有 120 公顷，大约有 8 层楼高[②]。印度与日俱增的垃圾与其居民消费水平的增长密切相关。而印度的固体废弃物问题，则显示了印度政府治理能力的欠缺。[③]

2. 工业固体废弃物的污染

国际绿色和平组织 2005 年 8 月发布的研究结果显示，在印度拆除的来自美国的废弃电脑、电视及其他设备不断污染着印度环境，使工人遭受有毒化学品侵害。在印度新德里郊区采集的 70 多个样品中均含有有毒物质，污染程度超出预想。铅、镉等重金属元素，酸和有机污染物在电子废弃物循环过程中严重污染工人的工作环境。据官方统计，印度目前每年产生 38 万吨电子固体废弃物[④]，其中被回收利用的只有 1.9 万吨。[⑤]

### （七）噪音污染问题

在印度，噪音污染已经成为影响人们生产生活的一个重要问题。印度的噪音污染已经从生理和心理上严重影响到人们的健康，如影响了人们的睡眠、听力、交流、精神和心理。以孟买为例，孟买是世界上噪音污染最严重的城市之一，这严重影响了孟买市民的睡眠质量，并引发了大量的高

---

[①] Annual Report (2011 – 2012)，http：//nbaindia. org/uploaded/pdf/Annual_ Report_ 2011_ 12_ %20Eng. pdf.

[②] City's waste dumps sites，http：//www. gits4u. com/envo/envo19. htm.

[③] "Drowning in a Sea of Garbage"，The New York Times. 22 April 2010.

[④] 一个环保组织报告称，目前印度需要处理的电子废弃垃圾估计有 42 万吨。

[⑤] e-Waste recycling facilities，http：//www. gits4u. com/envo/envo10. htm.

血压、心脏病等疾病。①

## 二　印度政府对环境问题的治理措施

由于印度所实行的市场经济纠错功能的局限性，管理空气污染和水污染的环保措施显得非常重要。同时由于印度信息不对称性（informational asymmetries）② 及责任制度（liability system）存在的问题导致原有机构无法解决环境问题，因此印度政府成立了污染控制委员会（PCBs）③。依据1974 年颁布的《水污染防治与控制法》和 1981 年颁布的《空气污染防治法》，由中央和地方两个层面分工负责防治水资源和空气的污染，确保水资源和空气的洁净。④

### （一）印度政府治理水污染问题的法律与措施

1. 印度政府应对水污染问题的法律

水的问题是一个全国性的项目，对于水的分配在宪法中可以作出具体规定。但是印度很多邦认为自己需要本邦的关于环境污染的防止与控制法律，印度中央政府 1974 年制定的《水污染防止与控制法》（1988 年修订）是印度第一部适用于全印度的控制污染的法律⑤，制定这部法律的目的，是为了防止与控制水污染，还要保持和恢复整个水的环境。这部法律的最主要内容是：（1）防止与控制水污染，保护和恢复好水资源的环境；（2）创建地方和中央地方防治与控制污水委员会；（3）提供给地方协商和分配的权利和功能。

---

① Enhanced noise pollution ensures Mumbai never sleeps, http://www.gits4u.com/envo/envo19.htm.

② 信息不对称是指在市场经济活动中，在相互对应的经济个体之间的信息呈不均匀、不对称的分布状态，由于各类人员对有关信息的了解是有差异的，掌握信息比较充分的人员，往往处于比较有利的地位，而信息贫乏的人员，则处于比较不利的地位。也就是说，行为人之间的这种信息占有的不同称为信息不对称，但其中要涉及不同行为人之间发生契约关系，否则就无所谓信息不对称。

③ 印度控污委员会分为中央和地方两级。

④ http://en.wikipedia.org/wiki/Central_Pollution_Control_Board.

⑤ P. M. Prasad, *Environment Protection Role of Regulatory System in Inida*, Economic and Political Weekly, Vol. 41, No. 13 (Apr. 1–7, 2006), pp. 1278–1288.

其实，印度政府早就认识到水管理对社会、经济发展的重要性。早在 1987 年，印度就制定了《国家水资源政策》。该政策明确规定，有关机构必须定期对全国的地下水资源进行评估；政策还明确了水污染的定义及违反机关法律应受到的惩罚。根据这一要求，印度已经逐步建立起一个较为完整的地下水资源调查统计和水位、水质监控网络。

除了以上法律，针对甘奈施节（Ganesh Festival）① 造成的水资源污染，印度政府制定了相关的政策来处理污水的排放以及关于甘奈施圣像浸泡引起的污染问题。② 这个政策内容包括：（1）政府和污染控制委员会应该帮助警察来保证圣像不被放到河水中；（2）政府相关组织应该和污染控制委员会一起协助甘奈施信徒确保圣像不被放入河流或者井中；（3）规定了警方及信徒也必须承担一定的责任；（4）规定了法院的权力，即城市里法官以及一些法庭的法官有权审判违反污染控制委员会或者邦政府制定的相关规定的人。

面对出现的各种复杂水污染情况，印度政府制定出了针对水污染的规定并对甘奈施节日造成的水污染做出了努力，可以看出对于水污染，印度是相当重视的。随着印度环境立法体系的不断发展和完善，法院也渐渐吸收了各种普通法的原则和国际学说。对于未来，印度也已经出台了足够的法律来保护环境。

2. 印度政府应对水污染问题的措施

针对水污染问题，印度政府采取了一系列的措施。第一，提高水的利用率，减少用水损失。印度落后的水资源基础设施导致了其水利用率不高。这种现象存在于农业、工业等领域。据估计，改善水资源基础设施可以减少印度 40% 的用水损失。适当合理的水定价可以诱导节约用水。第二，补给地下水含水层。第三，减排和污染治理。第四，对回收废水进行

---

① 甘奈施节（Ganesh Festival）是为了纪念印度最受欢迎的有着象头的神，人们相信他的护佑分散在孟买 20 万尊供像中。信徒们在阿拉伯海的大尊神像前洗浴以祈福。节日中人们为寺庙筹集基金、塑造各种各样的甘奈施形象、组织大型的公众音乐、舞蹈表演，还烹饪美味的盛宴。节日最后以把象头神送入圣水为结束。

② 由甘奈施圣像引起的水污染，最主要的污染是来自于圣像上的石膏以及彩绘用的颜料。原因有以下几个：石膏不是自然生成的物质，而是包含石膏、硫黄、磷和镁。这些圣像需要在水中花好几个月来融解，这个过程中，河水、湖水都会受到污染。用来装饰圣像的化学颜料包含水银、铅、镉和碳，而且这个会增加水中的酸性和重金属的含量。

处理后的二次利用。

### （二）印度政府治理空气污染问题的措施

为了应对日益严重的大气污染，部分印度地方政府已经采取将公交车的燃料改为液态天然气以减少尾气排放，以及加快建设地铁等举措。各路专家也纷纷给印度政府开出各种良方，包括进一步严格汽车尾气排放标准、向柴油车加税、控制新车数量、发展公共交通等。但是，目前印度中央政府仍未能够采取积极有效的对策来控制大气污染。有专家表示，印度在环境问题上的当务之急是建立一套完善的、有效的监管机制。

针对日益严重的空气污染问题，印度政府已采取了一系列措施：

第一，1981 年，印度政府制定了《预防与控制空气污染法案》。该法案主要阐述了中央控制污染委员会（CPCB）的职能：一是计划展开全面的预防、控制和消减空气污染，并确保执行；二是就预防、控制和减少空气污染问题，向政府提出建议；三是收集和公布关于空气污染问题的信息；四是与相关部门合作以到达预防、控制和减少空气污染的目的；五是检测和评估空气质量，并采取必要措施预防、控制和减少空气污染。[①]

第二，实施国家环境空气质量监测方案。目前中央污染控制委员会正在执行一项国家全国环境空气质量监测方案（NAMP），这项方案包括342 个操作台，覆盖了 26 个邦和 4 个中央直辖区的 127 个城镇。[②]

第三，实施机动车辆排污控制措施。一是制定车辆排污标准，为了控制机动车辆的排污量，2002 年印度通过了《机动车燃料政策》。该政策规定使用清洁能源，使用新技术减少机动车辆的排污量，从 2005 年起不断地向全国推广新型的机动车辆。二是规定燃料质量规格。三是实施交通管理措施。四是提倡公共交通出行。五是通过使用润滑剂减少尾气排放量。六是使用新技术。七是使用新能源代替。八是控制车辆使用中造成的污染。九是实施大规模的宣传方案。

---

① Ministry of Environment & Forests Government of India, *State of Environment Report India - 2009*, http：//moef. nic. in/downloads/home/home-SoE-Report-2009. pdf, p. 33.

② Ministry of Environment & Forests Government of India, *State of Environment Report India - 2009*, http：//moef. nic. in/downloads/home/home-SoE-Report-2009. pdf, p33; Central Pollution Control Board, *National Air Quality Monitoring Program（NAMP）*, http：//cpcb. nic. in/air. php.

### （三）印度政府治理土地退化问题的措施

印度在土地退化防治过程中，重视科研与实践相结合，注重科研成果的推广性与实用性，经过多年的研究和实践，积累了很多经验成果。目前，全国被统一划分为 10 个水土保持区。各水土保持区内按照自然和社会特点分别确定了治理方向和重点治理措施。根据防治措施的实施对象，大致可分为耕地措施和非耕地措施两类。非耕地措施又包括保护性和生产性两种。具体做法与我国大致相同，即工程措施、生物措施和保土耕作措施相结合。通常包括植树造林、控制放牧、作物轮种、合理灌溉、布设防风林带、改进培育方法、建造防护堤坝等①。

### （四）印度政府治理气候变化问题的措施

为了应对气候变化问题，印度政府采取了气候变化国家行动计划。印度政府认为，维持较高的经济增长速度对提高人民生活水平及提高应对气候变化的能力至关重要。为了实现国家经济增长的目标，同时保护自然生态环境，印度政府在实施国家行动计划过程中提出了以下原则：一是实施全面可持续发展的战略，保护贫困人口和社会弱势群体；二是加强生态环境的可持续发展，实现国民经济增长的目标；三是制定低成本、高效管理策略；四是加强发展减缓和适应温室气体排放的适应技术；五是构建新的市场、管理和参与机制，推动可持续发展战略；六是民间与政府并举，公有私有结合，提高计划的实施效果；七是欢迎国际合作，加强在技术研发、技术分享和技术转移方面的合作。

印度政府采取的气候变化国家行动计划内容非常广泛，共包含 24项②。其重点强调要实施全国性太阳能计划、提高能源效率计划、可持续生活环境计划、绿色印度计划、农业可持续发展计划、气候变化战略研究

---

① *Punjab State Council for Science and Technology*. Land Degradation & Conservation ［EBPOL］.

② Ministry of Environment & Forests, Government of India, *India*：*Taking on Climate Change* 24 *Recent Initiatives Related to Climate Change*, http：//www. moef. nic. in/downloads/public-information/24_ Recent_ Initiatives_ CC. pdf, 6th January, 2010.

计划①。2009 年 12 月，印度与日本联合召开了能源与气候变化论坛，探讨《技术行动计划：高效低排的煤矿》。

### （五）印度政府治理生物多样性危机问题的措施

在《世界自然保护宪章》的启发下，2002 年，印度颁布了《生物多样性法案》，目的是保护印度生物多样性资源，恢复印度生物多样性。②根据规定，印度政府需要公布濒危生物；对不同的濒危生物进行分类管理；禁止交易濒危生物；鼓励成立邦级（地方级）生物多样性委员会；建立生物多样性数据库和文档编制系统；通过大众媒体传播保护生物多样性的意识。③

印度政府建立了有关生物资源的环境管理体制以及据此采取了相关保护措施。一是对转基因等生物技术的推进。如印度政府颁布了一系列政策法规，为转基因技术提供了一个有利发展的市场和法制环境。二是对外来物种入侵的规定。《生物多样性法》对外来物种的风险评估、预警、引进、消除、控制、生态恢复、赔偿责任等作出了明确的规定。三是对遗传资源的保护。国家生物多样性管理局全面负责全国遗传资源获取和管理工作。

### （六）印度政府治理固体废弃物问题的措施

为了治理固体废弃物污染，印度政府采取了一系列措施。一是实施全面的废弃物管理方案。2000 年，印度最高法院针对所有印度城市实施全面的废弃物管理方案，其中包括以户为单位对废弃物的分类、回收和制成堆肥等。但是，该废弃物管理方案收效并不明显；二是采取"变废为宝"（waste-to-energy）的措施。2011 年，印度的数个城市启动了"变废为宝"

---

① Ministry of Environment & Forests, Government of India, *India*: *Taking on Climate Change* 24 *Recent Initiatives Related to Climate Change*, http：//www. moef. nic. in/downloads/public-information/24_ Recent_ Initiatives_ CC. pdf, 6th January, 2010.

② Ministry of Environment& Forests, Biological Diversity Act 2002 and Establishment of National Biodiversity Authority, Chennai, http：//www. moef. nic. in/sites/default/files/Ministry%　20of%20Environment. pdf.

③ Ibid.

的方案。① 如新德里实施了两个项目，目的是让该城市的垃圾转化成电力资源。这些工厂深受欢迎，因为这不仅解决了城市垃圾问题，也解决了城市的缺电问题。然而，这个方案受到了垃圾收集者的强烈反对，他们担心新技术的采用会改变他们的生活方式;② 三是在有些城市启动竞争机制。根据新德里提出的"变废为宝"的方案，印度的其他城市如浦那和马哈拉施特拉两个城市启动了固体废弃物收集和处理私有化和收集固体废弃物私有化的方案。有一项研究表明，在印度现行的体制下，处理固体废弃物的最优方式就是公私合作。③ 此外，印度政府还采取了其他措施，以孟买为例，孟买政府采购了4.2万公升香水用于喷洒孟买最大的固体垃圾站，以消除大量堆积的垃圾引发的恶臭。④

### （七）印度政府治理噪音污染问题的措施

印度在2000年就已颁布《噪音污染控制法》，并多次修改该条例，违法者甚至最高可判处7年徒刑。⑤ 但实际上10年来印度还没有人因违反该法而被判刑。印度环境部于2010年1月发布了一系列指导性意见，明确了警方应该就哪些噪音污染采取行动，包括汽车喇叭声。室内的音响、节庆日烟花爆竹及建筑工地的噪音等。同时，规定了居民区内噪音限度为夜间45分贝，白天55分贝。如果超出上限5分贝，警方就可以采取行动。印度中央污染控制委员会表示，新规为执法机构提供便利，但是，实践证明新规的执行仍然是很困难的。

## 三　印度治理环境问题面临的挑战

事实上，印度第二代环境问题已悄然来临，其性质、规模和影响超乎

---

①　"What is waste to energy?". Confederation of European Waste-to-Energy Plants. 2010.

②　"Indian waste workers fear loss of income from trash-to-electricity projects". The Washington Post. 20 November 2011.

③　"Integrated approach to solid waste management in Pune City". Journal of Geography and Regional Planning（Academic Journals）4（8）: pp. 492–497. August 2011.

④　City's waste dumps sites, http: //www. gits4u. com/envo/envo19. htm.

⑤　Ministry of Environment& Forests, *Noise Pollution（Regulation and Control）Rules*, 2000, http: //envfor. nic. in/noise_ pollution。

人们预料，对人类和生态健康造成新的危害，解决难度加大。如不扭转这个趋势，环境恶化的威胁将成为制约印度经济发展的主要障碍。从 1995 年到 2010 年，在解决环境问题和改善环境品质这个问题上，印度已经是进步最快的国家之一，但是，印度仍然有很长的路要走，环境污染对于印度仍然是一个巨大挑战。

### （一）"贫困是最大的污染源"

2011 年印度总理辛格指出，"'贫困是印度最大的污染源'①。如果一个人生活在污染地区，那么该地区必然是卫生条件最差，饮用水是最差的，空气质量也是最差的……"② 印度是世界上贫困人口最多的国家之一。2014 年 5 月，世界银行重新界定了贫困的定义和研究方法。新的贫困线为 1. 78 美元/每天。根据最新的界定方法，印度目前有 1. 796 亿人口处于贫困线以下，贫困人口占世界贫困人口的 20. 06%。③ 因此，印度需要在保护和发展两者中找到平衡。然而，如何在环境问题和发展两者中找到平衡呢？印度经济发展与环境保护的矛盾日益尖锐，迫切需要从理论上弄清楚二者之间的关系，以便在实践中正确地加以处理。如果不能对二者之间的关系作出明确回答，就会引发一系列问题。比如，印度一些地方政府片面认为发展就是经济增长，以至于经济增长速度一时上去了，却出现了较为严重的环境污染问题，在产生经济上"神话"的同时造成了环境上的"失败"④。然而，如果不发展经济，如何消除贫困？但如果要通过经济发展来消除贫困，那如何在发展的同时控制好污染呢？这都是印度政府防控污染，改善环境的时候必须要应对的一系列棘手问题。

### （二）印度政府治理能力的欠缺

印度污染控制委员会作为印度政府控制污染的机构，肩负着控制污

---

①　U. N. Conference on Human Environment. 1972. The Conference described poverty as the greatest pollutant. p. 43，Paris，France.

②　Poverty，The Biggest Polluter?，http：//www. countercurrents. org/dasani020711. htm.

③　Shawn Donnan，World Bank eyes biggest global poverty line increase in decades The Financial Times（May 9 2014）.

④　Economic magic，environmental failures，http：//wwf. panda. org/who_ we_ are/wwf_ offices/india/india_ environmental_ problems/.

染，改善环境的重担。然而，该机构的治理能力却不尽如人意。第一，印度污染控制委员会的主要职能是公布信息，然而该机构并没有尽到全面的公布信息的责任。有些官员认为，公布污染信息有时候会导致企业的恶性竞争；第二，印度控制污染委员会（PCB）制定的规定不够科学，导致很多企业都违反规定。印度污染控制委员会（PCB）大部分的官员强调，必须制定有高科技支撑的环境保护法律，并依据法律及时做出处理、监管和执行命令等；第三，由于该委员会的不少活动受到政客及其他企业等利益集团的压力，因此很多相关的控制污染的法律法规就成为了摆设；第四，委员会的工作人员经常面临相关利益集团的压力，甚至恐吓。另外，就业保障不充分，缺乏人事专业培训，缺乏资金来源，缺乏工作的积极性，缺乏硬件设施等因素，使得委员会监督工厂排污情况变得异常困难；第五，大部分工厂不愿意遵守委员会制定的规章制度。因为相关的控污的规则制度往往损害了企业主的经济效益。即使是相关企业表面上表示要遵守规则制度，但在实际上大多却不执行这些规则；第六，法院对企业违规操作也无能为力，导致了企业加大排污的行为不会受到应有的处罚。

总之，印度污染控制委员会在预防、控制和缓解印度环境污染方面本应起到非常重要的作用，然而，委员会却没能发挥其应有的职能。其原因是多方面的：人力资源、专业技术人员不足，利益集团的干涉，司法管辖权问题，惩罚性措施力度不够，缺乏高效的工作环境，没有及时公开并处罚排污企业等因素都起了一定的消极作用。[1]

### （三）治理环境问题需要漫长的过程

与当今世界上的其他许多国家一样，随着经济、人口和工业的快速增长，印度环境亦在随之恶化，污染问题也正在加剧。对此，印度政府给予了相应的重视，并围绕经济的快速和可持续发展目标制订了一系列环境政策和行动计划并正在全国范围内实施。然而，当前印度的环境问题也相当突出，如任其继续恶化，造成的损失将超过国内生产总值的10%[2]。目前

---

① P. M. Prasad, *Environment Protection Role of Regulatory System in Inida*, Economic and Political Weekly, Vol. 41, No. 13 (Apr. 1 - 7, 2006), pp. 1278 - 1288.

② 张利军：《试析印度能源战略》，《国际问题研究》2006 年第 5 期。

印度政府正自上而下地积极推动全民节能和环保，变革环保法律机制。但是应当看到，印度解决环保与经济发展的矛盾，实现环境与经济的和谐发展，还有漫长的道路要走。

（作者：云南省社会科学院南亚研究所　助理研究员）

# 后　记

本书的内容主要来自云南省社会科学院规划办 2012 年立项的智库项目《云南周边国家情势研究》。

全书由任佳设计、审定。任佳、张晓东统编、修改。各章撰稿者，第一部分"南亚国家的政治状况"共四篇文章按照顺序分别由许娟、郑启芬、杨思灵、蒋茂霞完成；第二部分"南亚国家的经济发展"共六篇文章分别由陈利君、文富德、李丽、邱信丰、殷永林、孙喜勤完成；第三部分"南亚地区的国际关系"共四篇文章分别由张晓东、童宇韬、胡潇文、涂华忠完成；第四部分"南亚地区的社会问题"的第一篇文章由林延明和邓鸿麟共同完成，第二篇由和红梅完成。

本书得益于四川大学南亚研究所、云南大学人文学院以及云南省社会科学院南亚研究所研究人员的积极参与。他们在百忙之中抽空完成了高质量的专题文章，在此我们深表谢意。

由于各种主观和客观条件的限制，本书必然有很多不足之处，希望各位学界专家不吝赐教。